Explorations of the Far Right (EFR) vol. 1

ISSN 2192-7448

Explorations of the Far Right

edited by Anton Shekhovtsov

ISSN 2192-7448

1 *Антон Шеховцов*
Новые праворадикальные партии в европейских демократиях
причины электоральной поддержки
ISBN 978-3-8382-0180-1

2 *Florian Ferger*
Tschechische Neonazis
Ursachen rechter Einstellungen und faschistische Semantiken
in Zeiten schnellen sozialen Wandels
ISBN 978-3-8382-0275-4

Антон Шеховцов

НОВЫЕ ПРАВОРАДИКАЛЬНЫЕ ПАРТИИ В ЕВРОПЕЙСКИХ ДЕМОКРАТИЯХ

причины электоральной поддержки

ibidem-Verlag
Stuttgart

Bibliografische Information der Deutschen Nationalbibliothek
Die Deutsche Nationalbibliothek verzeichnet diese Publikation in der Deutschen Nationalbibliografie; detaillierte bibliografische Daten sind im Internet über http://dnb.d-nb.de abrufbar.

Bibliographic information published by the Deutsche Nationalbibliothek
Die Deutsche Nationalbibliothek lists this publication in the Deutsche Nationalbibliografie; detailed bibliographic data are available in the Internet at http://dnb.d-nb.de.

Cover picture: BlankMap-Europe.png. Source: www.wikimedia.org. Public Domain.

∞

Gedruckt auf alterungsbeständigem, säurefreien Papier
Printed on acid-free paper

ISSN: 2192-7448

ISBN-13: 978-3-8382-0180-1

Printed in Germany

Ренате,
с любовью и благодарностью

Содержание

Таблицы и рисунки 9

Список сокращений 11

Благодарности 15

Введение 17

Глава 1

Исследования праворадикальных партий в современной науке 20

Глава 2

Особенности терминологии и типология крайне правых партий 38

Глава 3

Методологические принципы 54

Глава 4

Политический спрос 69

Глава 5

Структура политических возможностей 94

Глава 6

Политическое предложение 112

Глава 7

Объяснительная модель электорального успеха 125

Глава 8

Крайне правые партии в странах Западной, Южной и Восточной Европы 138

Глава 9

Крайне правые партии в странах Северной Европы 184

Глава 10

Украинская «аномалия» 205

Заключение 225

Библиография 234

Таблицы и рисунки

Таблицы

Таблица 1	Стратегия сравнения наиболее подобных систем	62
Таблица 2	Стратегия сравнения наиболее различных систем	62
Таблица 3	Параметры сравниваемых стран Западной, Южной и Восточной Европы	67
Таблица 4	Параметры сравниваемых стран Северной Европы	68
Таблица 5	Доля иностранных граждан и поддержка крайне правых партий на парламентских выборах	72
Таблица 6	Этническая поляризация и поддержка крайне правых партий в восточноевропейских странах на парламентских выборах	74
Таблица 7	Ценности в условиях небезопасности и безопасности: две противоположные системы ценностей	93
Таблица 8	Новые праворадикальные партии Франции, функционировавшие в то или иное время в период с 1997 по 2010 гг.	140
Таблица 9	Электоральные показатели французских новых праворадикальных партий в период с 1997 по 2009 гг.	141
Таблица 10	Новые праворадикальные партии Австрии, функционировавшие в то или иное время в период с 1997 по 2010 гг.	147
Таблица 11	Электоральные показатели австрийских новых праворадикальных партий в период с 1999 по 2009 гг.	149
Таблица 12	Новые праворадикальные партии Италии, функционировавшие в то или иное время в период с 1997 по 2010 гг.	155
Таблица 13	Электоральные показатели итальянских новых праворадикальных партий в период с 1999 по 2009 гг.	157
Таблица 14	Новые праворадикальные партии Греции, функционировавшие в то или иное время в период с 1997 по 2010 гг.	163

Таблица 15 Электоральные показатели греческих новых праворадикальных партий в период с 1999 по 2009 гг. 164

Таблица 16 Новые праворадикальные партии Польши, функционировавшие в то или иное время в период с 1997 по 2010 гг. 171

Таблица 17 Электоральные показатели польских новых праворадикальных партий в период с 1997 по 2009 гг. 172

Таблица 18 Новые праворадикальные партии Румынии, функционировавшие в то или иное время в период с 1997 по 2010 гг. 178

Таблица 19 Электоральные показатели румынских новых праворадикальных партий в период с 1997 по 2009 гг. 179

Таблица 20 Новые праворадикальные партии скандинавских стран, функционировавшие в то или иное время в период с 1997 по 2010 гг. 192

Таблица 21 Электоральные показатели основных новых праворадикальных партий североевропейских стран в период с 1997 по 2010 гг. 193

Рисунки

Рисунок 1 Доверие граждан европейских стран к общественным и государственным институтам в 2004 году 86

Рисунок 2 Идеологическое поле партийной системы в европейских странах 95

Рисунок 3 Взаимодействие элементов объяснительной модели 126

Рисунок 4 Соотношение легитимности и идеологической умеренности новых праворадикальных партий 131

Список сокращений

АБА	Альянс за будущее Австрии (Австрия)
АНП	Австрийская народная партия (Австрия)
АПС	Австрийская партия свободы (Австрия)
АФН	«Федерация независимых» (Австрия)
БНП	Британская национальная партия (Соединенное Королевство)
БЮТ	Блок Юлии Тимошенко (Украина)
ВГСД	Всегреческое социалистическое движение (Греция)
ВИ	«Вперед, Италия!» (Италия)
ГНПП	«Народный православный призыв» (Греция)
ГНУ	Всеукраинское политическое объединение «Государственная независимость Украины» (Украина)
ГП	«Гражданская платформа» (Польша)
ГРЕСЕ	«Группа исследования и изучения европейской цивилизации» (Франция)
ГЭФ	«Эллинский фронт» (Греция)
ДЖС	«Дом жизни и свободы» (Франция)
ДЗПП	Движение за преобразование Польши (Польша)
ДЛПВ	Датская либеральная партия Венстре (Дания)
ДНП	Датская народная партия (ДНП)
ДПП	Партия прогресса (Дания)
ДСДП	Датская социал-демократическая партия (Дания)
ЕС	Европейский союз
ЖГ	«Железная гвардия» (Румыния)
ИБС	Избирательный блок «Солидарность» (Польша)
ИЛ	«Либертарианцы» (Италия)
ИСД	«Итальянское социальное движение» (Италия)
КНП	Консервативная народная партия (Дания)
КНПО	Конфедерация независимой Польши – Отчизна (Польша)
КПН	Консервативная партия (Норвегия)
КУН	Конгресс украинских националистов (Украина)
ЛЛ	Ломбардская лига (Италия)
ЛПС	Лига польских семей (Польша)

ЛСНП	Лига Севера за независимость Падании (Италия)
НА	Национальный альянс (Италия)
НАТО	Североатлантический союз
НД	«Новая демократия» (Греция)
НДПА	Национал-демократическая партия Австрии (Австрия)
НДПГ	Национал-демократическая партия Германии (ФРГ)
ННСРП	Немецкая национал-социалистическая рабочая партия (Австрия)
НПВ	«Национальное польское возрождение» (Польша)
НПП	Партия прогресса (Норвегия)
НРД	Национальное республиканское движение (Франция)
НРЛ	«Национально-радикальный лагерь» (Польша)
НРП	Норвежская рабочая партия (Норвегия)
НС	«Новая сила» (Италия)
НСА	Национальный союз «Атака» (Болгария)
НСНРП	Национал-социалистическая немецкая рабочая партия (Германия)
НУ	«Наша Украина» (Украина)
НФ	Национальный фронт (Франция)
НФП	Национальная фашистская партия (Италия)
ООН	Организация Объединенных Наций
ОПР	«Объединение в поддержку республики» (Франция)
ОУН	Организация украинских националистов (Украина)
ОУН-Б	Организация украинских националистов Бандеры (Украина)
ПВР	Партия «Великая Румыния» (Румыния)
ПИС	«Право и справедливость» (Польша)
ПКД	Партия критических демократов (Австрия)
ПНДП	Национал-демократическая партия (Польша)
ПОРП	Польская объединенная рабочая партия (Польша)
ПРНЕ	Партия румынского национального единства (Румыния)
ПФ	Партия Франции (Франция)
ПЭ	Партия эллинизма (Греция)
РНДП	Национал-демократическая партия (Румыния)
СД	«Социальное действие» (Италия)
СДПА	Социал-демократическая партия Австрии (Австрия)

СДРПШ	Социал-демократическая рабочая партия Швеции (Швеция)
СДТП	Социальное движение «Трехцветное пламя» (Италия)
СНД	Союз за народное движение (Франция)
СНПС	Сравнение наиболее подобных систем
СНПУ	Социал-национальная партия Украины (Украина)
СНРС	Сравнение наиболее различных систем
СПФ	«Список Пима Фортайна» (Нидерланды)
СРП	«Самооборона республики Польша» (Польша)
СССР	Союз советских социалистических республик
США	Соединенные штаты Америки
УВО	Украинская войсковая организация (Украина)
УКП	Умеренная коалиционная партия (Швеция)
УНА	Украинская национальная ассамблея (Украина)
УНСО	Украинская национальная самооборона (Украина)
УПА	Украинская повстанческая армия (Украина)
УССР	Украинская Советская Социалистическая Республика
ФЛ	«Фронтовая линия» (Греция)
ФРГ	Федеративная республика Германия
ФСП	Социалистическая партия (Франция)
ШД	«Шведские демократы» (Швеция)
ШНД	«Новая демократия» (Швеция)
ШПП	Партия прогресса (Швеция)
ШПС	Партия Сконе (Швеция)

Благодарности

Эта книга является переработанным и дополненным вариантом моей кандидатской диссертации, написанной на кафедре философских и социальных наук Севастопольского национального технического университета в 2006-2009 гг. и защищенной в специализированном ученом совете Черноморского государственного университета им. Петра Могилы в апреле 2010 года.

Работа над «пост-диссертационным» текстом началась в Университете Нортгемптона (Соединенное Королевство), благодаря гранту Британской Академии, и была завершена в мае 2011 в «Доме на горе» (с. Кжижова, Польша), в котором в 1940-1944 году собирались члены немецкого антинацистского «Кружка Крайзау». Возможность работать в столь символическом для этой книги месте была предоставлена Фондом «Кжижова» для европейского взаимопонимания (Польша) и Фондом Роберта Боша (ФРГ).

За помощь в самые различные периоды работы над текстом я признателен Александре Волох, Дарье Малютиной, Елене Максимовой, Мариусу Турде, Мэтью Фельдману, Николаю Иванову, Элжбете Опиловской и Юрию Бабинову.

Особенную благодарность – за многолетнюю поддержку, ценные рекомендации и внимание – я бы хотел выразить моим родителям, а также Александру Шипову, Александру Чемшиту, Роджеру Гриффину, Ренате Шеховцовой и Андреасу Умланду.

Наконец, я бы хотел поблагодарить Уильяма Бивэна, Ивана Напреенко и Эйдана Бейкера за музыку, под которую была написана бóльшая часть этой книги.

Введение

Праворадикальные, или крайне правые, партии являются неотъемлемой частью политической жизни современных европейских стран. Они достигли своего триумфа в Европе в 1920-30-х гг., а основанные ими фашистские режимы в Италии и Германии стали виновниками самой кровопролитной войны XX века. После Второй мировой войны праворадикальные партии отступили на периферию европейской политики, но уже в начале 1980-х гг. они вновь стали заметным политическим явлением. Крайне правые партии претерпели организационную и идеологическую модернизацию, в результате чего возник феномен *новых* праворадикальных партий, которые отличались как от фашистских, так и от праворадикальных партий старого типа, унаследовавших в послевоенную эпоху отдельные черты фашизма.

За последние двадцать лет новым праворадикальным партиям удалось достичь значительных электоральных результатов и получить представительство в национальных законодательных органах и Европейском парламенте. В ряде стран партии данного типа даже становились партнерами коалиционных правительств. Рост избирательской поддержки новых праворадикальных партий вызывает повышенный интерес не только у научного сообщества, но и у международной общественности. Так, в 2004 году Организация Объединенных Наций (ООН) особо выделила проблемы, связанные с европейскими крайне правыми партиями, отметив, что вредоносный характер их деятельности определяется не только пропагандой программ т.н. «ксенофобской»[1] направленности, но также их способностью оказывать влияние на демократические политические партии[2].

---

[1] Вслед за Мартином Райзиглом и Рут Водак, в данной работе отвергается понятие «ксенофобия» в качестве описания одного из элементов крайне правой идеологии. Понятие «ксенофобия» «патологизирует расизм (и все другие формы дискриминации [...]), так как предлагает осмысливать его через метафору расстройства здоровья ("фобия"), что по существу преуменьшает значение расизма и, по крайней мере, имплицитно оправдывает расистов». См. Райзигл М., Водак Р. «Раса», расизм и дискурс: междисциплинарный, исторический и методологический обзор // Расизм: современные западные подходы / Сост. А. Верховский, А. Осипов. М.: Центр «Сова», 2010. С. 133.

[2] United Nations. Combating racism, racial discrimination, xenophobia and related intolerance and comprehensive implementation of and follow-up to the Durban Declaration

Ключевым инструментом борьбы с теми угрозами, которые могут представлять европейские крайне правые партии, является их предотвращение, что, в частности, предполагает исследование причин электоральной поддержки новых праворадикальных партий. Очерчивая круг нерешенных проблем, связанных с участием современных праворадикальных партий в политических процессах европейских демократий, укажем, что в современных исследованиях лишь частично раскрывается природа нового правого радикализма как общеевропейского явления. Как правило, в работах также отсутствует строгая дифференциация между крайне правыми партиями различных типов – неофашистскими, правоэкстремистскими и праворадикальными партиями старого и нового типов, что зачастую приводит к неверным выводам относительно источника популярности объекта данного исследования. Кроме того, при рассмотрении факторов, способствующих электоральной поддержке новых праворадикальных партий, получают недостаточное освещение такие важные факторы, как особенности политической культуры, процессы трансформации социальных структур и системы ценностей, организационные ресурсы крайне правых партий и другие факторы. Вышеназванные обстоятельства обусловливают актуальность данной темы исследования.

Исходя из выделенных проблем и актуальности темы, мы определяем следующую цель исследования: установить причины электоральной поддержки новых праворадикальных партий в современных европейских демократиях в целях дальнейшего использования результатов исследования при анализе политических процессов. Указанная цель работы достигается с помощью решения восьми исследовательских задач. В Главе 1 устанавливается степень научной разработки исследуемой проблемы. Глава 2 посвящена уточнению особенностей терминологии и типологии крайне правых партий; в ней также раскрывается сущность идеологии нового правого радикализма и предлагается его дефиниция. В Главе 3 определяется методология исследования причин электоральной поддержки современных крайне правых партий в европейских демократиях. В Главе 4 устанавливаются факторы, которые относятся к потребности или заинтересованности общества в существовании и участии новых праворадикальных партий в политическом процессе. В Главе 5 мы вы-

---

and Programme of Action, A/59/330. 2004.

являем специфические свойства политической системы, которые содействуют или, наоборот, затрудняют функционирование крайне правых партий как субъектов политического процесса в европейских демократиях. Глава 6 посвящена определению внутренних ресурсов новых праворадикальных партий, которые создают благоприятные условия для их успешного участия в конкурентной борьбе за обладание политической властью. На основе предыдущего анализа в Главе 7 разрабатывается теоретическая модель, позволяющая объяснить причины электоральной поддержки новых праворадикальных партий в современных европейских странах. Эта теоретическая модель проверяется в Главах 8-10 на основе кросснационального анализа участия новых праворадикальных партий в политическом процессе европейских демократий.

Глава 1
Исследования праворадикальных партий в современной науке

Партии, как политический институт, являются достаточно хорошо изученным феноменом. Однако в условиях модернизационных и постмодернизационных процессов, культурных и экономических перемен в обществе, изменяются политические интересы граждан, что ведет к трансформации старых и появлению новых политических партий, которые артикулируют эти интересы, разрабатывают на их основе программные положения и, в конечном итоге, осуществляют политический курс. Место партий в политической системе общества обусловливает постоянное изменение партий как основных политических акторов, осуществляющих институциализированную взаимосвязь между гражданским обществом и государством. Следовательно, политические партии всегда остаются в центре внимания политологов, которые исследуют проблемы их трансформации, функционирования и влияния на политическую жизнь государства.

Праворадикальные партии представляют собой сравнительно новый политический феномен, возникший в условиях культурных, экономических, социальных и политических изменений в обществе. Можно выделить три основные разновидности праворадикальных партий: 1) фашистские партии, 2) праворадикальные партии старого типа и 3) новые праворадикальные партии.

Исследования новых праворадикальных партий в настоящее время проводятся в большинстве случаев европейскими учеными. Природа и типология новых праворадикальных партий, этапы их эволюции, место и роль в политическом процессе стали предметом кросснациональных сравнительных исследований таких авторов, как Ханс-Георг Бетц[3], Герберт Китшельт[4], Михаэль Минкенберг[5], Пьеро Игнаци[6], Элиза-

---

[3] Betz H.-G. Radical Right-Wing Populism in Western Europe. New York: St. Martin's Press, 1994.

[4] Kitschelt H. with McGann A.J. The Radical Right in Western Europe: A Comparative Analysis. Ann Arbor: University of Michigan Press, 1995.

[5] Minkenberg M. Die neue radikale Rechte im Vergleich: USA, Frankreich, Deutschland.

бет Картер[7], Пиппа Норрис[8], Терри Гивенс[9] и Кас Мудде[10].

Помимо исследований, посвященных сравнительному анализу европейских праворадикальных партий, в зарубежной научной литературе существуют работы, в которых рассматриваются крайне правые партии, функционирующие в отдельных европейских государствах. Наибольшее количество исследований такого типа посвящено французским праворадикальным партиям в целом и Национальному фронту (*фр.* Front national, НФ) в частности[11]. Также существует широкий ряд исследований, в которых анализируются крайне правые партии ФРГ[12]. Заметно меньшее внимание уделяется праворадикальным партиям Италии[13], Соединенного Королевства[14] и Швеции[15].

Opladen: Westdeutscher Verlag, 1998.

[6] Ignazi P. Extreme Right Parties in Western Europe. Oxford: Oxford University Press, 2003.

[7] Carter E.L. The Extreme Right in Western Europe: Success or Failure? Manchester: Manchester University Press, 2005.

[8] Norris P. Radical Right: Voters and Parties in the Electoral Market. New York: Cambridge University Press, 2005.

[9] Givens T.E. Voting Radical Right in Western Europe. New York: Cambridge University Press, 2005.

[10] Mudde C. Populist Radical Right Parties in Europe. Cambridge: Cambridge University Press, 2007.

[11] Perrineau P. Le symptome Le Pen: Radiographie des électeurs du Front national. Paris: Fayard, 1997; Davies P. The National Front in France: Ideology, Discourse and Power. London: Routledge, 1999; он же. The Extreme Right in France, 1789 to the Present: From de Maistre to Le Pen. London: Routledge, 2002; DeClair E.G. Politics on the Fringe: The People, Policies, and Organization of the French National Front. Durham: Duke University Press, 1999; Mayer N. Ces Français qui votent Le Pen. Paris: Flammarion, 2002; Rydgren J. The Populist Challenge: Political Protest and Ethno-Nationalist Mobilization in France. New York: Berghahn Books, 2004.

[12] Stöss R. Die extreme Rechte in der Bundesrepublik: Entwicklung, Ursachen, Gegenmassnahmen. Opladen: Westdeutscher Verlag, 1989; Backes U., Moreau P., B'rith B. Die extreme Rechte in Deutschland: Geschichte, gegenwärtige Gefahren, Ursachen, Gegenmassnahmen. München: Akademischer Verlag München, 1993; Veen H.J., Lepszy N., Mnich P. The Republikaner Party in Germany: Right-Wing Menace or Protest Catchall? Westport: Praeger, 1993; Langanke H. Die extreme Rechte in der Bundesrepublik: Ideen, Ideologien, Interpretationen. Berlin: Argument, 1996; Neubacher B. NPD, DVU-Liste D, Die Republikaner: ein Vergleich ihrer Ziele, Organisationen und Wirkungsfelder. Köln: PapyRossa-Verl., 1996.

[13] Ignazi P. Il polo escluso: Profilo del Movimento sociale italiano. Bologna: Il Mulino, 1989; Ferraresi F. Threats to Democracy: The Radical Right in Italy after the War. Princeton: Princeton University Press, 1996; Bull A.C. The Lega Nord and the Northern Question in Italian Politics. Houndmills: Palgrave, 2001.

[14] Copsey N. Contemporary British Fascism: The British National Party and the Quest for

Принимая во внимание тот факт, что данное исследование посвящено новым праворадикальным партиям в Европе, рассмотрим подробнее работы, в которых проводится кросснациональное сравнение европейских крайне правых партий.

Немецкий политолог Ханс-Георг Бетц в своем исследовании «Праворадикальный популизм в Западной Европе» отмечает, что электоральный рост крайне правых партий, начавшийся в конце 1980-х – начале 1990-х гг., в настоящее время является транснациональным политическим феноменом, причем эти электоральные достижения в корне отличаются от случайных успехов правых радикалов в 1960-х гг. Говоря об общественно-политической ситуации, на фоне которой происходило становление новых праворадикальных партий, Бетц пишет, что «политический климат 1980-х гг. характеризовался разочарованием в основных социальных и политических институтах, глубоким недоверием к их работе, ослаблением и распадом электоральных союзов, усилением политической фрагментации и ослаблением электоральной устойчивости»[16]. Автор отмечает, что праворадикальный популизм имеет две грани. С одной стороны, представители данного направления демонстрируют приверженность неолиберальной экономической философии и критикуют систему социального обеспечения в капиталистических странах, которая, по их мнению, порождает бюрократию и чрезмерное налогообложение. С другой стороны, праворадикальные популисты характеризуются крайне негативным отношением к иммигрантам, в которых они видят причину упадка национальной культуры и роста преступности. Анти-иммигрантские лозунги крайне правых партий привлекают, прежде всего, представителей рабочего класса, а среди образованных, штатных рабочих поддержка таких партий имеет негативную тенденцию. Анализируя состав электората праворадикальных партий, автор утверждает, что в основном за них голосуют «жертвы модернизации», т.е. люди, которые не могут приспособиться к быстро меняющейся экономической ситуации, вследствие низкого уровня

Legitimacy. Houndmills: Palgrave Macmillan, 2004; Sykes A. The Radical Right in Britain: Social Imperialism to the BNP. New York: Palgrave Macmillan, 2005.

[15] Taggart P. The New Populism and the New Politics: New Protest Parties in Sweden in a Comparative Perspective. New York: St. Martin's Press, 1996; Rydgren J. From Tax Populism to Ethnic Nationalism: Radical Right-Wing Populism in Sweden. Berghahn: Berghahn, 2006.

[16] Betz. Radical Right-Wing Populism in Western Europe. P. 2.

трудовой мобильности. По мнению Бетца, «жертвы модернизации» чаще всего встречаются среди промышленных рабочих и представителей старого среднего класса[17]. В целом автор считает, что возникновение и подъем новых праворадикальных партий в 1980-х гг. стали реакцией на «ускорение процесса общественной фрагментации и индивидуализации в форме распада традиционных общественных связей, субкультур, окружения, последовательно заменяемых неформальными сетями и личным самопродвижением»[18]. Подобные процессы, в свою очередь, стали результатом «перехода от индустриального «велферного» капитализма к постиндустриальному индивидуализированному капитализму»[19].

Ханс-Георг Бетц внес важный вклад в изучение новых праворадикальных партий, однако его работа обладает отдельными недостатками, выявленными в дальнейших исследованиях. Так, говоря об электоральных возможностях крайне правых партий, автор уделяет внимание общественно-политическому контексту и уровню праворадикальных настроений в самом обществе, но при этом практически игнорирует организационные и функциональные возможности партий как таковых: даже в самой благоприятной ситуации праворадикальные партии не смогут добиться существенных результатов на выборах, если они, например, обладают слабой организацией и не имеют сильного партийного руководства.

Работа «Правый радикализм в Западной Европе» немецкого политолога Герберта Китшельта стала одним из наиболее влиятельных и авторитетных сравнительных исследований новых праворадикальных партий в странах Западной, Северной и Южной Европы. Китшельт рассматривал современный правый радикализм с точки зрения трансформации европейской партийной системы. На основе анализа экономической и общественно-политической ситуации, а также электоральных показателей праворадикальных партий в восьми европейских странах автор сделал вывод, что успех этих партий зависит от трех основных факторов: 1)

---

[17] К *старому* среднему классу современные социологи относят мелких собственников капитала любого типа (мелкие торговцы, ремесленники, водители и пр.), а также узкий слой работников интеллектуального труда, которые сами продают свои товары и услуги (адвокаты, частные врачи, консультанты, репетиторы). К *новому* среднему классу относятся высокооплачиваемые наемные работники, занятые в относительно благополучных частных и государственных организациях.

[18] Betz. Radical Right-Wing Populism in Western Europe. P. 176.

[19] Там же. P. 170.

наличие развитого капиталистического постиндустриального общества, углубляющего политические противоречия между лево-либертарными и правоавторитарными избирателями; 2) стратегическое сближение (конвергенция) традиционных социал-демократических, либеральных и консервативных партий; и 3) реализация крайне правыми партиями «победной формулы», подразумевающей сочетание либерально-рыночных экономических взглядов с приверженностью политической авторитарной позиции по вопросам демократии прямого участия, гражданского статуса и свободы выбора образа жизни[20].

Рассматривая социальный состав электората крайне правых партий, Герберт Китшельт пришел к выводу, схожему с выводами Ханса-Георга Бетца: лозунги современных правых радикалов находят наибольшую поддержку среди промышленных рабочих, мелкой буржуазии и незанятого населения (пенсионеров, безработных и занятых домашним трудом) и меньшую – среди офисных и социальных работников, бизнес-профессионалов и студентов[21]. Особенного внимания заслуживает тезис Китшельта о необходимости дифференциации рабочего класса при рассмотрении его потенциала в качестве электората крайне правых партий. В соответствии со своей схемой дифференциации автор выделил три группы среди рабочего класса в зависимости от характера и сектора занятости. К первой группе относятся работники средней квалификации, которые заняты в сокращающемся, но защищенном государством производственном секторе и склонны к лево-авторитарной политике. Вторую группу составляют высококвалифицированные рабочие, которые заняты в производственном секторе, вовлеченном в международную конкуренцию, и обычно придерживаются центристских позиций. К последней, третьей группе относятся малоквалифицированные работники физического труда («жертвы экономической модернизации»), которые, если и не поддерживают полностью прокапиталистические экономические идеи, в большей степени, чем первые две группы, открыты для поддержки авторитарных и националистических лозунгов современных праворадикальных партий[22].

Работа Герберта Китшельта оказала влияние на все последующие

---

[20] Kitschelt. The Radical Right in Western Europe. P. 275.
[21] Там же. P. 10.
[22] Там же. P. 8-9.

исследования крайне правых европейских партий, однако в ней автор акцентирует чисто политические и чисто экономические аспекты электоральной поддержки праворадикальных партий, в то время как анализ культурно-исторических факторов остается за рамками исследования, что снижает точность методологической модели, предложенной Китшельтом.

Немецкий политолог, Михаэль Минкенберг, в своей книге «Новый правый радикализм в сравнении»[23] во многом корректирует выводы Герберта Китшельта. В частности, автор уделяет равное внимание как структуре политических возможностей современных праворадикальных партий, которые он исследует на примере ФРГ, Франции и США, так и неполитическому контексту реализации их электорального потенциала. Как и Китшельт, Михаэль Минкенберг признает, что современные крайне правые партии являются относительно новым политическим феноменом, однако автор подчеркивает преемственность праворадикальной мысли «фашистской» и «пост-фашистской» эпох. В основе исследовательского подхода автора лежит тезис о том, что студенческие восстания 1968 года в ряде капиталистических стран заложили основу радикального изменения культурного, общественного и, как следствие, экономико-политического дискурса. События 1968 года инициировали смещение акцентов с материалистических ценностей к ценностям постматериалистическим. Теория постматериализма была разработана в книге «Тихая революция» американского социолога Рональда Инглхарта[24], который утверждал, что капиталистическое общество, удовлетворив базовые материалистические потребности человека (физиологические потребности и потребность в безопасности), переходит в постматериалистическую фазу развития, в рамках которой на первое место в жизни человека выходят вопросы творческой самоактуализации, личной свободы, эстетики и экологии. Однако, по мнению Минкенберга, за либертарной постматериалистической революцией последовала правоавторитарная «тихая контрреволюция», нашедшая выражение не в массовых протестных выступлениях, но в появлении новых крайне правых партий, противостоящих переоценке «старых», традиционных ценностей. Таким образом,

[23] Minkenberg. Die neue radikale Rechte im Vergleich.
[24] Inglehart R. The Silent Revolution: Changing Values and Political Styles among Western Publics. Princeton: Princeton University Press, 1977.

среди признаков, характеризующих современный правый радикализм, Михаэль Минкенберг выделяет контрреволюционность в отношении «новых левых», а также «этнократическую» систему взглядов, сочетающую этноцентризм и авторитаризм. Несмотря на то, что автор также использует понятие «жертвы модернизации» при анализе электората новых праворадикальных партий, он указывает на утрату избирателями не столько социально-экономического статуса, сколько прежних ценностных ориентиров.

Несмотря на значимость работы Михаэля Минкенберга, ее очевидным недостатком является выбор сравниваемых стран. Самой успешной из анализируемых автором партий является французский НФ, в то время как в ФРГ ни одна из праворадикальных партий в течение последних 20 лет не показывала значимых результатов на выборах в Бундестаг. В свою очередь, в США правый радикализм имеет скорее субкультурный политический статус, хотя отдельные правые радикалы участвуют в выборах по спискам Республиканской партии. Кроме того, исследование Минкенберга носит излишне описательный характер: цели его работы, а также выдвигаемые и опровергаемые гипотезы сформулированы нечетко, вследствие чего неясны основные результаты исследования[25].

Итальянский политолог Пьеро Игнаци попытался оспорить некоторые выводы предыдущих авторов. Как и Минкенберг, Пьеро Игнаци в своей книге «Правоэкстремистские партии в Западной Европе»[26] выдвигает тезис об эволюции постиндустриального общества, как одной из основных причин возникновения современного правого радикализма. Однако, в отличие от Минкенберга, автор переносит «водораздел в истории послевоенного правого экстремизма» на 1980-е гг. Игнаци пишет, что, если до 1980-х гг. понятие «правый экстремизм» было синонимично «неофашизму», то современные крайне правые партии, возникшие в 1980-х гг., к неофашизму никакого отношения уже не имеют. По мнению автора, эти партии «не пытаются воскресить «палингенетический миф» фашизма, но стремятся дать ответ на требования и нужды, выдвигаемые постиндустриальным обществом и которые неспособны удовлетво-

[25] Умланд А. Сравнительный анализ новых крайне правых групп на Западе (По поводу книги М. Минкенберга) // Политические исследования. 2001. № 3. С. 174-179.

[26] Ignazi. Extreme Right Parties in Western Europe.

рить традиционные партии»[27]. Автор предлагает концепцию «постиндустриального правого экстремизма» – крайне правого политического течения, которое возникает в качестве «тихой контрреволюции» против пост-материалистических ценностей и является «побочным продуктом» конфликтов постиндустриального общества. Таким образом, Пьеро Игнаци выделяет два типа правоэкстремистских партий: новые постиндустриальные правоэкстремистские партии и традиционные неофашистские партии, идеологически связанные с фашизмом[28]. Кроме того, по мнению автора, решающую роль в преобразовании неофашизма в постиндустриальный правый экстремизм сыграли американские и британские нео-консерваторы, а также французские «Новые правые».

Игнаци ставит под сомнение тезис Китшельта о том, что успеху современных праворадикальных партий способствует конвергенция основных левых и правых партий. Автор анализирует эволюцию партийной системы европейских стран в конце 1970-х – начале 1980-х гг. Он приходит к выводу, что до подъема правоэкстремистских партий традиционные консервативные партии совершили идеологический сдвиг не к центру политического спектра, а к правому флангу, и только после электоральных успехов крайне правых, а также возвращения консервативных партий в национальные правительства последние заняли более центристские позиции[29]. На основе этих наблюдений Пьеро Игнаци отвергает тезис Герберта Китшельта о конвергенции традиционных левых и правых партий, предшествующей подъему крайне правых, и выдвигает гипотезу о критической роли поляризации партийной системы и идеологической радикализации в процессе развития крайне правых.

В целом, среди факторов, обусловивших политическую реализацию «тихой контрреволюции» правых экстремистов, Игнаци называет 1) радикализацию политического дискурса; 2) поляризацию партийной системы; 3) появление и политизацию новых проблем; 4) низкий порог для прохождения партий в национальные парламенты; 5) углубление кризиса легитимности и доверия существующей политической системе; и 6) растущее недовольство корпоратистской моделью государственного

[27] Там же. P. 2.
[28] Там же. P. 33.
[29] Там же. P. 208.

управления и клиентелизмом, включая политическую коррупцию[30].

В своей работе Пьеро Игнаци представил компетентный обзор современных праворадикальных партий в двенадцати европейских странах, однако в его исследовании отсутствует серьезный сравнительный анализ изучаемых партий, несмотря на очевидные предпосылки к такому анализу. Также автор недостаточно полно раскрывает свой тезис о «постиндустриальном правом экстремизме» в отношении тех постиндустриальных стран (например, ФРГ, Соединенное Королевство, Португалия и Испания), в которых новые праворадикальные партии не обладают значимой электоральной поддержкой. Спорным теоретическим положением является также утверждение автора о поляризации партийной системы как о предпосылке к подъему крайне правых партий в Европе. Другой проблематичной формулировкой является тезис Игнаци об отсутствии связи между современным правым радикализмом и неофашизмом. Эти два феномена, вне всяких сомнений, имеют существенные отличия, и было бы ошибкой использовать термин «неофашизм» для обозначения всех новых крайне правых партий. Тем не менее, данное разграничение игнорирует природу исторического фашизма, как одной из разновидностей правого радикализма. Фашизм возник в уникальных условиях межвоенного времени, и, вследствие необратимости исторических процессов, он не может быть воссоздан в той же форме, поэтому в каждой новой эпохе правый радикализм будет находить ту стратегию реализации, которая будет соответствовать особой конфигурации политических, социо-культурных и экономических условий. Тезис Игнаци о категорическом разграничении неофашизма и «постиндустриального правого экстремизма» имеет также методологический недостаток: те характеристики, которые автор относит на счет новых праворадикальных партий – стремление к дестабилизации демократической системы, отказ от идей парламентаризма, плюрализма и всеобщего равенства – могут в равной степени использоваться и для описания подлинно фашистских или неофашистских партий.

Работа Элизабет Картер «Правый экстремизм в Западной Европе»[31] является узкоспециализированным исследованием, в котором анализируется внутренняя организация, идеология и электоральные показатели

[30] Там же. P. 202-203.
[31] Carter. The Extreme Right in Western Europe.

40 праворадикальных партий (автор называет такие партии «правоэкстремистскими»), участвовавших в политическом процессе четырнадцати европейских стран с 1979 по 2003 год. Автор попыталась выяснить, какие факторы политического предложения оказывают наибольшее влияние на успех крайне правых партий на электорально-политическом рынке, причем проблема политического спроса была намеренно оставлена автором за рамками исследования, что и определяет узкоспециализированный характер ее работы. Элизабет Картер определила четыре группы факторов политического предложения с точки зрения их влияния на электоральные успехи различных праворадикальных партий: 1) тип идеологии; 2) внутренняя организация партий и партийное руководство; 3) факторы, связанные с партийной системой того или иного государства, включая вопрос о значимости конвергенции основных левых и правых партий; и 4) факторы влияния национальных электоральных институтов.

Картер дифференцирует крайне правые партии по идеологическому принципу и выделяет пять различных типов партий: 1) неонацистские, 2) неофашистские, 3) авторитарные ксенофобские, 4) неолиберальные ксенофобские и 5) неолиберальные популистские. Автор подчеркивает, что тип идеологии является лишь одним из факторов, влияющих на результаты партий на национальных выборах, однако проведенные исследования позволили Элизабет Картер сделать вывод, что авторитарные ксенофобские, неолиберальные ксенофобские и неолиберальные популистские партии имеют значительное преимущество перед двумя другими типами партий[32].

В отношении внутренней организации и партийного руководства Картер выделяет три типа крайне правых партий: 1) хорошо организованные, имеющие сильного лидера, но разделенные на фракции; 2) плохо организованные, имеющие слабого лидера, но единые; и 3) плохо организованные, имеющие слабого лидера и разделенные на фракции. Автор приходит к выводу, что наибольшему успеху партий на выборах способствует наличие у них сильных харизматичных лидеров и централизованных организационных структур. Элизабет Картер также доказывает, что степень разделенности партии на фракции не оказывает особого

[32] Там же. P. 60-61.

влияния на электоральные показатели[33].

Другим результатом исследования Картер стал вывод о том, что успех правоэкстремистских партий зависит от наличия политического пространства (ниши) справа от того сегмента, в котором традиционно функционируют традиционные правые партии. Чем более умеренными являются консервативные партии, тем бóльшим политическим пространством обладают правые экстремисты. Автор также подтверждает тезис Герберта Китшельта о том, что высокая степень конвергенции основных левых и правых партий позитивно влияет на успех правых экстремистов[34].

Особенности национальных электоральных институтов, «правила политической игры» – четвертый фактор политического предложения – имеет, по мнению Элизабет Картер, ограниченное влияние на успех или поражение правых экстремистов на выборах[35].

Работа Картер стала важным вкладом в исследование феномена современных праворадикальных партий, однако ее анализ отличается некоторой произвольностью, главным образом, в отношении дифференциации идеологических разновидностей правого экстремизма и типов внутренней организации и партийного руководства.

В отличие от Элизабет Картер, американская исследовательница Терри Гивенс в своей работе «Голосование за правых радикалов в Западной Европе» настаивает на том, что особенности электоральных институтов и «правила политической игры» играют решающую роль в отношении электоральных успехов новых праворадикальных партий[36]. Гивенс выдвинула тезис о том, что новые праворадикальные партии наименее успешны в тех странах, в которых особенности электоральной системы поощряют стратегическое голосование, подразумевающее, что избиратель голосует не за предпочтительную партию, а за наиболее приемлемую из тех, которые имеют шансы на успех. По мнению автора, те избиратели, которые хотели бы проголосовать за ту или иную праворадикальную партию, часто не делают этого, т.к. считают, что их голос окажется «напрасным» из-за высокого электорального порога, который праворадикальная партия может не преодолеть, или из-за того, что дру-

[33] Там же. P. 98-99.
[34] Там же. P. 141.
[35] Там же. P. 195.
[36] Givens. Voting Radical Right in Western Europe.

гие партии еще до выборов отказались формировать коалицию с привлечением крайне правых. Справедливость своего тезиса Терри Гивенс проверяет на основе сравнительного анализа праворадикальных партий, функционирующих во Франции, Австрии, ФРГ и Дании. Автор утверждает, что австрийские избиратели менее всего расположены к стратегическому голосованию, т.к. они полагают, что лево- и правоцентристы в любом случае сформируют широкую коалицию. Во Франции двухтуровая мажоритарная избирательная система поощряет отказ избирателей от поддержки НФ во втором туре голосования. В ФРГ пятипроцентный электоральный порог также побуждает избирателей к стратегическому голосованию, в то время как в Дании – из-за наличия относительно низкого электорального порога (2%) – избиратели не опасаются того, что их голоса могут оказаться «напрасными».

Другая американская исследовательница Пипа Норрис рассматривает в работе «Правый радикализм: избиратели и партии на электоральном рынке» новые праворадикальные партии, функционирующие не только в Западной, Северной и Южной Европе, но также в США, Канаде, Австралии, Новой Зеландии, Израиле и России[37]. В своем исследовании Норрис сосредоточилась на решении двух основных проблем. Во-первых, она анализирует то влияние, которое оказывает структура политических возможностей на электоральные успехи новых праворадикальных партий. Во-вторых, автор рассматривает факторы политического спроса и предложения, также оказывающие влияние на избирательскую поддержку крайне правых партий.

Пипа Норрис отвергает тезис Терри Гивенс о том, что особенности электоральных систем оказывают психологическое воздействие на избирателей и могут побуждать их к стратегическому голосованию. Автор показывает, что учитывая радикальное политическое позиционирование сторонников крайне правых партий, они в подавляющем большинстве случаев отказываются от возможности сделать выбор в пользу иной, т.е. не праворадикальной партии, т.к. она не представляет их интересы[38].

Помимо этого, Пипа Норрис также обращает внимание на социальный состав электората новых праворадикальных партий и, в сущности,

---

[37] Norris. Radical Right.
[38] Там же. P. 255.

подтверждает выводы Ханс-Георга Бетца и Михаэля Минкенберга о том, что современные крайне правые партии получают наибольшую поддержку среди представителей классической мелкой буржуазии (старого среднего класса) – фермеров, владельцев небольших магазинов и других мелких предпринимателей, а также среди представителей низших слоев населения.

Пипа Норрис делает важный вывод о том, что факторы политического спроса на крайне правую политику (например, такие факторы, как иммиграционные процессы, недовольство политическим статус-кво или безработица) не могут сами по себе обусловливать электоральную поддержку новых праворадикальных партий. По мнению Норрис, партийные лидеры и идеологи должны соответствующим образом интерпретировать факторы политического спроса, чтобы представить свои организации единственными политическими игроками, способными проводить политический курс, направленный на устранение насущных государственных и общественных проблем. Иными словами, электоральный успех новых праворадикальных партий возможен только в том случае, если политическому спросу соответствует надлежащее политическое предложение.

Несколько иные вопросы рассматривала Мишель Хейл Уильямс в своем сравнительном исследовании «Влияние праворадикальных партий в западноевропейских демократиях»[39]. Проанализировав деятельность праворадикальных партий Австрии, ФРГ и Франции, Уильямс пришла к заключению, что праворадикальные партии – она называет такие партии «периферийными», указывая на их относительно маргинальное положение – оказывают весьма нетривиальное влияние на политические системы своих стран. Для этого партиям данного типа необязательно иметь своих представителей в национальных парламентах. Они сильны тем, что гораздо более внимательно – по сравнению с традиционными партиями – прислушиваются к мнению населения, быстро и эффективно приспосабливаются к институциональным условиям национальных политических систем и способны донести свой «мессидж» до самых различных уровней правительства. В целом успешные праворадикальные

[39] Williams M.H. The Impact of Radical Right-Wing Parties in West European Democracies. New York: Palgrave Macmillan, 2006.

партии оказывают значительное влияние на трех уровнях – программном, институциональном и уровне проведения политического курса.

По мнению Уильямс, в отношении праворадикальных партий не существует какой-либо единой «победной формулы», однако автор выделяет ряд факторов, которые способствуют электоральному успеху партий данного типа. К ним она относит (1) способность партий адаптироваться к изменяющемуся политико-идеологическому ландшафту (например, отказ от фашистской и/или расистской риторики), (2) сильная внутренняя организация и связи с аналитическими центрами и интеллектуальными кругами, (3) позиции во власти, (4) отсутствие комментариев по теме иммиграции со стороны традиционных партий, и (5) сильное харизматическое лидерство.

Важнейшим вкладом в анализ крайне правых партий последних лет стала монография Каса Мудде «Популистские праворадикальные партии в Европе»[40]. Данная работа подвела итог многолетних исследований Мудде, нашедших отражение в статьях и предыдущей монографии автора, посвященной идеологии правого радикализма[41]. Исследование Мудде состоит из трех частей, в которых он рассматривает вопросы терминологии и идеологии праворадикальных партий, а также причины их электоральной поддержки.

По мнению автора, наиболее благоприятным фоном для подъема крайне правых партий являются широко распространенные в обществе чувства небезопасности и обиды, соотносящиеся с тремя центральными элементами идеологии популистского правого радикализма – нативизмом (сочетание национализма и ксенофобии), авторитаризмом и популизмом. С нативизмом соотносится ощущение угрозы этнической или национальной идентичности (данная угроза обычно связывается с европейской интеграцией, массовой иммиграцией и мультикультурализмом); авторитаризм привлекает людей, беспокоящихся о преступности и размывании традиционных ценностей; популизм притягивает тех, кто разочарован в эффективности существующего политического представительства. Соответственно, важным условием электорального успеха

[40] Mudde. Populist Radical Right Parties in Europe.

[41] Mudde C. The Ideology of the Extreme Right. Manchester/New York: Manchester University Press, 2000.

крайне правых партий является наличие такой ситуации, когда в обществе проходят оживленные дискуссии в отношении таких явлений, как политическая коррупция, рост преступности, терроризм и иммиграция.

Важной методологической инновацией Каса Мудде в рамках дискуссии о причинах электоральной поддержки праворадикальных партий является введение фактора темпоральности. По мнению автора, *на этапе электорального прорыва* такие актороцентричные факторы, как наличие харизматического лидера, профессиональная пропаганда и сильная партийная организация, вне всяких сомнений способствуют успеху крайне правых партий, однако эти факторы не являются обязательными для электорального прорыва. С другой стороны, такие структуроцентричные факторы, как высоко пропорциональная избирательная система и щедрое государственное финансирование политических партий, влияют на то, как электоральная поддержка преобразовывается в парламентское представительство крайне правых партий и их политическое влияние. *После состоявшегося электорального прорыва* крайне правых партий возникает проблема электоральной устойчивости, причем значение структуроцентричных факторов снижается, а актороцентричных – наоборот, повышается. Большую роль в этой ситуации играют, как считает Мудде, организация, кадровый состав и пропаганда.

Особая ценность работы Каса Мудде заключается в том, что его монография является в настоящее время единственным англоязычным исследованием, в котором анализируются праворадикальные партии всех регионов Европы. За исключением его работы, все вышеупомянутые исследования посвящены новым праворадикальным партиям Западной, Северной и части Южной Европы[42] (в отдельных сравнительных исследованиях, впрочем, внимание также уделяется правому радикализму в США, Австралии и Новой Зеландии). Однако из поля зрения политологов обычно выпадает такой важный регион как Восточная Европа и часть Южной Европы, где новые праворадикальные партии добиваются значительных результатов на общенациональных выборах. К таким партиям можно отнести Словацкую национальную партию (*слов.* Slovenská

[42] В настоящей работе деление Европы на четыре региона – Северную, Западную, Южную и Восточную Европу – соответствует классификации регионов, разработанной отделом статистики ООН.

národná strana), «Лигу польских семей» (*пол.* Liga Polskich Rodzin, ЛПС), Сербскую радикальную партию (*сербск.* Српска радикална странка) – все три партии входили в правительственные коалиции, – а также болгарский Национальный союз «Атака» (*бол.* Национален съюз Атака, НСА), Партию «Великая Румыния» (*рум.* Partidul România Mare, ПВР) и «Йоббик» – партию «За Лучшую Венгрию» (*венг.* Jobbik Magyarországért Mozgalom). В сущности, политологи зачастую игнорируют тот европейский регион, который во время «холодной войны» назывался «Восточной Европой» и состоял из социалистических стран, включая СССР. Не в последнюю очередь об этом свидетельствуют названия работ, посвященных исследованию «западноевропейских» праворадикальных партий, где термин «Западная Европа» имеет не географический, но политический смысл, восходящий к периоду противостояния «первого» (капиталистического) и «второго (социалистического) мира», стран-членов НАТО и стран-участниц Варшавского договора. Данный подход представляется нам некорректным, т.к. в условиях глобализации и евроинтеграции разделение Европы на Западную и Восточную по шаблонам «холодной войны» является политическим атавизмом, имеющим крайне ограниченное отношение к современному положению вещей. Капиталистические страны «Запада» и бывшие социалистические страны, ранее разделенные на два враждующих блока, претерпели различную политическую, экономическую и социальную эволюцию, однако эти различия не следует абсолютизировать. В настоящее время большинство европейских стран следуют по демократическому пути развития, а партийно-политическая система пост-коммунистических стран по своей структуре постепенно приближается к «западноевропейским» аналогам. Данные процессы позволяют применять единые подходы для изучения праворадикальных партий, функционирующих в европейских демократиях.

Необходимость отказа от «стигматизации» различий между европейскими регионами обусловлена также тем, что в настоящее время существуют организации, объединяющие европейские праворадикальные партии вне зависимости от того, из какого региона они происходят. Например, во фракцию Европейского Парламента «Самобытность, традиция, суверенитет», существовавшей с января по ноябрь 2007 года, входили правые радикалы из всех регионов Европы, включая представителей восточноевропейских партий НСА и ПВР. Другим примером общеевропейского сотрудничества праворадикальных партий выступает «Альянс европейских национальных движений», в который, помимо «западноевропейских» крайне правых партий, также входят венгерский «Йоббик» и Всеукраинское объединение «Свобода».

Необходимо признать: на сегодняшний день существует ограниченное количество публикаций, посвященных новым праворадикальным партиям, функционирующим во всех регионах Европы. К работам подобного рода относятся сборники научных трудов, например, «Крайне правые в Западной и Восточной Европе»[43], «Правый радикализм в Центральной и Восточной Европе с 1989 года»[44] и «Политика правого экстремизма: от периферии к мейнстриму»[45]. Однако подобные сборники не могут рассматриваться как полноценные компаративные исследования, т.к. каждый автор использует собственную методологию при изучении тех или иных праворадикальных партий. Как уже указывалось, в настоящее время единственной монографией, в которой анализируются крайне правые партии, функционирующие во всех регионах Европы, является работа Каса Мудде «Популистские праворадикальные партии в Европе». В своем исследовании Кас Мудде справедливо отмечает, что «панъевропейская перспектива» в исследованиях новых праворадикальных партий позволяет увеличить количество единиц сравнения, способствуя, таким образом, углублению политологического понимания правого радикализма как наднационального феномена. Кроме того, подобная перспектива объективно оправдана вследствие того, что «так называемый Восток уже стал или станет частью так называемого Запада в результате вступления в Европейский Союз»[46]. Действительно, «вестернизационные», евроцентрические и в целом глобализационные процессы в странах Восточной и Южной Европы нивелируют прежние различия, которые в обозримом будущем могут стать абсолютно нерелевантными. Все большее количество исследователей признают, что возрождение нового правого радикализма

---

[43] The Far Right in Western and Eastern Europe / Ed. by L. Cheles, R. Ferguson, M. Vaughan. London: Longman, 1995.

[44] The Radical Right in Central and Eastern Europe since 1989 / Ed. by S.P. Ramet. Pennsylvania: Pennsylvania State University Press, 1999.

[45] The Politics of the Extreme Right: From the Margins to the Mainstream / Ed. by P. Hainsworth. London: Pinter, 2000.

[46] Mudde. Populist Radical Right Parties in Europe. P. 3.

«стало в той или иной мере общеевропейским явлением»[47].

Из обзора научной литературы можно сделать следующие выводы.

Во-первых, в существующих исследованиях недостаточно полно раскрывается природа партийно-политического правого радикализма, как общеевропейского феномена, т.к. авторы подавляющего числа работ сосредотачивают внимание только на части европейских стран. В то же время, объективный анализ европейских новых праворадикальных партий требует их рассмотрения в более широкой перспективе, которая позволила бы выделить частные и общие особенности участия крайне правых партий в политическом процессе.

Во-вторых, большинство исследователей рассматривают лишь отдельные факторы, оказывающие положительное влияние на электоральный успех новых праворадикальных партий. Ученые уделяют наибольшее внимание экономической и политической ситуации в европейских странах, в то время как социальные, культурные, исторические факторы, организационные способности партий игнорируются или получают недостаточное освещение. Представляется очевидным, что для установления причин электоральной поддержки новых праворадикальных партий необходимо учитывать максимально возможное количество факторов, способных влиять на избирательскую поддержку исследуемых партий.

В-третьих, исследователи употребляют различные термины в отношении новых праворадикальных партий, что затрудняет связность исследований, посвященных схожим политическим феноменам, а также препятствует эффективному академическому сотрудничеству в кросс-генерационной и кросс-национальной перспективе[48]. В связи с этим существует необходимость установить какой из используемых в современной науке терминов является наиболее подходящим для определения изучаемых партий, а также предложить дефиницию данного термина.

---

[47] Rensmann L. The New Politics of Prejudice: Comparative Perspectives on Extreme Right Parties in European Democracies // German Politics and Society. 2003. Vol. 21. No. 4. P. 95.

[48] См. также: Гриффин Р. Сегодняшнее состояние и будущие направления сравнительных исследований исторического фашизма и неофашизма // Форум новейшей восточноевропейской истории и культуры. 2011. №2. С. 257-277. http://www1.ku-eichstaett.de/ZIMOS/forum/docs/forumruss14/a13Griffin.pdf.

Глава 2
Особенности терминологии и типология крайне правых партий

Проблема терминологии, несмотря на ее кажущуюся второстепенность по сравнению с иными вопросами, в действительности играет важную роль в исследованиях. Анализ используемых понятий и их дефиниций необходим по двум основным причинам. Во-первых, с его помощью становится возможным установить таксономические категории, позволяющие типологизировать и систематизировать партии, занимающие крайне правый фланг политического пространства. Во-вторых, единообразная терминология призвана служить звеном, связывающим исследования аналогичных политических феноменов в контексте общих научных дискуссий.

Наиболее употребительными терминами для определения современных крайне правых партий в научной литературе являются такие термины, как «правый радикализм», «праворадикальный популизм», «правый экстремизм», «неофашизм» и «неонацизм». Отдельные ученые используют также другие термины и говорят, например, о «правопопулистских»[49], «национал-популистских»[50], «ксенофобно-популистких»[51], «этно-националистических»[52] и «анти-иммигрантских» партиях[53]. Существует несколько источников подобного понятийного разнообразия. Во-первых, употребление таких терминов, как «неофашизм» и «неонацизм» в отношении современных партий призвано показать преемственность

---

[49] Heinisch R. Success in Opposition – Failure in Government: Explaining the Performance of Right-Wing Populist Parties in Public Office // Journal West European Politics. 2003. Vol. 26. No. 3. P. 91-130.

[50] Flood C. National Populism // Political Ideologies in Contemporary France / Ed. by C. Flood, L. Bell. London/New York: Pinter, 1997. P. 103-139.

[51] De Angelis R.A. A Rising Tide for Jean-Marie, Jörg, and Pauline? Xenophobic Populism In Comparative Perspective // Australian Journal of Politics and History. 2003. Vol. 49. No. 1. P. 75-92.

[52] Rydgren. The Populist Challenge.

[53] Gibson R.K. The Growth of Anti-Immigrant Parties in Western Europe. Lewiston: The Edwin Mellen Press, 2002; Van der Brug W., Fennema M., Tillie J. Why Some Anti-Immigrant Parties Fail and Others Succeed: A Two-Step Model of Aggregate Electoral Support // Comparative Political Studies. 2005. Vol. 38. No. 5. P. 537-573.

межвоенных и современных крайне правых политических традиций. Во-вторых, существует противоположное мнение, согласно которому фашистские партии межвоенной эпохи не имеют ничего общего с современным феноменом правого радикализма, и термины, в которых присутствует слово «популизм» (например, «правый популизм» или «новый популизм»), в определенной степени удачно демонстрируют непреодолимый разрыв двух эпох – «фашистской» и современной. В-третьих, ученые, которых не удовлетворяет ни один из уже существующих терминов, вводят в оборот новые термины, например, «анти-иммигрантские партии». В-четвертых, терминологическое разнообразие является результатом отсутствия консенсуса в отношении феномена крайне правых партий в целом: учитывая десятилетние диспуты относительно фашизма, было бы слишком опрометчиво полагать, что единое мнение касательно *нового* правого радикализма сформируется в краткие сроки, тем более в условиях, когда сами крайне правые партии имеют тенденцию к модификации собственной идеологии с течением времени. Кроме того, в настоящее время наблюдается эволюция мнений самих исследователей. Например, если в монографии «История фашизма» Роджер Итвелл употреблял термин «неофашизм»[54], то в настоящее время он использует выражение «правый экстремизм»[55]. В свою очередь, новейшая работа Каса Мудде называется «Популистские праворадикальные партии в Европе», хотя до ее выхода он более десяти лет использовал исключительно термин «правый экстремизм».

Сами идеологи новых праворадикальных партий редко соглашаются с теми терминами, которые используют ученые по отношению к ним, а иногда предпочитают утверждать, что их партии придерживаются подлинно демократического мировоззрения. Вводящие в заблуждения названия праворадикальных партий вроде «Либерально-демократической партии России» и «Шведских демократов» (*швед.* Sverigedemokraterna, ШД) это подтверждают.

В данной Главе предлагается 1) проанализировать мотивирован-

---

[54] Eatwell R. Fascism: A History. New York: Allen Lane the Penguin Press, 1996.

[55] Eatwell R. Ten Theories of the Extreme Right // Right-Wing Extremism in the Twenty-First Century / Ed. by P.H. Merkl, L. Weinberg. London: Frank Cass Publishers, 2003. P. 47-73; он же. The New Extreme Right Challenge // Western Democracies and the New Extreme Right Challenge / Ed. by R. Eatwell, C. Mudde. London: Routledge, 2004. P. 1-16.

ность использования понятий «неофашизм» и «правый (или новый) популизм»; 2) рассмотреть основную терминологическую пару «(новый) правый радикализм»/«правый экстремизм»; 3) обосновать использование термина «новые праворадикальные партии» в качестве наиболее предпочтительного для обозначения исследуемого феномена; и 4) предложить и объяснить определение нового правого радикализма.

Большинство исследователей современных крайне правых партий стараются избегать употребления терминов «неофашистские» и «неонацистские партии». Отсылка к межвоенным политическим объединениям при описании современных партий нивелирует смену экономических, общественно-культурных и политических реалий, произошедшую в период с 1920-30-х по 1980-е гг.: Австрийская партия свободы (*нем.* Freiheitliche Partei Österreichs, АПС) или французский НФ упрочили свои политические позиции и достигли весомых электоральных успехов в иных исторических условиях, нежели те, в которых к власти в Германии пришли национал-социалисты Адольфа Гитлера. Изменение политической ситуации также предполагает, что в условиях, когда доминирующей идеологией в большинстве европейских стран является либеральная демократия, основные праворадикальные партии участвуют в электоральном процессе наравне с другими партиями, таким образом, подтверждая свою лояльность конституционным, а не революционным и/или насильственным методам борьбы за власть, характерным для фашистских партий. Естественно, не следует забывать, что и Национальная фашистская партия (НФП), и Национал-социалистическая немецкая рабочая партия (НСНРП) также участвовали в выборах, однако приверженность Муссолини и Гитлера революционной стратегии, проявившейся, помимо всего прочего, в неудавшихся переворотах в 1922 («Марш на Рим») и 1923 гг. («Пивной путч») разительным образом отличает НФП и НСНРП от современных крайне правых партий и их лидеров, для которых подобные действия стали бы как минимум окончанием политической карьеры.

Современные правые радикалы обычно никогда не связывают свое мировоззрение с идеологиями фашистских партий и движений межвоенного периода. В отдельных случаях правые радикалы особым образом подчеркивают свое принципиальное идейное отличие от «архаических» ультранационалистов. Действительно, в настоящее время количество легальных крайне правых партий и движений, настаивающих на преемственности фашизма, сравнительно невелико. Такие партии, как греческая «Золотая заря» (*греч.* Χρυσή Αυγή), румынская «Новая правая» (*рум.* Noua Dreaptă) и шведская Партия нордического Рейха (*швед.* Nordiska rikspartiet), представляют собой скорее субкультурные общественные образования, нежели подлинно политические партии, вследствие изоляции и объективного отсутствия уникальных условий межвоенного периода, породивших общественный спрос на фашистскую идеологию в той или иной разновидности.

Различия между большинством новых праворадикальных партий и межвоенными фашистскими политическими организациями лежат, в первую очередь, в области идеологии. Как отмечает Роджер Гриффин, современный правый радикализм – «это тип партийной политики, которая ни технически, ни в скрытой форме не является разновидностью фашизма, т.к. в ней отсутствует центральное палингенетическое видение "нового порядка", который бы тотальным образом заменил либеральную систему»[56]. Новые праворадикальные партии не являются революционными, не ставят акцент на мифологических темах «новорождения нации» и «фундаменталистски трактуемых извечных основ бытия»[57] и не базируются на агрессивном массовом движении[58]. Напротив, в своих программах они предпочитают подчеркивать рациональные моменты, апеллируя к разуму потенциальных избирателей, и выражают – в той или иной мере – лояльность демократическому конституционализму. Современный правый радикализм «с энтузиазмом принимает либеральную систему, но считает лишь одну этническую группу полноценным членом гражданского общества»[59], поэтому, с определенной точки зрения, этот феномен можно назвать ««этнократическим либерализмом» – гибридом идеологического экстремизма и демократического конституционализма»[60].

---

[56] Griffin R. Interregnum Or Endgame? The Radical Right in the «Post-Fascist» Era // Journal of Political Ideologies. 2000. Vol. 5. No. 2. P. 173.

[57] Галкин А.А. Размышления о политике и политической науке. М.: Оверлей, 2004. С. 152.

[58] Тамаш Г.М. О постфашизме // Конституционное право: восточноевропейское обозрение. 2000. № 3(32). С. 6.

[59] Griffin. Interregnum Or Endgame? P. 173.

[60] Там же.

Вследствие маргинализации, неофашистские партии крайне редко участвуют в электоральных процессах в европейских странах в настоящее время. Тем не менее, термины «неофашизм» и «неонацизм» по-прежнему входят в современный политологический тезаурус и обычно употребляются для определения тех партий и организаций, которые открыто или завуалировано выстраивают свое мировоззрение по образцу идеологий фашистских партий или движений межвоенного периода. Дополнительными, но необязательными признаками может служить использование стилистики фашистских партий (например, униформа, символика или лозунги)[61], а также выражение ностальгии по фашистскому прошлому того или иного государства[62].

Термин «правый популизм» получил широкое распространение в последние годы, благодаря отсутствию открыто негативных оттенков значений, присущих другим терминам. «Правыми популистами» часто называют норвежскую Партию прогресса (*норв.* Fremskrittspartiet, НПП), нидерландский «Список Пима Фортайна» (*нидерл.* Lijst Pim Fortuyn, СПФ) и некоторые другие партии, политический стиль, стратегия и идеологическая аргументация которых далеки от понятия «экстремизм»[63]. Таким образом, отдельные политологи используют термин «правый популизм», стремясь решить вопрос об определении идеологии той или иной партии, которая не является настолько радикальной, чтобы называть ее «правоэкстремистской». В подтверждение этого тезиса немецкие политологи Хайо Функе и Ларс Ренсманн пишут, что «с идеологической точки зрения правый популизм можно было бы разместить в “серой зоне” между правым экстремизмом, чьи важнейшие программные элементы он разделяет, и национальным консерватизмом»[64]. Понятие «популизм» также имеет большое значение в контексте дискуссии о наличии или отсутствии идеологической преемственности между современными крайне правыми партиями и межвоенными фашистскими организациями. Политолог Пол Таггарт, один из наиболее последовательных сторонни-

[61] Eatwell. The New Extreme Right Challenge. P. 6.

[62] Griffin R. The Nature of Fascism. London: Routledge, 1991. P. 163-164.

[63] Eatwell. The New Extreme Right Challenge. P. 12.

[64] Функе Х., Ренсманн Л. Новый правый популизм в Европе: Сравнительный анализ политических партий и движений // Правый радикализм в современной Европе / Ред.-сост. С.В. Погорельская. М.: ИНИОН РАН. С. 76.

ков употребления термина «новый популизм», утверждает, что подъем современных крайне правых партий идеологически скорее связан с популизмом, чем с неофашизмом[65].

Несмотря на объективно сильные стороны такого подхода к типологизации крайне правых идеологий, существует опасение, что использование термина «правый популизм» для описания современных крайне правых партий может, благодаря своей неоднозначной интерпретации, легитимировать крайне правые организации в качестве подлинно демократических. Как признает большинство современных политологов, такие партии не могут рассматриваться в качестве подлинно демократических в виду того, что они несут очевидные угрозы стабильному демократическому режиму, одними из основных характеристик которого являются – согласно Аренду Лейпхарту – «высокая вероятность сохранения качества демократичности» и «низкий уровень насилия, применяемого или способного быть примененным к обществу»[66].

Наличие упомянутых угроз в политической стратегии «право-» или «ново-популистских» партий признают даже сторонники использования данных терминов. Например, Функе и Ренсманн считают, что основными качествами популизма являются: «использование этноцентристских, националистических или же антисемитских идеологических элементов», «отказ от языка и форм общения либеральной, гарантирующей соблюдение интересов и прав демократии», а также «антиэлитарная стилизация против "господствующего класса"»[67]. В свою очередь Пол Таггарт утверждает, что «новый популизм и неофашизм *необязательно* противоречат друг другу», причем «неофашистская партия может избирать ново-популистское направление»[68]. Очевидно, что подобные наблюдения самих сторонников употребления данных терминов нивелируют ценность понятия «правый (или новый) популизм» в качестве определения идеологии современных крайне правых движений. Тем не менее, следует отметить, что популизм действительно свойственен новым правора-

[65] Taggart. The New Populism and the New Politics.

[66] Лейпхарт А. Демократия в многосоставных обществах: сравнительное исследование. М.: Аспект Пресс, 1997. С. 39.

[67] Функе, Ренсманн. Новый правый популизм в Европе. С. 76-77.

[68] Taggart P. New Populist Parties in Western Europe // West European Politics. 1995. Vol. 18. No. 1. P. 45.

дикальным партиям, но он является скорее элементом, чем центральным ядром их идеологии.

Одним из наиболее актуальных терминологических дебатов в рамках исследования современных крайне правых партий является дискуссия о том, какой из двух терминов – «(новый) правый радикализм» или «правый экстремизм» – является наиболее предпочтительным. Одни ученые используют понятие «правоэкстремистские партии» (Роджер Итвелл, Пьеро Игнаци, Элизабет Картер, Пол Хейнсворт), другие – «праворадикальные партии» (Анатолий Романюк, Александр Галкин, Михаэль Минкенберг, Терри Гивенс), а третьи используют оба понятия в качестве синонимов (Роджер Гриффин, Ханс-Георг Бетц).

Сторонники употребления термина «правый экстремизм» мотивируют свой выбор несколькими общими соображениями. Во-первых, понятие «экстремизм» ассоциируется с насилием и антисистемным характером крайне правых партий[69]. Во-вторых, «правый экстремизм» в большей степени нежели «правый радикализм» ориентирует на анализ политических, а не психологических или социальных граней рассматриваемого феномена[70]. В-третьих, в США термин «правый радикализм» ассоциируется не с современными партиями крайне правого фланга, а скорее с такой антикоммунистической организацией, как «Общество Джона Берча», или с идеологией «маккартизма»[71].

Политологи, которые предлагают использовать термин «(новый) правый радикализм», приводят следующие доводы. Во-первых, изучаемый феномен не сводится исключительно к партиям и их программам, а его базис включает в себя не только организованные группы, но также воззрения и ориентиры населения. Население может быть не только избирателями, но и активными участниками неорганизованной праворадикальной субкультуры, а понятие «экстремизм» связано лишь с организованными группами[72]. Во-вторых, благодаря значительному объему науч-

---

[69] Carter. The Extreme Right in Western Europe. P. 22; Eatwell. The New Extreme Right Challenge. P. 8.

[70] Ignazi. Extreme Right Parties in Western Europe. P. 28.

[71] Eatwell. The New Extreme Right Challenge. P. 7; Ignazi. Extreme Right Parties in Western Europe. P. 28.

[72] Минкенберг М. Новый правый радикализм в сопоставлении: Партии, движения и среды // Правый радикализм в современной Европе / Ред.-сост. С.В. Погорельская. М.: ИНИОН РАН, 2004. С. 19.

ной литературы, в которой используется термин «(новый) правый радикализм», он стал ассоциироваться скорее с современными крайне правыми идеологиями, нежели с американскими ультраконсервативными течениями. В-третьих, «(новый) правый радикализм» в меньшей степени политизирован по сравнению с термином «правый экстремизм», который не только обладает отчетливо негативным оттенком значения[73], но и слишком часто используется политиками для нападок и делегитимации оппонентов. Учитывая немецкую юридическую практику различения двух феноменов, политологи, называющие ту или партию «правоэкстремистской», в значительной степени берут на себя неподходящую функцию правосудия. В-четвертых, такие партии как АПС и НФ, которые отдельные ученые называют «правоэкстремистскими», предполагая антисистемную составляющую их идеологии, на практике предпочитают адаптироваться к системе, а не требовать отмены статус-кво[74].

Принимая во внимание доводы второй группы политологов, нам представляется, что наиболее подходящим термином, обозначающим доктринальные установки изучаемых крайне правых партий, является «новый правый радикализм» (синонимичным термином, широко распространенным в политологической литературе, является выражение «современный правый радикализм»).

Определение «новый» используется такими политологами как Герберт Китшельт и Михаэль Минкенберг, чтобы акцентировать внимание на современном проявлении феномена. Данное определение также вводится для различения между «старым» и «новым правым радикализмом», описывающим идеологию таких партий, как французский НФ, австрийская АПС, бельгийский «Фламандский интерес» (*нидерл.* Vlaams Belang) и другие. Украинские политологи Анатолий Романюк и Юрий Шведа также различают «праворадикальные партии старого типа, которые принадлежат к авторитарной, даже фашистской традиции» и «праворадикальные партии нового типа», которые «не имеют непосредственного организационной или идеологической связи с фашистскими партиями»[75].

---

[73] Givens. Voting Radical Right in Western Europe. P. 20.

[74] Dézé A. Between Adaptation, Differentiation and Distinction: Extreme Right-Wing Parties within Democratic Political Systems // Western Democracies and the New Extreme Right Challenge / Ed. by R. Eatwell, C. Mudde. London: Routledge, 2004. P. 35.

[75] Романюк А., Шведа Ю. Партії та електоральна політика. Львів: ЦПД – «Астро-

Термин «новая праворадикальная партия» обладает критериями включения и исключения того или иного политического субъекта из данной категории. Эти критерии в значительной мере обусловлены самим термином, поэтому можно выделить два основных условия, удовлетворение которым позволяет определить партию как «новую праворадикальную»: 1) время возникновения партии и ее электорального подъема, и 2) партийная идеология.

Несмотря на приоритет идеологического критерия, время возникновения и электорального подъема какой-либо крайне правой партии играет важную роль в дискуссии о ее включении в категорию «новых праворадикальных»[76]. Борис Лопухов отмечал, что «новые праворадикальные организации и движения выдвинулись на первый план в 1980-е годы»[77], а Михаэль Минкенберг выделил три временные «праворадикальных фазы», сменившие друг друга во второй половине XX века в большинстве западных демократических государств:

1. 1945 – 1950-е гг.: идеология «маккартизма» (от имени североамериканского политика Джозефа Маккарти) в США и «переформировавшиеся остатки нацистских и фашистских партий в ФРГ и Италии».

2. 1960-е – начало 1970-х гг.: движение «Уоллес» (от имени североамериканского политика Джорджа Уоллеса) в США, НДПГ в ФРГ, идеология «пауэллизма» (от имени британского политика Еноха Пауэлла) и британский «Национальный фронт» (*англ.* National Front) в Соединенном Королевстве.

3. 1980-е – 1990-е гг.: «праворадикальные движения и партии утвердились практически во всех западных демократиях»[78].

«Обновление» правого радикализма, по мнению Михаэля Минкенберга, произошло после 1968 года[79], что соответствует тезису немецкого политолога о «тихой контрреволюции» правых радикалов как реакции на изменения общественно-политического дискурса, произошедшего после студенческих восстаний 1968 года. Тем не менее, если новый правый радикализм, как особая мировоззренческая модель,

---

лябія», 2005. С. 215-216.

[76] Kitschelt. The Radical Right in Western Europe. P. 49.

[77] Лопухов Б.Р. Неофашизм: опасность для мира. М.: Молодая гвардия, 1985. С. 156.

[78] Минкенберг. Новый правый радикализм в сопоставлении. С. 20-21.

[79] Там же. С. 21.

начал формироваться, начиная со второй половины 1960-х гг.[80], то его партийно-политический подъем пришелся именно на 1980-е годы[81]. Данный процесс был характерен не только для западноевропейских стран, но и для отдельных государств Восточной Европы, включая СССР. Александр Галкин, размышляя над «иммунитетом» советского общества к фашизму, писал: «Первые сигналы, говорящие о том, что в антифашистском иммунитете появились прорехи, прозвучали в 70-е годы. В начале 80-х годов появления праворадикальных групп фашизоидного типа нельзя было уже не заметить»[82].

Наблюдения вышеупомянутых исследователей не отвергают того факта, что многие политические партии, для определения которых в настоящее время используется термин «новый правый радикализм», возникли до начала 1980-х гг., например, АПС (1956), НФ (1972) или НПП (1973). Однако именно в 1980-х гг. в праворадикальном дискурсе произошел организационно-идеологический сдвиг. Как отмечал Пьеро Игнаци, «все изменилось в 1980-х годах: появились новые партии, а старые полностью обновились, причем и те, и другие стали пользоваться беспрецедентной поддержкой»[83].

Таким образом, временной критерий подразумевает, что та или иная существующая крайне правая партия может рассматриваться в качестве кандидата на включение в категорию «новых праворадикальных», если она удовлетворяет одному из двух темпоральных условий:

1. Партия возникла в течение 1980-х гг. или позже.
2. Партия возникла в период со второй половины 1940-х гг. до конца 1970-х гг., но в течение 1980-х гг. или позже стала приобретать растущую поддержку электората.

Как и в случае с «фашизмом», само понятие «новый правый радикализм» относится, прежде всего, к политической идеологии. Кроме того, идеологический элемент присутствует и в определении «новый», т.к. новый правый радикализм противопоставляется старому. В настоящей работе политическая идеология понимается как система идей и взгля-

[80] Kitschelt. The Radical Right in Western Europe. P. 49.

[81] Eatwell. Ten Theories of the Extreme Right. P. 47.

[82] Галкин А.А. О фашизме – его сущности, корнях, признаках и формах проявления // Политические исследования. 1995. № 2. С. 13.

[83] Ignazi. Extreme Right Parties in Western Europe. P. 1.

дов, с помощью которых интерпретируется объективная действительность, защищаются коллективные ценности и интересы, формулируются и структурируются цели групповой деятельности и обосновываются пути и средства их реализации с помощью политической власти. Существует две основные проблемы, связанные с поиском дефиниции нового правого радикализма. Во-первых, в случае с крайне правыми партиями можно выделить два идеологических уровня – «экзотерический», который является публичным и находит выражение в официальных партийных программах, и «эзотерический», обычно известный только ограниченному числу членов партии[84]. Во-вторых, сам термин является искусственной разработкой ученых и ни одна актуальная партия не называет идеологическую основу своей политической программы «праворадикальной». Таким образом, у исследователей отсутствует возможность сослаться на партию с гипотетическим самоназванием «Новая праворадикальная партия» и на основе анализа ее программы разработать типообразующее определение идеологии нового правого радикализма.

Первая проблема решается путем изучения как официальных программ и брошюр, так и неофициальных внутрипартийных газет и Интернет-ресурсов. Решение второй проблемы подразумевает сравнительный анализ современных праворадикальных партий и выделение общих для них политических идей и взглядов.

Российский политолог Светлана Погорельская, размышляя о правомерности компаративного подхода в исследовании правого радикализма, писала, что «общая черта праворадикальных движений различных стран состоит... в том, что все они – особенные и тяготеют к абсолютизации особенного»[85]. Вне всяких сомнений, идеология каждой праворадикальной партии уникальна, однако, сравнительный анализ идейных систем европейских крайне правых партий предполагает формулирование обобщающих концептуализаций, соответствующих – в терминах Джо-

[84] Eatwell R. Towards a New Model of Generic Fascism // Journal of Theoretical Politics. 1992. Vol. 4. No. 2. P. 174.

[85] Погорельская С.В. Введение. Методологические проблемы исследования правого радикализма // Правый радикализм в современной Европе / Ред.-сост. С.В. Погорельская. М.: ИНИОН РАН, 2004. С. 6.

ванни Сартори – среднему уровню абстракции[86]. При этом особенные, национальные проявления исследуемого политического феномена соответствуют низшей ступени «лестницы абстракции» и не могут входить в определение нового правого радикализма в контексте внутрирегионального сравнения. Следовательно, определение нового правого радикализма должно быть сформулировано таким образом, чтобы оно могло охватить все проявления нового правого радикализма в Европе, преодолев различия между национальными формами изучаемого феномена с помощью обобщающих концепций.

Отдельные ученые предлагают дефиниции новых праворадикальных партий, сформулированные на основе негативного подхода: в таких дефинициях выделяются те понятия и идеи, которые отрицаются крайне правыми партиями. К таким «*анти*-характеристикам» нового правого радикализма политологи относят, например, антилиберализм, антидемократизм, антипарламентаризм и антикоммунизм. Другим примером такого подхода является определение британского политолога Элизабет Картер, которая предпочитает использовать термин «правый экстремизм» и считает, что идеологическая основа рассматриваемого феномена состоит из двух элементов: 1) отказ от основных ценностей, процедур и институтов демократического конституционного государства, и 2) отказ от фундаментального принципа равенства всех людей[87]. Подход, основывающийся на выделении «анти-характеристик» анализируемой идеологии, представляется неэффективным по двум главным причинам. Во-первых, определения, сформулированные на основе данного подхода, вместо точного указания на сущность политического феномена, говорят скорее о том, чем он не является. Во-вторых, как утверждает Джованни Сартори, определения через отрицание соответствуют высшему уровню абстракции и обладают максимальным объемом, но минимальным смысловым наполнением[88]. Например, в рамках определения Элизабет Картер правым экстремистом мог считаться Усама бин Ладен, отвергавший демократические ценности и идею равенства людей независимо от их вероисповедания.

---

[86] Сартори Дж. Искажение концептов в сравнительной политологии (II) // Политические исследования. 2003. № 4. С. 157.

[87] Carter E.L. The Extreme Right in Western Europe. P. 17.

[88] Сартори. Искажение концептов в сравнительной политологии. С. 155-157.

Более эффективным подходом представляется выделение утвердительных идейных элементов нового правого радикализма, составляющих его идеологическое ядро. Кас Мудде считает, что в основе рассматриваемой идеологии лежит сочетание национализма, «велферного шовинизма»[89], «ксенофобии» и требования законности и порядка[90]. Сущность правого радикализма действительно соответствует данному определению, но проблематичность данной и подобных ей дефиниций заключается в том, что они содержат в себе заменяемые концепции. Например, понятие «ксенофобия» и «велферный шовинизм» имеют схожее значение, причем каждое из этих понятий фактически подразумевает наличие националистических воззрений, что делает излишним присутствие «национализма» в определении.

В данной работе предлагается определение, в котором берется за основу подход Роджера Гриффина, рассматривающего новый правый радикализм как «этнократический либерализм», не отрицающий либерально-демократическую систему в целом, но настаивающий на этноцентризме в вопросе установления критериев принадлежности к гражданской общности того или иного государства[91]. Однако этнический критерий не является единственным в контексте идентификации национального сообщества с точки зрения современных правых радикалов, поэтому многие исследователи указывают на значимость культурного критерия[92], который также должен быть включен в определение.

В данной работе предлагается следующее определение:

---

[89] Под «велферным шовинизмом» подразумевается дискриминационная политика, в соответствии с которой иммигранты, проживающие на территории «государства всеобщего благосостояния» (*англ.* welfare state), не имеют доступа к социальным благам, предоставляемым таким государством своим гражданам: бесплатное обучение и медицинское обслуживание, уход за пожилыми людьми, пособия по безработице и пр.

[90] Mudde. The Ideology of the Extreme Right. P. 179.

[91] Griffin. Interregnum Or Endgame. P. 173.

[92] Балибар Э., Валлерстайн И. Раса, нация, класс. Двусмысленные идентичности. М.: Издательство «Логос», 2004; Шнирельман В.А. Этничность, цивилизационный подход, «право на самобытность» и «Новый расизм» // Социальное согласие против правого экстремизма / Отв. ред. Л.Я. Дадиани, Г.М. Денисовский. М.: Изд-во Института социологии РАН, 2005. Вып. 3-4. С. 216-244; Carter. The Extreme Right in Western Europe. P. 38; Mudde. The Ideology of the Extreme Right. P. 152.

новый правый радикализм – это идеология, основывающаяся на идее сохранения, реализации и воспроизводства этнически или этнокультурно однородного типа общества в рамках демократической системы.

Идеальным типом общества для нового правого радикализма является такое общество, которое представляет собой «гармоничное единство»[93], не подверженное этническому и культурному разделению. Современные праворадикальные партии настаивают на том, что только такой тип целостного общества может быть основой национального благополучия. При этом «национальная интеграция отождествляется с вытеснением «этнически чуждого элемента»»[94] и отказом от идеи мультикультурализма, поскольку, с точки зрения современных крайне правых, «“смешение культур”, упразднение “культурных дистанций” означает интеллектуальную смерть человечества и, может быть, даже подвергает опасности регулятивные механизмы биологического выживания»[95]. Следовательно, новые правые радикалы интерпретируют гражданство в демократическом государстве как эксклюзивную привилегию тех, кого можно назвать «коренными жителями», и только на них могут распространяться блага капиталистического общества[96]. Как критически отметил Гаспар Тамаш, новый правый радикализм «прекрасно уживается с либеральной демократией Анти-Просвещения, которая, не встречая никакого серьезного сопротивления, реабилитировала понимание гражданства как привилегии, даруемой сувереном, вместо прежнего понимания гражданства как универсального права человека»[97]. Схожего мнения придерживается Роджер Гриффин: «Если в теории боевым кличем либерализма является изречение Руссо “Человек родится свободным, но повсюду он в цепях”, то на практике его лозунгом является оруэлловское

[93] Ignazi P. The Development of the Extreme Right at the End of the Century // Right-Wing Extremism in the Twenty-First Century / Ed. by P.H. Merkl, L. Weinberg. London: Frank Cass Publishers, 2003. P. 152.

[94] Галкин. Размышления о политике и политической науке. С. 97.

[95] Балибар, Валлерстайн. Раса, нация, класс. С. 32.

[96] Betz H.-G. The Growing Threat of the Radical Right // Right-Wing Extremism in the Twenty-First Century / Ed. by P.H. Merkl, L. Weinberg. London: Frank Cass Publishers, 2003. P. 77.

[97] Тамаш. О постфашизме. С. 13.

"Все равны, но некоторые равнее других"»[98]. Правый радикализм является, по мнению немецких социологов Эрвина Шойха и Ханса Дитера Клингеманна, «нормальной патологией» промышленного общества[99] – современные крайне правые партии, используя присущие такому типу общества социально-экономические противоречия, дестабилизируют его изнутри, оставаясь, тем не менее, в пределах законного политического пространства.

Современные крайне правые партии остаются в рамках закона до тех пор, пока они предлагают конституционные меры для воплощения в жизнь своей политической программы. Не вызывает сомнений то, что предложенное выше определение нового правого радикализма допускает идеологическое варьирование: все новые праворадикальные партии различаются по степени своего радикализма и указанную дефиницию следует интерпретировать в идеально-типическом смысле. Тем не менее, идеологическое варьирование правого радикализма имеет свои пределы: одобрение (или пропаганда) насильственных действий в качестве средства реализации «повестки дня» выводит партию из легального политического пространства и делает ее правоэкстремистской. Таким образом, здесь предлагается использовать термин «правоэкстремистские партии» для обозначения тех партий, которые стремятся к сохранению, реализации и воспроизводству этнически или этнокультурно однородного типа общества путем насильственных действий вне рамок демократической системы. Если современные правые *радикалы* стремятся к вытеснению этнически «чуждого элемента» из общества путем внедрения законного (с точки зрения конституции того или иного государства, но не в контексте Всеобщей декларации прав человека[100]) ужесточения миграционной политики, то осуществление или пропаганда насильственных действий по отношению к таким «чуждым элементам» является неотъемлемым признаком правого *экстремизма*. Приятие или неприятие насилия как метода достижения политических целей является «во-

---

[98] Griffin. Interregnum Or Endgame. P. 174.

[99] Scheuch E.K., Klingemann H.-D. Theorie des Rechtsradikalismus in westlichen Industriegesellschaften // Hamburger Jahrbuch für Wirtschafts- und Sozialpolitik. 1967. No. 12. P. 12.

[100] Всеобщая декларация прав человека, http://www.un.org/ru/documents/decl_conv/declarations/declhr.shtml.

доразделом», отделяющим одну разновидность современной крайне правой политики от другой[101].

Данный подход согласуется с законодательными нормами, введенными в ФРГ в отношении радикальных и экстремистских партий[102]. В контексте основополагающих документов «Федерального бюро защиты конституции» ФРГ экстремистами считаются те политические субъекты, деятельность которых противоречит центральной составляющей немецкой конституции – либерально-демократическому устройству государства. В соответствии с законом, деятельность таких политических субъектов (например, партий) не только отслеживается, но и может быть прекращена «Федеральным бюро». В свою очередь, радикалами считаются те политические субъекты, которые подвергают глубокому сомнению демократический строй и являются его непримиримыми критиками. В отличие от экстремистов, радикалы не подвергаются преследованию, т.к. в ФРГ радикальные политические взгляды занимают свое законное место в плюралистической общественной системе[103].

Учитывая разногласия между политологами, использующими различные термины для определения одних и тех же крайне правых партий, следует подчеркнуть, что в данной работе – с целью соблюдения правил типологизации, установленных в этой Главе – «новыми праворадикальными» могут называться те партии, которые в некоторых других исследованиях называются «правоэкстремистскими», «неофашистскими», «правопопулистскими» или как-либо иначе. При этом такие термины как «правый экстремизм» или «неофашизм» будут использоваться только в соответствии с ранее определенными таксономическими критериями. В свою очередь, понятие «крайне правые партии» будет использоваться в качестве синонима праворадикальных партий в целом.

---

101 Betz H.-G. Introduction // The New Politics of the Right: Neo-Populist Parties and Movements in Established Democracies / Ed. by H.-G. Betz, S. Immerfall. New York: St. Martin's Press, 1998. P. 3; он же. The Growing Threat of the Radical Right. P. 88.

102 ФРГ является единственной страной в мире, где различие между радикальными и экстремистскими партиями закреплено на уровне закона.

103 Aufgaben, Befugnisse, Grenzen / Hrsg. H. Fromm. Köln: Bundesamt für Verfassungsschutz, Presse- und Öffentlichkeitsarbeit, 2002. S. 25.

Глава 3
Методологические принципы

В политологии широко используются исследовательские методы, которые позволяют эффективно анализировать политические процессы, объекты и явления. Каждый из методов имеет свои особенности, которые могут быть использованы для решения поставленных исследовательских задач. Реализация цели данной работы, заключающейся в установлении причин электоральной поддержки новых праворадикальных партий в современных европейских странах, требует использования нескольких политологических методов. Основным методом, который используется в данной работе, является качественный сравнительный метод, однако здесь также широко применяются системный, структурно-функциональный, статистический и исторический методы. Помимо специфических методов политологии в работе используются такие общенаучные методы, как анализ, синтез, дедукция, индукция, моделирование и классификация, а также методы эмпирических исследований, направленных на получение первичной информации о новых праворадикальных партиях. Остановимся подробнее на описании качественного сравнительного метода, а также иных используемых политологических методов и исследовательских стратегий.

Американский политолог Адам Пшеворски отмечал, что сравнительное исследование, которое основывается на применении сравнительного метода, «состоит не в сравнении, а в объяснении»[104]. Аналогичного мнения придерживается российский политолог Леонид Сморгунов, согласно которому сравнительный метод является не столько методом, сколько

> методологической стратегией, затрагивающей образ предмета изучения, исходную концептуальную структуру, формулируемые исследовательские гипотезы, набираемые инструменты измерения и анализа эмпирического материала, получаемый научный результат[105].

---

[104] Przeworski A. Methods of Cross-National Research, 1970-83: An Overview // Comparative Policy Research: Learning from Experience / Ed. by M. Dierkes, N.H. Weiler, A.B. Antal. Aldershot: Gower, 1987. P. 35.

[105] Сморгунов Л.В. Сравнительная политология: Теория и методология измерения

В политической науке выделяется два вида сравнительных методов исследования: количественный сравнительный метод, ориентированный на изучение дисперсий признаков явлений, и качественный сравнительный метод, ориентированный на сравнение категориальных переменных[106].

Существует несколько причин, по которым в настоящей работе не представляется возможным использовать количественный сравнительный метод для решения исследовательских задач. Во-первых, количественный сравнительный метод обычно требует неограниченного увеличения числа рассматриваемых случаев за счет расширения как географической, так и исторической перспективы[107], что, в сущности, невозможно в рамках изучения новых праворадикальных партий, как исторически детерминированного и географически ограниченного феномена. Во-вторых, поставленные исследовательские задачи ориентируют, в частности, на анализ культурных и исторический явлений, основывающийся на небольшом количестве известных примеров, что исключает возможность применения количественного сравнительного метода, «стремящегося в цифрах показать разницу между определенными объектами анализа»[108]. В-третьих, учитывая тот факт, что данный сравнительный метод используется в кросс-региональных сравнениях при гетерогенности контекста, он требует формулирования универсальных концептуализаций, которые соответствуют высшему уровню абстракции[109] и применение которых невозможно в рамках данной работы: европейский контекст исследования представляется относительно гомогенным и, следовательно, требует среднего уровня абстракции.

В то же время, качественный сравнительный метод представляется релевантным методом для реализации цели исследования, т.к. он позволяет решить следующие проблемы:

демократии. СПб.: Издательство С.-Петербургского университета, 1999. С. 37.

106 Там же. С. 35.

107 Рейджин Ч., Берг-Шлоссер Д., де Мер Ж. Политическая методология: качественные методы // Политическая наука: новые направления / Науч. ред. рус. изд. Е.Б. Шестопал. М.: Вече, 1997. С. 732; Lijphart A. Comparative Politics and the Comparative Method // The American Political Science Review. 1971. Vol. 65. No. 3. P. 686.

108 Landman T. Issues and Methods in Comparative Politics: An Introduction. London: Routledge, 2008. P. 20.

109 Сартори. Искажение концептов в сравнительной политологии. С. 157; Landman. Issues and Methods in Comparative Politics. P. 27.

1. Произвести контекстуальное описание исследуемых политических феноменов и явлений, которые присущи каждой из стран, включенных в сравнительный анализ. Решение данной проблемы также должно способствовать более глубокому пониманию сути новых праворадикальных партий как общеевропейского политического феномена.

2. Классифицировать факторы, которые могут обусловливать поддержку новых праворадикальных партий со стороны избирателей, путем формирования «контейнеров данных» (согласно терминологии Джованни Сартори) – особых категорий или концептов, в которых «хранятся» эмпирические данные[110].

3. Создать объяснительную модель, основывающуюся на допущении, что результаты классификации и обобщения данных, полученные благодаря сравнению праворадикальных партий, функционирующих в одних странах, могут иметь силу для сходных политических феноменов, присущих другим странам.

4. Проверить эмпирическим путем сформулированные гипотезы с целью объяснения ранее описанных и классифицированных политических явлений, а также исключения тех теоретических объяснений, которые в ходе практического анализа оказались нерелевантными.

Из этого следует, что в результате анализа праворадикальных партий, проведенного при помощи качественного сравнительного метода, должны быть решены все поставленные задачи, связанные с установлением факторов, обусловливающих электоральный успех современных крайне правых партий.

Центральными понятиями, относящимися к механизму проведения исследования, основанного на сравнительном методе, являются «случай», «единица анализа», «переменные» и «параметры»[111].

1. Под термином «случай» обычно понимают государство, к которому относится тот или иной политический феномен, присутствующий в сравнительном исследовании. В настоящей работе случаями являются все те европейские страны, в которых функционируют исследуемые праворадикальные партии.

---

[110] Сартори. Искажение концептов в сравнительной политологии.

[111] Сморгунов. Сравнительная политология. С. 38-39; Landman. Issues and Methods in Comparative Politics. P. 18-19.

2. Единицей анализа является объект, о котором непосредственно получают информацию в ходе сбора данных. В данном исследовании единицей анализа является факт участия праворадикальных партий в электоральном процессе конкретного европейского государства.

3. Под переменной понимается изменяющееся качество изучаемого политического феномена, к измерению которого могут быть применены неметрические и метрические шкалы. Переменные, являющиеся объектом изучения, называются «оперативными» и могут быть зависимыми, независимыми и вмешивающимися. Зависимой переменной (Y) является конкретный политический результат, который должен быть объяснен в ходе сравнительного исследования. Независимой переменной (X) является то, что собственно объясняет политический результат, т.е. зависимую переменную. Существуют также вмешивающиеся переменные, которые могут влиять на взаимоотношения зависимых и независимых переменных. В контексте данной работы зависимыми переменными являются электоральные результаты современных крайне правых партий, полученные на выборах в высшие представительные органы власти[112] на уровне государства и/или Европейского Союза (ЕС), если то или иное рассматриваемое государство является его членом. В свою очередь, независимыми переменными являются те факторы, которые оказали позитивное влияние на электоральные показатели новых праворадикальных партий.

4. В данном исследовании параметрами являются те характеристики, по которым страны, в которых функционируют анализируемые праворадикальные партии, наиболее или наименее всего различаются. В сравнительных исследованиях параметры берутся в качестве постоянных. В сущности, параметры являются переменными, которые сохраняются постоянными с целью исключения из категории факторов, влияющих на зависимые переменные. Предварительное установление параметров имеет прямое отношение к выбору случаев сравнительного анализа.

Представляется очевидным, что электоральный успех современных

[112] Всеобщие выборы в законодательные органы власти являются главным индикатором настроений в обществе, которые находят выражение в поддержке политических партий различной направленности. В настоящей работе учитываются – в зависимости от политического устройства конкретного европейского государства – выборы в однопалатный парламент или в нижнюю палату двухпалатного парламента.

крайне правых партий является следствием не одной причины, но сочетания нескольких причин (факторов). Следовательно, в данном исследовании должны быть установлены как отдельные независимые переменные (например, X_1, X_2 и X_3), так и сущность их комбинации X (объяснительная модель), обусловливающей, в конечном итоге, результат Y.

Установление независимых переменных и их сочетания требует предварительного построения теории, которая «дает возможность обосновывать, почему мы вправе логически ожидать именно того положения дел, которое имеет место»[113].

Построению теории, т.е. созданию исходной концептуальной структуры, посвящены Главы 4-7 данной работы. В них, помимо качественного сравнительного метода, также используются системный и структурно-функциональный методы. Они позволяют раскрыть феномен новых праворадикальных партий как субъектов политического процесса, сущность которых обусловлена двойственным характером их деятельности. Во-первых, новые праворадикальные партии являются элементом партийной системы, которая располагается на входе в политическую систему и играет роль посредника между гражданским обществом и государством. В демократических государствах новые праворадикальные партии, как и другие политические партии, являются субъектами первой и второй стадий политического процесса, т.е. артикуляции и агрегации интересов[114]. Партии воспринимают сигналы окружающей среды (ожидания, интересы, требования общества по отношению к власти), артикулируют их и оформляют их в блоки четких и программно оформленных предложений по выработке и осуществлению политического курса. Будучи расположенными на входе в политическую систему, новые праворадикальные партии также выполняют функции политической социализации граждан, рекрутирования элит и политической коммуникации. Во-вторых, новые праворадикальные партии являются одним из элементов самой политической системы государства. В этом качестве партии выполняют важные функции, связанные с электоральными процессами и формированием законодательных и исполнительных органов власти.

---

[113] Мангейм Дж.Б., Рич Р.К. Политология. Методы исследования. М.: Издательство «Весь Мир», 1997. С. 50-51.

[114] Almond G.A., Powell G.B. Comparative Politics Today: A World View. Glenview: Scott, Foresman/Little, Brown College Division, 1988. P. 8.

Избирательная функция новых праворадикальных партий заключается в отборе кандидатов, формировании избирательной программы и участии в выборах[115]. В свою очередь, правительственная функция партий выражается в формировании правящей элиты, механизма государственного и общественного управления, состава правительства и местных органов власти, а также в обеспечении стабильности правительственных структур и механизмов. Важно отметить, что не все новые праворадикальные партии выполняют избирательную и в особенности правительственную функции.

В Главах 4-7 анализируются все отдельные факторы, которые могут оказывать положительное влияние на электоральные показатели праворадикальных партий, и обосновывается или опровергается их объяснительный потенциал. Основываясь на выводах, изложенных в научной литературе, эти факторы – в целях упрощения их анализа – разделены на две большие группы: 1) факторы политического спроса и 2) факторы политического предложения.

Факторами политического спроса являются такие факторы, которые относятся к потребности или заинтересованности общества в существовании и участии новых праворадикальных партий в политическом процессе того или иного государства. В терминах Габриэля Алмонда и Джорджа Пауэлла[116] эти факторы представляют собой обстоятельства в окружении политической системы, которые порождают импульсы на входе в нее. Факторами политического спроса могут быть интересы и требования граждан, связанные с высоким уровнем иммиграции и/или этнокультурной поляризацией, неудовлетворенностью работой конвенциональных политических партий, ухудшением социо-экономической ситуации, трансформацией ценностной системы (сдвиг приоритета от материалистических к постматериалистическим ценностям) и другими обстоятельствами.

К факторам политического предложения относятся ресурсы новых праворадикальных партий, с помощью которых они могут воспользоваться электоральной поддержкой со стороны общества. Такими факторами могут быть особенности политической системы того или иного государства (структура политических возможностей), партийная программа

[115] Романюк, Шведа. Партії та електоральна політика. С. 91-110.
[116] Almond, Powell. Comparative Politics Today.

и идеология, внутренняя организация партии, наличие харизматического лидера и другие.

После установления данных факторов строится содержательная объяснительная модель, призванная пояснить причинно-следственные связи, приводящие к электоральной поддержке новых праворадикальных партий в европейских странах. Затем формулируются серии исследовательских гипотез в отношении каузальных связей между теоретически установленным сочетанием независимых переменных и зависимыми переменными. Общепризнанные условия признания той или иной научной гипотезы обусловливают необходимость введения критериев верификации гипотез. Под верификацией гипотезы – в духе логического позитивизма – понимается эмпирическое подтверждение теоретических положений науки путем сопоставления их с наблюдаемыми объектами. Учитывая тот факт, что любое явление может иметь объяснение, которое отличается от представленной в работе теории, в Главе 7 также формулируются альтернативные конкурирующие гипотезы. Их эмпирическая проверка призвана исключить иные интерпретации политических явлений, которые расходятся с предложенной объяснительной моделью. Несмотря на указанные критерии верификации гипотез, здесь представляется важным отметить следующее: согласно теории политолога Карла Поппера, исследователи «не должны требовать возможности выделить некоторую научную систему раз и навсегда в положительном смысле, но обязаны потребовать, чтобы она имела такую логическую форму, которая позволяла бы посредством эмпирических проверок выделить ее в отрицательном смысле: *эмпирическая система должна допускать опровержение путем опыта*»[117]. Следовательно, в данной работе помимо критериев верификации гипотез вводятся также критерии фальсифицируемости построенной объяснительной модели.

Проверке гипотез и, следовательно, сделанных теоретических выводов посвящены Главы 8-10. Данная проверка основана на эмпирическом анализе участия новых праворадикальных партий в политическом процессе. Политологи-компаративисты сходятся во мнении, что исследования, ориентированные на тщательный анализ случаев, требуют внима-

[117] Поппер К. Логика и рост научного знания. М.: Прогресс, 1983. С. 63. Курсив в оригинале.

тельного отбора стран и параметров, чтобы гарантировать возможность ковариации оперативных переменных[118]. По мнению Чарльза Рейджина, «исследователи, которые используют методы, направленные на анализ случаев, ограничивают свои исследования изучением малого количества внимательно отобранных случаев и рассмотрением специфических каузальных факторов (вместо анализа всех возможных релевантных причин). Объем логически возможного сравнения может легко выйти из-под контроля, если он не ограничен указанным способом»[119]. Тщательный отбор случаев и их параметров призван нивелировать «проблему Гэлтона» – одну из главных проблем, связанных с применением сравнительного метода. «Проблема Гэлтона» заключается в том, что условия политической и экономической глобализации ставят под сомнение независимость случаев и единиц анализа, вследствие чего «часто возникает вопрос относительно значимости внутренних и внешних факторов и условий»[120].

Одним из способов провести тщательную выборку стран и, таким образом, снять «проблему Гэлтона» является использование таких сравнительных исследовательских стратегий, как 1) сравнение наиболее подобных систем (СНПС) и 2) сравнение наиболее различных систем (СНРС)[121]. Обе стратегии основываются на методах научной индукции, сформулированные британским мыслителем Джоном Миллем[122]. Дальнейшее развитие эти методологические стратегии получили в совместной работе Адама Пшеворски и Генри Тьюна «Логика сравнительного социального исследования»[123], а также в монографиях и статьях других известных политологов[124]. Стратегия СНПС подразумевает отбор случа-

[118] Доган М., Пеласси Д. Сравнительная политическая социология. М.: Социально-политический журнал, 1994. С. 107; Сморгунов. Сравнительная политология. С. 39; Landman. Issues and Methods in Comparative Politics. P. 28.

[119] Ragin C.C. The Comparative Method: Moving beyond Qualitative and Quantitative Strategies. Berkeley: University of California Press, 1987. P. 51.

[120] Сморгунов. Сравнительная политология. С. 44.

[121] Там же. С. 47.

[122] Милль Дж.С. Система логики силлогистической и индуктивной. Изложение принципов доказательства в связи с методами научного исследования. М.: Книжное дело, 1900.

[123] Przeworski A., Teune H. The Logic of Comparative Social Inquiry. New York: A Division of John Wiley and Sons, 1970.

[124] См., например, Доган, Пеласси. Сравнительная политическая социология; Сморгунов. Сравнительная политология; Frendreis J.P. Explanation of Variation and Detection of Covariation: The Purpose and Logic of Comparative Analysis // Comparative Po-

ев, которые относительно схожи по наибольшему количеству параметров, но отличаются в отношении политического феномена, представляемого в качестве зависимой переменной, сущность которой требует объяснения с помощью установления одной или нескольких независимых переменных (см. Таблицу 1). В свою очередь стратегия СНРС ориентирует на отбор таких случаев, которые относительно различны по наибольшему количеству параметров, но схожи в отношении зависимых переменных (см. Таблицу 2).

Таблица 1

Стратегия сравнения наиболее подобных систем

	Случай 1	**Случай 2**	**Случай 3**
Параметры (характеристики случаев)	a	a	a
	b	b	b
	c	c	c
Независимые переменные (объяснение)	X	X	не X
Зависимые переменные (результат)	Y	Y	не Y

Таблица 2

Стратегия сравнения наиболее различных систем

	Случай 1	**Случай 2**	**Случай 3**
Параметры (характеристики случаев)	a	d	g
	b	e	h
	c	f	i
Независимые переменные (объяснение)	X	X	X
Зависимые переменные (результат)	Y	Y	Y

litical Studies. 1983. Vol. 16. No. 2. P. 255-272; Lijphart. Comparative Politics and the Comparative Method; Smelser N. The Methodology of Comparative Analysis // Comparative Research Methods / Ed. by D. Warwick, S. Osherson. Englewood Cliffs: Prentice-Hall, 1973. P. 45-52.

В Таблице 1 показано, что все три случая схожи по своим параметрам (a, b, c), но случаи 1 и 2 совпадают в отношении результата – зависимой переменной Y, которая отсутствует в случае 3. Объяснением является то, что в случаях 1 и 2 наличествует независимая переменная X, отсутствующая в случае 3. В свою очередь Таблица 2 показывает, что все три случая отличаются по параметрам (a, b, c; d, e, f; g, h, i), но совпадают в отношении результата (Y). Объяснением здесь является совпадение по независимой переменной X. Как указывалось выше, большинство политических феноменов могут иметь множественные объяснения, поэтому зависимая переменная X может быть сочетанием нескольких переменных, например, X_1, X_2, X_3 и т.д.[125].

Различные политологи по-разному относятся к упомянутым стратегиям. Адам Пшеворски и Генри Тьюн отрицали эффективность методологической стратегии СНРС, утверждая, что стратегия СНПС является более эффективной[126], а Нейл Смелзер и Аренд Лейпхарт отдавали предпочтение именно СНПС[127]. Однако в соответствии с более умеренным подходом, «обе стратегии... взаимодополняют друг друга, позволяют уменьшить отрицательные черты использования только одной стратегии и могут применяться для решения различных исследовательских задач»[128]. К таким исследовательским задачам можно отнести направленность стратегии СНПС на установление релевантных системных факторов и ориентация стратегии СНРС на нивелирование нерелевантных системных факторов[129]. Учитывая выше сказанное, в данной работе предлагается использование обеих стратегий сравнительно-качественного исследования.

Для сравнения, т.е. для эмпирической проверки объяснительной модели, были отобраны десять случаев. В рамках СНРС сравниваются праворадикальные партии, функционирующие в странах, представляющих различные регионы Европы. Западную Европу представляют крайне правые партии Франции и Австрии, Южную – Италии и Греции, Восточную – Польши и Румынии. В рамках СНПС сравниваются крайне правые

[125] Frendreis. Explanation of Variation and Detection of Covariation. P. 261; Landman. Issues and Methods in Comparative Politics. P. 19.

[126] Przeworski, Teune. The Logic of Comparative Social Inquiry.

[127] Smelser N. The Methodology of Comparative Analysis // Comparative Research Methods; Lijphart. Comparative Politics and the Comparative Method.

[128] Сморгунов. Сравнительная политология. С. 52.

[129] Frendreis. Explanation of Variation and Detection of Covariation. P. 262.

партии, функционирующие в Дании, Норвегии и Швеции, которые представляют Северную Европу. Отбор стран происходил по двум основным критериям – содержанию зависимых переменных и параметрам.

Зависимыми переменными является получение новыми праворадикальными партиями как минимум 3% голосов на выборах в национальный и Европейский парламент в течение последних тринадцати лет. Данное временное ограничение предполагает выделение оперативного периода с 1997 по 2010 гг. В рамках стратегии СНРС во всех сравниваемых случаях новые праворадикальные партии удовлетворяют этому критерию. В свою очередь, в рамках стратегии СНПС наблюдается дифференциация в отношении зависимой переменной: если в Дании и Норвегии новые праворадикальные партии в указанный период стабильно получали на парламентских выборах свыше 3% голосов, то электоральная поддержка крайне правых партий в Швеции лишь в 2010 году оказалась выше 3% голосов.

Помимо тех европейских стран, которые рассматриваются в рамках стратегий СНРС и СНПС, в настоящей работе также рассматривается «аномальный» случай Украины, в которой крайне правые партии хотя и принимают участие в выборах в национальный парламент, но имеют низкую электоральную поддержку. Анализ украинского случая также имеет своей целью проверку теоретической модели, предложенной для объяснения причин электорального успеха новых праворадикальных партий. Рассмотрение украинских крайне правых партий основывается на применении стратегии «изучения отдельного случая» (*англ.* single case study)[130].

Параметры являются вторым важным критерием отбора сравниваемых случаев. К параметрам были отнесены географические, исторические, политические, экономические и общественно-культурные характеристики стран, для определения которых использовался статистический исследовательский метод. Избранные параметры случаев (см. Таблицы 3 и 4), являются постоянными переменными, которые в данной работе исключаются из категории факторов, влияющих на зависимые переменные – электоральные показатели праворадикальных партий. Выделение

[130] Landman. Issues and Methods in Comparative Politics. P. 86-94; Lijphart. Comparative Politics and the Comparative Method. P. 691-693.

географических параметров обусловлено задачей обеспечить релевантное географическое варьирование с целью охвата основных европейских регионов, т.к. новый правый радикализм является общеевропейским политическим феноменом. Фиксация исторических характеристик показывает, что смена политического строя не влияет на наличие или отсутствие крайне правых партий в той или иной стране, хотя сущность указанных исторических событий может оказывать влияние на развитие таких партий. Политические параметры представлены двумя критериями. Первый критерий – это институциональный потенциал для демократического развития, который совокупно учитывает традиции политической конкуренции, представительства, участия, ограничения исполнительной власти и соблюдения конституционных правил. Данные о количественных показателях институциональных основ демократии взяты из публикаций научно-исследовательского проекта «Политический атлас современности», который представляет собой многомерную классификацию политических систем и политических режимов современных государств[131]. Второй критерий – уровень восприятия коррупции – основан на отчетах международного Центра антикоррупционных исследований и инициатив «Трансперенси Интернешнл»[132]. Фиксированные социо-экономические характеристики также представлены двумя критериями. Показатель валового национального дохода на душу населения по паритету покупательной способности (ППС) демонстрирует уровень экономического развития государства. Источником данных являются публикации Всемирного банка[133]. Показатель качества жизни представляет собой количественное отображение качества реализации государством своих социальных функций, прежде всего жизнеобеспечения собственного населения. Источником данных является «Политический атлас современности»[134]. Культурные параметры представлены доминирующим ре-

---

131 Рейтинг стран по индексу институциональных основ демократии. М.: Политический атлас современности, 2006. http://worldpolities.org/index.php?option=com_content&task=view&id=18&Itemid=312.

132 Global Corruption Report 2007: Corruption in Judicial Systems / Ed. by D. Rodriguez, L. Ehrichs. Cambridge: Cambridge University Press, 2007.

133 World Development Report 2007: Development and the Next Generation / Ed. by B. Ross-Larson. Washington: The International Bank for Reconstruction and Development, 2006.

134 Рейтинг стран по качеству жизни. М.: Политический атлас современности, 2006.

лигиозным направлением в сравниваемых странах и групповой принадлежностью государственных языков. В совокупности все перечисленные параметры демонстрируют: 1) относительную гетерогенность групп стран, которые представляют различные регионы Европы в контексте стратегии СНРС и 2) относительную гомогенность стран Северной Европы в контексте стратегии СНПС.

Специфика исследования политических партий в целом и новых праворадикальных партий в частности подразумевает, что, несмотря на выделение оперативного временного периода, исследовательские задачи, связанные с установлением причин электорального успеха современных крайне правых партий, невозможно решить без использования исторического метода. Этот метод предполагает, что партии функционируют не изолированно, но в историко-политическом контексте. Использование исторического метода в рамках сравнительного исследования позволяет проследить развитие новых праворадикальных партий в контексте эволюции политического процесса и выявить связь между прошлым и настоящим, поэтому в исследовании учитывается прошлый опыт крайне правых партий в каждом из анализируемых случаев.

---

http://worldpolities.org/index.php?option=com_content&task=view&id=17&Itemid=311.

Таблица 3

Параметры сравниваемых стран Западной, Южной и Восточной Европы[135]

Параметры	**Страна**					
	Франция	**Австрия**	**Италия**	**Греция**	**Польша**	**Румыния**
Географические						
Регион	Запад	Запад	Юг	Юг	Восток	Восток
Исторические						
Непрерывность либерально-демократического строя после 1945 года	Да	Да	Да	Нет	Нет	Нет
Политические						
1. Институциональные основы демократии	7,25	8,09	7,02	6,98	6,47	6,69
2. Восприятие коррупции	7,4	8,6	4,9	4,4	3,7	3,1
Социо-экономические						
1. Валовой национальный доход на душу населения по ППС	$30,540	$33,140	$28,840	$23,620	$13,490	$8,940
2. Качество жизни	5,84	6,08	5,72	4,87	3,55	2,62
Культурные						
Доминирующая религия	Католицизм	Католицизм	Католицизм	Православие	Католицизм	Православие
Языковая группа	Романская	Германская	Романская	Греческая	Славянская	Романская

[135] Разработано на основе следующих источников: Рейтинг стран по индексу институциональных основ демократии; Рейтинг стран по качеству жизни; Global Corruption Report 2007; World Development Report 2007.

Таблица 4

Параметры сравниваемых стран Северной Европы[136]

Параметры	Страна		
	Дания	**Норвегия**	**Швеция**
Географические			
Европейский регион	Север	Север	Север
Исторические			
Непрерывность либерально-демократического строя после 1945 года	Да	Да	Да
Политические			
1. Институциональные основы демократии	8,35	8,29	8,12
2. Восприятие коррупции	9,5	8,8	9,2
Социо-экономические			
1. Валовой национальный доход на душу населения по ППС	$33,570	$40,420	$31,420
2. Качество жизни	6,01	6,86	6,11
Культурные			
Доминирующая религия	Лютеранство	Лютеранство	Лютеранство
Языковая группа	Скандинавская	Скандинавская	Скандинавская

[136] Разработано на основе следующих источников: Рейтинг стран по индексу институциональных основ демократии; Рейтинг стран по качеству жизни; Global Corruption Report 2007; World Development Report 2007.

Глава 4
Политический спрос

В соответствии с теорией Габриэля Алмонда и Джорджа Пауэлла[137], факторы политического спроса представляют собой определенные обстоятельства (импульсы) в окружении политической системы, которые порождают разнообразные интересы, предпочтения и требования, предъявляемые обществом к властным институтам и аккумулируемые партиями. В контексте данного исследования можно выделить следующие факторы политического спроса на крайне правые: 1) враждебность к «Другому», 2) общественная аномия, 3) новое общественное расслоение, 4) кризисное состояние экономики, 5) недовольство политическим статус-кво и 6) трансформация системы ценностей.

Враждебность к «Другому». «Другой» является собирательным образом этнического или этнокультурного «чужака», который может вызывать отрицательные эмоции у части населения той или иной страны. Данный образ обычно связывается с двумя феноменами – миграционными процессами и/или этнокультурной поляризацией.

Проблемы, связанные с миграционными процессами, часто называют одной из главных причин успеха европейских новых праворадикальных партий. Фактор миграционных процессов подразумевает, что увеличение притока в европейские страны иностранцев (особенно из стран Азии и Африки) пробуждает среди граждан враждебные чувства к «Другому», что, в свою очередь, обусловливает рост процента голосов, отданных за крайне правые партии. Субъектами миграционных процессов в данном случае являются три основные категории мигрантов: 1) граждане других государств, въезжающие в ту или иную европейскую страну с целью длительного или постоянного проживания; 2) рабочие, имеющие временное разрешение на работу в стране («гастарбайтеры»); и 3) беженцы, или вынужденные переселенцы.

Наиболее показательный пример связи между увеличением притока мигрантов и электоральными результатами крайне правых можно обна-

---

[137] См. Almond, Powell. Comparative Politics Today.

ружить в Австрии. В период с конца 1980-х гг. по 1993 год количество только легальных иммигрантов увеличилось в Австрии вдвое, а на парламентских выборах 1995 года праворадикальная Австрийская партия свободы (АПС) получила 22% голосов, что на 12,3% больше, чем на выборах 1986 года. При этом около 50% избирателей АПС назвали иммиграционную проблему одной из основных причин своего электорального предпочтения. К концу 1990-х гг. количество иммигрантов в Австрии составило около 9% от всего населения, и на парламентских выборах 1999 года АПС получила уже 26,9% голосов, что позволило ей сформировать коалиционное правительство вместе с консервативной Народной партией[138]. По мнению Ханс-Георга Бетца,

> возникновение и подъем праворадикальных популистских партий в Западной Европе совпал с ростом иммиграции и, особенно, с резким увеличением количества беженцев, стремящихся в богатые западноевропейские страны ради мира, безопасности и лучшей жизни... Благодаря этому праворадикальным популистам стало относительно просто пробудить, сконцентрировать и обострить в обществе ранее существовавшие ксенофобские настроения в своих политических целях[139].

Схожего мнения придерживается американский политолог Питер Меркл, который называет иммиграцию «всеобщим раздражителем», способным обеспечить крайне правые партии значительной электоральной поддержкой со стороны «возмущенных коренных жителей»[140]. Некоторые исследователи доказывают и обратную зависимость: враждебность по отношению к иммигрантам имеет тенденцию к усилению на фоне прироста иностранных граждан и увеличения электоральной поддержки крайне правых партий[141].

Действительно, постоянные притоки иммигрантов и беженцев несовместимы с праворадикальным проектом построения этнически или

[138] Eatwell. Ten Theories of the Extreme Right. P. 49.
[139] Betz. Radical Right-Wing Populism in Western Europe. P. 81.
[140] См. Merkl P.H. Stronger than Ever // Right-Wing Extremism in the Twenty-First Century / Ed. by P.H. Merkl, L. Weinberg]. London: Frank Cass Publishers, 2003. P. 21-43.
[141] Semyonov M., Raijman R., Gorodzeisky A. Foreigners' Impact on European Societies: Public Views and Perceptions in a Cross-National Comparative Perspective // International Journal of Comparative Sociology. 2008. Vol. 49. No. 1. P. 21.

этнокультурно однородного общества, который, по всей видимости, привлекает значительную часть тех, кто голосует за крайне правые партии. Те граждане, которых беспокоит приток иностранцев, требуют не только ужесточения контроля над миграционными процессами, но и решения таких вопросов, как соблюдение закона и порядка, рост безработицы и функционирование системы социального обеспечения. Существуют широко распространенные представления о том, что иммигранты якобы отбирают рабочие места у «коренного населения», получают больше экономических льгот по сравнению с гражданами страны пребывания, чаще совершают преступления и злоупотребляют системой социального обеспечения. Вне всяких сомнений, миграционные процессы – особенно плохо контролируемые – создают напряжение в обществе и могут служить стимулом для возникновения или возбуждения националистических настроений[142]. Интеграция мигрантов занимает длительное время и требует значительных экономических ресурсов, поэтому «возможности принять и адаптировать массовые группы переселенцев имеют свои пределы – даже для очень богатых государств»[143].

Тем не менее, эмпирический анализ показывает, что новые праворадикальные партии зачастую получают значительное количество голосов в тех регионах, в которых практически отсутствуют иммигранты и беженцы, но при этом не всегда могут рассчитывать на поддержку там, где проживает действительно большое количество мигрантов. Следовательно, можно сделать предположение, что не существует однозначной зависимости между количеством иностранных граждан в стране пребывания и электоральной поддержкой крайне правых партий. В Таблице 5 сопоставляются два этих показателя на примере двадцати европейских стран. Данные по иностранным гражданам, находящимся в стране пребывания[144], взяты из отчета «Тенденции международной миграции», опубликованного Организацией экономического сотрудничества и разви-

[142] Кондратьева Т.С., Новоженова И.С. Иммигранты в Европе: Модели интеграции // Иммигранты в Европе. Проблемы социальной и культурной адаптации / Гл. ред. Т.Г. Пархалина. М.: ИНИОН РАН, 2006. С. 17-20.

[143] Галкин. Размышления о политике и политической науке. С. 96.

[144] Под «иностранными гражданами» подразумеваются лица, которые, находясь в стране пребывания, сохраняют гражданство страны происхождения, а также мигранты второго и третьего поколения, родившиеся в стране пребывания.

тия[145]. Уровни электоральной поддержки новых праворадикальных партий распределяются следующим образом: низкий уровень – менее 3% от всех голосов на парламентских выборах, средний – от 3% до 5%, высокий – от 5% до 10%, очень высокий – более 10%.

Таблица 5 демонстрирует, что существуют примеры как положительной корреляции между высоким процентом находящихся в стране иностранных граждан и уровнем поддержки правых радикалов, так и обратной взаимосвязи. Данные противоречия отражаются в литературе: существуют исследования как в поддержку тезиса о положительной корреляции[146], так и работы, опровергающие его[147].

Таблица 5

Доля иностранных граждан и поддержка крайне правых партий на парламентских выборах[148]

Страна	Доля иностранных граждан, проживающих в стране, % (год проведения исследования)	Уровень электоральной поддержки крайне правых партий (год выборов)
Люксембург	36,9 (2001)	Высокий (2004)
Швейцария	20,5 (2000)	Очень высокий (2003)
ФРГ	8,9 (2000)	Низкий (2002)
Австрия	8,8 (2001)	Очень высокий (2002)
Бельгия	8,2 (2002)	Очень высокий (2003)
Греция	7,0 (2001)	Средний (2004)
Ирландия	5,9 (2002)	Низкий (2002)
Франция	5,6 (1999)	Очень высокий (2002)
Швеция	5,3 (2003)	Низкий (2002)

[145] Trends in International Migration: Annual Report. 2004 Edition. Paris: OECD, 2005.

[146] Gibson. The Growth of Anti-Immigrant Parties in Western Europe; Husbands C.T. The Dynamics of Racial Exclusion and Expulsion: Racist Politics in Western Europe // European Journal of Political Research. 1988. Vol. 16. No. 6. P. 701-720; Semyonov, Raijman, Gorodzeisky. Foreigners' Impact on European Societies.

[147] Mayer. Ces Français qui votent Le Pen; Mudde. Populist Radical Right Parties in Europe; Norris. Radical Right.

[148] Разработано автором на информации из Trends in International Migration.

Страна	Доля иностранных граждан, проживающих в стране, % (год проведения исследования)	Уровень электоральной поддержки крайне правых партий (год выборов)
Дания	5,0 (2002)	Очень высокий (2001)
Норвегия	4,3 (2003)	Очень высокий (2005)
Нидерланды	4,2 (2001)	Очень высокий (2002)
Соединенное Королевство	4,0 (2001)	Низкий (2001)
Испания	3,8 (2001)	Низкий (2004)
Италия	2,4 (2000)	Высокий (2001)
Португалия	2,2 (2001)	Низкий (2002)
Финляндия	1,7 (2000)	Низкий (2003)
Чехия	1,2 (2001)	Низкий (2002)
Венгрия	0,9 (2001)	Средний (2002)
Словакия	0,5 (2001)	Высокий (2002)
Польша	0,1 (2002)	Высокий (2001)

При обсуждении фактора враждебности к «Другому» важно отметить, что в странах Восточной Европы количество иностранных граждан относительно невелико. Поэтому в отношении восточноевропейских стран представляется справедливым сосредоточить внимание не столько на миграционных процессах, сколько на этнической фрагментированности, или поляризации, под которой понимается наличие в обществе этнического большинства и значительного количества этнических меньшинств.

В Таблице 6 сопоставляются показатели этнической поляризации, которая рассчитывается как соотношение количества представителей этнических меньшинств к количеству представителей «коренного населения» (этнического большинства)[149], и уровень поддержки новых праворадикальных партий в тринадцати восточноевропейских странах.

[149] Evans G., Need A. Explaining Ethnic Polarization over Attitudes towards Minority Rights in Eastern Europe: A Multilevel Analysis // Social Science Research. 2002. Vol. 31. No. 4. P. 662.

Таблица 6

Этническая поляризация и поддержка крайне правых партий в восточноевропейских странах на парламентских выборах[150]

Страна	Показатель этнической поляризации	Уровень электоральной поддержки крайне правых партий (год выборов)
Эстония	1,57	Низкий (2003)
Латвия	1,07	Высокий (2002)
Словакия	1,02	Высокий (2002)
Румыния	0,82	Очень высокий (2000)
Литва	0,81	Низкий (2000)
Молдова	0,66	Низкий (2001)
Болгария	0,54	Низкий (2001)
Чехия	0,48	Низкий (2002)
Венгрия	0,43	Средний (2002)
Россия	0,40	Очень высокий (2003)
Польша	0,31	Высокий (2001)
Украина	0,28	Низкий (2002)
Беларусь	0,27	Низкий (2000)

Как следует из Таблицы 6, четкой взаимосвязи между этнической поляризацией в восточноевропейских государствах и уровнями электоральной поддержки крайне правых партий не существует. Здесь также наблюдаются примеры положительной и отрицательной корреляции, которые не позволяют сделать вывод о прямом влиянии этнической поляризации на поддержку правых радикалов.

Представляется обоснованной точка зрения, согласно которой миграционные процессы, усилившиеся в 1980-х годах, действительно способствовали исходному электоральному прорыву отдельных праворадикальных партий, однако в настоящее время приток иностранных граждан

[150] Разработано на основе Evans, Need. Explaining Ethnic Polarization.

как таковой не может служить единственным фактором, объясняющим успех крайне правых партий[151]. Рассматривая данный вопрос на индивидуальном уровне, можно согласиться с тем, что избиратель, голосующий за правых радикалов, скорее всего, демонстрирует враждебность по отношению к «Другому» и выступает за ужесточение миграционных законов или за исключение представителей этнических меньшинств из политически, общественно и экономически значимых институтов. С другой стороны, не всякий избиратель, который негативно настроен по отношению к иммигрантам, беженцам и этническим меньшинствам, голосует за крайне правых.

Общественная аномия. Общественная аномия является важным фактором политического спроса на новые праворадикальные партии. Наибольший вклад в разработку теории аномии внесли социологи Эмиль Дюркгейм[152] и Роберт Мертон[153]. Общественная аномия – это состояние общества, в котором те или иные области социальной жизни, типы социальных отношений и поведения людей в значительной степени выпадают из сферы нормативного регулирования со стороны общества. Аномия характеризуется разрушением или размыванием традиционных структур и институтов социальной идентификации и интеграции людей. Понятие аномии тесно связано с атомизацией общества, под которой понимается разрыв социальных – дружеских, семейных, соседских – связей, характерных для традиционных обществ, появление изолированных индивидов, социальные связи и контакты которых носят преимущественно безличный, рациональный характер. Постепенное размывание интеграционной природы таких социальных институтов как класс и церковь в определенных случаях приводит к возникновению чувства незащищенности, отчужденности и бесполезности.

Традиционная общность и современное атомизированное общество – это два противоположных типа организации социальной жизни, которые немецкий социолог Фердинанд Теннис назвал «общностью» (*нем.*

---

[151] Betz. Radical Right-Wing Populism in Western Europe. P. 81; Mudde. Populist Radical Right Parties in Europe. P. 216; Norris. Radical Right. P. 167.

[152] См. Дюркгейм Э. Самоубийство: Социологический этюд. М.: Мысль, 1994.

[153] См. Мертон Р.К. Социальная структура и аномия // Социология преступности. М.: Прогресс, 1966. С. 299-313.

Gemeinschaft) и «обществом» (*нем.* Gesellschaft)[154]. Фундамент общности составляют родственные отношения, а также отношения соседства и дружбы, основывающиеся на сознании духовной и/или религиозной близости. Общество, в свою очередь, это искусственный продукт, сознательное социальное объединение, основанное на договоре и добровольном вступлении членов, отношения между которыми обладают «вещным», рациональным характером.

Этнически или этнокультурно однородное сообщество является вариантом замещения традиционных интеграционных институтов. Вместо самоидентификации через религиозную практику или классовую принадлежность, утрачивающие в развитых европейских странах роль социализирующих агентов под воздействием секуляризации и постиндустриализации, человек часто начинает идентифицировать себя через национальную или этнокультурную принадлежность. Идеологи крайне правых партий, манипулируя недовольством граждан в отношении современного атомизированного общества («Gesellschaft»), предлагают свой проект органического сообщества («Gemeinschaft»), которое основывается на принципе этнокультурной принадлежности.

Общественная атомизация и аномия, вызванные размыванием традиционных институтов, общественных структур и систем религиозного мировоззрения, считаются одними из важнейших причин возникновения и распространения фашизма в начале XX века. Ханна Арендт обращала особое внимание на ключевую роль национализма в сплочении индивидуумов, утрачивающих классовую принадлежность:

> Истина в том, что массы выросли из осколков чрезвычайно атомизированного общества, конкурентная структура которого и сопутствующее ей одиночество индивида сдерживались лишь его включенностью в класс... При переходе от классово разделенного общества национального государства, где трещины заделывались националистическими чувствами, было только естественным, что эти массы, беспомощные в условиях своего нового опыта, на первых порах тяготели к особенно неистовому национализму[155].

[154] Теннис Ф. Общность и общество: Основные понятия чистой социологии. М.: Фонд Университет, 2002.
[155] Арендт Х. Истоки тоталитаризма. М.: ЦентрКом, 1996. С. 422.

Роджер Гриффин предложил теорию, согласно которой во второй половине XIX века мифы прогресса, предлагаемые эпохой Просвещения, либерализмом и капитализмом, частично утратили культурную гегемонию в европейских странах. На этом фоне среди населения стала расти убежденность в том, что само общество и мироустройство в целом находятся в состоянии глубокого кризиса, который возможно преодолеть лишь путем создания нового миропорядка, основанного на новом объединяющем фундаменте – единой нации (или расе)[156].

Влияние общественной аномии на электорат современных крайне правых партий является предметом нескольких научных работ. Французский ученый Паскаль Перрино, исследовавший НФ, указывал на то, что за партию голосуют в большинстве своем жители больших городов и индустриальных районов, а отданные за НФ голоса Перрино называет «эхом городской аномии»[157]. Голландские политологи Майндерт Феннема и Жан Тилли показали, что существует определенная связь между социальной изоляцией, национализмом и поддержкой голландских крайне правых партий[158]. Нонна Майер и Патрик Моро в своем исследовании выяснили, что среди избирателей немецкой крайне правой партии «Республиканцы» (*нем.* Die Republikaner) распространены чувства общественного отчуждения, ставшие результатом низкого уровня взаимодействия с профсоюзами и ослабления связи с религиозными институтами[159].

В то же время, несмотря на то, что общественная аномия действительно оказывает весомое влияние на электоральный выбор избирателей, нельзя не согласиться с Роджером Итвеллом, который справедливо отметил, что далеко не все граждане, поддерживающие новые праворадикальные партии, испытывают чувство социальной изоляции. Он также

---

[156] См. Griffin R. Modernism and Fascism: The Sense of a Beginning under Mussolini and Hitler. Basingstoke: Palgrave Macmillan, 2007.

[157] Perrineau P. Front National: L'echo politique de l'anomie urbaine // La France en Politique / Éd. par B. Manin. Paris: Esprit-Fayard-Le Seuil, 1988. P. 22-38.

[158] Fennema M., Tillie J. Social Isolation: Theoretical Concept and Empirical Measurement // In Search of Structure: Essays in Social Science and Methodology / Ed. by M. Fennema, C. van der Eijk, H. Schijf]. Amsterdam: Het Spinhuis, 1998. P. 229-241.

[159] Mayer N., Moreau P. Electoral Support for the German Republikaner and the French National Front (1989-1994) // European Consortium for Political Research. Bordeaux: 1995.

показал, что семья часто бывает более эффективным институтом социализации, чем этническая или этнокультурная общность[160].

Новое общественное расслоение. Социо-экономический фактор нового общественного расслоения подразумевает, что возникновение и электоральный подъем современных крайне правых партий обусловлены появлением новой многочисленной социальной группы, которую Ханс-Георг Бетц назвал «жертвами модернизации». Выделение этой социальной группы в 1970-80-х гг. стало результатом «перехода от индустриального “велферного” капитализма к постиндустриальному индивидуализированному капитализму»[161]. В результате этого процесса граждане, имеющие хорошее образование, обладающие эффективными профессиональными навыками, высокой трудовой и географической мобильностью, упрочили свое социальное положение, в то время как «жертвы модернизации», т.е. те, кто имеет низкий уровень образования, обладает минимальными профессиональными навыками и зависит от сокращающегося социального обеспечения со стороны государства, наоборот, оказались в сложном положении. Именно «жертвы модернизации» являются наименее социально защищенной группой, т.к. их работа является низкооплачиваемой, а трудовая занятость – в значительной мере нестабильной, вследствие зависимости от рыночной конъюнктуры и непредсказуемых процессов финансовой глобализации. Тезис о новом общественном расслоении также предполагает, что если в условиях индустриального капитализма малоимущие и социально незащищенные круги населения были склонны голосовать за экономически левые партии, то в условиях постиндустриального капитализма, когда эти партии стали занимать более центристские (или даже правоцентристские) позиции по экономическим вопросам, рабочий класс утратил веру в желание и способность социалистических и социал-демократических партий представлять интересы пролетариата во властных структурах[162]. Разочарование представителей рабочего класса усиливается вследствие

[160] Eatwell. Ten Theories of the Extreme Right. P. 51.
[161] Betz. Radical Right-Wing Populism in Western Europe. P. 170.
[162] Immerfall S. The Neo-Populist Agenda // The New Politics of the Right: Neo-Populist Parties and Movements in Established Democracies / Ed. by H.-G. Betz, S. Immerfall. New York: St. Martin's Press, 1998. P. 252; Norris. Radical Right. P. 132-133.

общественной аномии и потери доверия к профсоюзам. Этой ситуацией пользуются новые праворадикальные партии, которые в популистском ключе предлагают простые решения сложных проблем. Иногда они прибегают к радикальной антикапиталистической риторике, свойственной коммунистическим и социалистическим партиям, и действительно находят поддержку среди промышленных рабочих и социально незащищенных кругов, что позволяет Ханс-Георгу Бетцу говорить о «пролетаризации электората правых радикалов»[163]. Данный тезис находит эмпирическое подтверждение: начиная с 1988 года во Франции, постоянно росла доля рабочих, голосовавших за НФ, и к 1995 году в электорате партии представителей пролетариата было больше, чем среди избирателей Французской коммунистической партии[164]. В Австрии на парламентских выборах 1999 года доля рабочих избирателей АПС составила 47%[165]. Один из наиболее показательных примеров пролетаризации электората крайне правых партий можно найти в Соединенном Королевстве. Начиная с 1990-х гг., Лейбористская партия, исторически связанная с профсоюзным движением, стала придерживаться откровенно правых экономических позиций, что сблизило ее с Консервативной партией и Партией либеральных демократов. К началу 2000-х гг. в Соединенном Королевстве остались фактически только две крупные экономически левые политические силы – зеленые[166] и праворадикальная Британская национальная партия (*англ.* British National Party, БНП). В результате этого, на местных выборах 2008 года в отдельных регионах, традиционно поддерживающих Лейбористскую партию, голоса социал-демократов отошли БНП, причем в некоторых городских советах эта праворадикальная партия стала занимать второе место по количеству представителей[167].

Представители рабочего класса действительно составляют значи-

[163] Betz. Radical Right-Wing Populism in Western Europe. P. 166; он же. The Growing Threat of the Radical Right. P. 81-82.

[164] Минкенберг. Новый правый радикализм в сопоставлении. С. 28.

[165] Eatwell. Ten Theories of the Extreme Right. P. 52.

[166] В настоящее время в Соединенном Королевстве существует три региональные «зеленые» партии: Зеленая партия Англии и Уэльса, Зеленая партия Шотландии и Зеленая партия Северной Ирландии.

[167] Goodwin M.J. Backlash in the 'Hood: Determinants of Support for the British National Party (BNP) at the Local Level // Journal of Contemporary European Studies. 2008. Vol. 16. No. 3. P. 347-361; Rutherford J. Is This the End of Social Democracy? // The Guardian. 2008. 20 June. http://www.guardian.co.uk/commentisfree/2008/jun/20/thefarright.equality.

тельную долю электората новых праворадикальных партий, однако пролетариат не является его единственной социальной базой. Исследования Герберта Китшельта[168], Пьеро Игнаци[169] и Пипы Норрис[170] показали, что среди избирателей современных крайне правых партий широко представлены следующие социальные группы: 1) промышленные рабочие («синие воротнички»), 2) неквалифицированные рабочие и 3) мелкая буржуазия. Владельцы небольших магазинов, фермеры и другие мелкие предприниматели, входящие в последнюю социальную группу, часто оказываются среди избирателей крайне правых партий. Социальное положение указанных групп населения является нестабильным, т.к. оно зависит от процессов на международном рынке, поэтому их зачастую привлекают популистские обещания правых радикалов реализовать идеи социо-экономического протекционизма в случае прихода к власти.

Однако учитывая тот факт, что электорат современных крайне правых партий представлен несколькими социальными группами, можно согласиться с заключением Михаэля Минкенберга, который указал, что «нынешний электорат праворадикальных партий отнюдь не состоит из представителей низших слоев общества; не объединяет он и все социальные слои»[171]. Принимая во внимание схожие мотивации поддержки новых праворадикальных партий со стороны промышленных и малоквалифицированных рабочих, а также представителей мелкой буржуазии, можно сделать вывод, что ядро электората новых праворадикальных партий составляют те граждане, которые в силу объективных и субъективных факторов подвержены риску утраты социального положения, поэтому они видят в реализации программ новых праворадикальных партий возможность «"защитить" свой все более уменьшающийся социальный и культурный капитал»[172].

Кризисное состояние экономики. Тезис о кризисном состоянии экономики, как о предпосылке к увеличению электоральной поддержки современных праворадикальных партий, схож с тезисом о новом обще-

---

[168] Kitschelt. The Radical Right in Western Europe.
[169] Ignazi. Extreme Right Parties in Western Europe.
[170] Norris. Radical Right.
[171] Минкенберг. Новый правый радикализм в сопоставлении. С. 28.
[172] Там же. С. 29.

ственном расслоении, однако в значительной степени имеет отношение к макроэкономической ситуации в государстве. Экономический кризис долгое время считался главным фактором, обусловливающим успех правого радикализма, особенно среди советских исследователей[173], которые придерживались марксистских взглядов на природу праворадикальных партий и видели в них прямых преемников фашистских партий и движений, возникших и упрочивших свои позиции, вследствие, как они считали, общего кризиса капитализма. Показательным примером взаимосвязи между экономическим кризисом и электоральными результатами правых радикалов советские ученые считали тот факт, что Национал-демократическая партия Германии (НДПГ) возникла и получила наибольшую поддержку в тот период, когда во второй половине 1960-х гг. в ФРГ начался экономический спад после длительного периода так называемого немецкого «экономического чуда». Впоследствии эта взаимосвязь не подтвердилась, т.к. в начале 1970-х гг., когда экономический спад усилился, НПДГ утратила доверие избирателей.

Зарубежные ученые также долгое время поддерживали тезис о кризисном состоянии экономики и сопутствующем ему росте безработицы, как основных факторах политического спроса на правый радикализм[174]. Немецкий социолог Эккарт Циммерманн утверждает, что важнейшим фактором и первостепенной движущей силой успеха правого радикализма является наличие глубокого и продолжительного экономического кризиса или, по меньшей мере, убежденность избирателей в его существовании[175]. Александр Галкин также называет «длительные экономические неурядицы», под которыми он подразумевает «многолетнее разрушение производственного потенциала и массовую бедность», одним из наиболее благоприятных условий для усиления позиций праворадикальных партий[176].

[173] См. Ломейко В.Б. Есть ли шансы у нового Адольфа? М.: Издательство «Международные отношения», 1968; Ефремов А.Е. Коричневая угроза. М.: Политиздат, 1970.

[174] См. Stöss. Die extreme Rechte in der Bundesrepublik; Jackman R.W., Volpert K. Conditions Favouring Parties of the Extreme Right in Western Europe // British Journal of Political Science. 1996. Vol. 26. No. 4. P. 501-521; Zimmermann E. Right-Wing Extremism and Xenophobia in Germany: Escalation, Exaggeration, or What? // Right-Wing Extremism in the Twenty-First Century / Ed. by P.H. Merkl, L. Weinberg. London: Frank Cass Publishers, 2003. P. 220-250.

[175] Zimmermann. Right-Wing Extremism and Xenophobia in Germany. P. 238-242.

[176] Галкин. Размышления о политике и политической науке. С. 157-158.

Одним из главных признаков кризисного состояния экономики является незанятость значительной части экономически активного населения в хозяйственной деятельности. Отдельные ученые считают, что вынужденная незанятость трудоспособных граждан обусловливает глубокое разочарование масс в экономической политике основных партий, что вынуждает их голосовать за третьи силы, в первую очередь, за крайне правые партии. Политологи Роберт Джэкмен и Карин Волперт, проанализировавшие результаты 103 выборов в 16 западноевропейских странах, сделали вывод, что существует зависимость между уровнем безработицы и поддержкой праворадикальных партий. Тем не менее, эта взаимосвязь не подразумевает, что увеличивающееся количество безработных голосует за крайне правые партии: по мнению исследователей, массовая безработица, как результат серьезных экономических проблем, создает напряженность в обществе и тем самым способствует возникновению условий для поддержки правого радикализма[177].

Несмотря на то, что существует определенное количество эмпирических подтверждений тезиса о кризисном состоянии экономики, как о предпосылке к увеличению электоральной поддержки современных праворадикальных партий, большинство ученых отказались от концепции прямой зависимости между ухудшением макроэкономической ситуации, выражающемся в массовой безработице трудоспособного населения, и электоральным успехом новых праворадикальных партий. Более того, недавние исследования показали, что существует обратная зависимость этих двух переменных: в экономически процветающих странах уровень поддержки крайне правых партий в среднем выше, чем в странах с высоким уровнем безработицы[178]. Существует два объяснения данной взаимосвязи. Во-первых, в экономически преуспевающих странах граждане боятся потерять то, что они приобрели в период экономического процветания, поэтому они в бóльшей степени, чем граждане других стран, склонны поддерживать праворадикальные проекты эконо-

[177] Jackman, Volpert. Conditions Favouring Parties of the Extreme Right in Western Europe.

[178] Betz. The Growing Threat of the Radical Right. P. 86; Lubbers M., Gijsberts M., Scheepers P. Extreme Right-Wing Voting in Western Europe // European Journal of Political Research. 2002. Vol. 41. No. 3. P. 371; Mudde. Populist Radical Right Parties in Europe. P. 206.

мического национализма[179]. Это справедливо не только для стран вроде Австрии, Швейцарии и Норвегии, в которых новые праворадикальные партии пользуются очень высокой поддержкой избирателей, но и для экономически преуспевающих регионов: север Италии, юг ФРГ, Фландрия в Бельгии, страсбургский район во Франции[180]. Во-вторых, при высоком уровне безработицы, экономические проблемы становятся главным предметом межпартийных политических диспутов, но выгоду из них извлекают те политические партии, которые пытаются установить монополию на компетенцию по вопросам трудовой занятости и макроэкономической ситуации в стране. Новые праворадикальные партии обычно не претендуют на подобную компетенцию, поэтому экономический спад негативно влияет на их электоральную привлекательность[181].

Американский исследователь Мэтт Гоулдер пришел к заключению, что влияние уровня безработицы на электоральный успех новых праворадикальных партий является опосредованным: такое влияние возможно лишь в том случае, если в стране находится большое количество иностранных граждан[182]. К схожим выводам пришла Терри Гивенс, отметившая, тем не менее, что сочетания безработицы и наличия иностранцев в стране недостаточно для объяснения успеха крайне правых партий[183].

В целом среди исследователей сложился консенсус, согласно которому субъективные ощущения (экономический пессимизм и страх граждан перед безработицей) имеют бóльшую объяснительную силу в качестве фактора электоральной поддержки новых праворадикальных партий, чем объективные, структурные факторы (экономический кризис и массовая безработица)[184]. Данный тезис позволяет провести параллели между субъективным опасениями, связанными с возможностью ухудшения экономической ситуации, и описанными выше факторами обще-

---

179 Экономический национализм представляет собой курс, не отрицающий принципов свободного рынка, но направленный, прежде всего, на защиту отечественных производителей и внутреннего рынка труда, а также ограничение иностранных инвестиций в экономику того или иного государства.

180 Lubbers, Gijsberts, Scheepers. Extreme Right-Wing Voting in Western Europe. P. 371.

181 Mudde. Populist Radical Right Parties in Europe. P. 206.

182 Golder M. Explaining Variation in the Success of Extreme Right Parties in Western Europe // Comparative Political Studies. 2003. Vol. 36. No. 4. P. 460.

183 Givens. Voting Radical Right in Western Europe. P. 85.

184 Eatwell. Ten Theories of the Extreme Right. P. 57; Ignazi. Extreme Right Parties in Western Europe. P. 80; Immerfall. The Neo-Populist Agenda. P. 250.

ственной аномии и нового общественного расслоения. Во всех трех случаях политический спрос на крайне правые партии порождается страхом граждан перед общественной изоляцией и отчуждением, потерей социального положения и утратой экономической безопасности.

Недовольство политическим статус-кво. Важнейшим фактором политического спроса на новые праворадикальные партии является глубокое недовольство граждан установившейся политической ситуацией. Объектами недовольства граждан являются традиционные политические партии, на которые возлагается ответственность за политическое статус-кво, работа властных институтов и правительства, а также политическая система в целом. По мнению Ханс-Георга Бетца, большинство граждан в западных демократических государствах не доверяют политическим институтам. По мнению значительной части граждан, политические институты эгоцентричны и заботятся только о себе, не реагируют на пожелания и взгляды простых людей и неспособны эффективно решать наиболее острые проблемы общества. Среди всех политических институтов политические партии пользуются наименьшим доверием у граждан европейских стран. В Таблице 7 представлены результаты опроса, проведенного в 2004 году в 25 европейских странах и показывающего уровень доверия граждан к общественным и государственным институтам.

Основной причиной недовольства политическими партиями считается их трансформация из кадровых и массовых во всеохватные (*англ.* catch-all) и картельные партии[185], что зачастую интерпретируется как кризис традиционной партийной политики. При этом «картелизация» традиционных партий (особенно субъективное ее восприятие гражданами) иногда называется главной причиной электоральной поддержки новых праворадикальных партий[186]. Тезис о всеохватных партиях был впервые сформулирован немецким политологом Отто Кирхаймером и отражал специфическую ситуацию, сложившуюся в 1950-х гг. в отношениях между обществом, партиями и государством. По мнению ученого, всеохватными следует считать такие партии, которые нивелируют идео-

[185] Immerfall. The Neo-Populist Agenda. P. 252-253.

[186] Pelizzo R. The Cartel Party and the Rise of the New Extreme Right // Comparative European Politics. 2007. Vol. 5. No. 2. P. 226-242.

логическую составляющую своей политической программы и стараются представлять не отдельные общественные группы или классы, но все общество в целом[187]. Всеохватные партии в бóльшей степени проникаются государственным интересом и в меньшей – являются агентами гражданского общества в политической системе, превращаясь в «брокеров, торгующих государственными постами»[188]. Теория о дальнейшей трансформации общественно-политических институтов и появлении картельных партий была предложена Ричардом Катцем и Питером Мейром, которые считают, что по сравнению со всеохватными картельные партии стали еще менее идеологизированными, а их программы – практически неотличимыми друг от друга[189]. Неразличимы также элитные группы, отождествляемые с картельными партиями. При этом «оппозиционность представляет собой характеристику политического истеблишмента любой направленности (даже близкие к правительству партии и лидеры используют часто козырь "оппозиционности" для тактической победы)»[190]. Картельные партии становятся частью государства: они получают государственное субсидирование, привилегированный доступ к государственно-регулируемым каналам коммуникации, а представители партий становятся государственными деятелями, защищающими перед обществом проводимый правительством политический курс[191].

Для протестного электората кризис репрезентативной демократии заключается в следующих основных характеристиках:

1. Низкая вовлеченность: граждане редко включены в политический процесс напрямую и голосуют на выборах случайным образом.

2. Ограниченный выбор: избирателям предлагается делать выбор между всеохватными политическими программами, которые часто являются неясными и путанными.

---

[187] Kirchheimer O. The Transformation of the Western European Party Systems // Political Parties and Political Development / Ed. by J.L. Polombara, M. Weiner. Princeton: Princeton University Press, 1966. P. 177-200.

[188] Сморгунов. Сравнительная политология. С. 193.

[189] Katz R.S., Mair P. Changing Models of Party Organization and Party Democracy: The Emergence of the Cartel Party // Party Politics. 1995. Vol.1. No. 1. P. 5-28. См. также Mair P. Party System Change: Approaches and Interpretations. Oxford: Clarendon Press, 1997.

[190] Сморгунов. Сравнительная политология. С. 198.

[191] Mair. Party System Change. P. 110-111.

Рисунок 1

Доверие граждан европейских стран к общественным и государственным институтам в 2004 году[192]

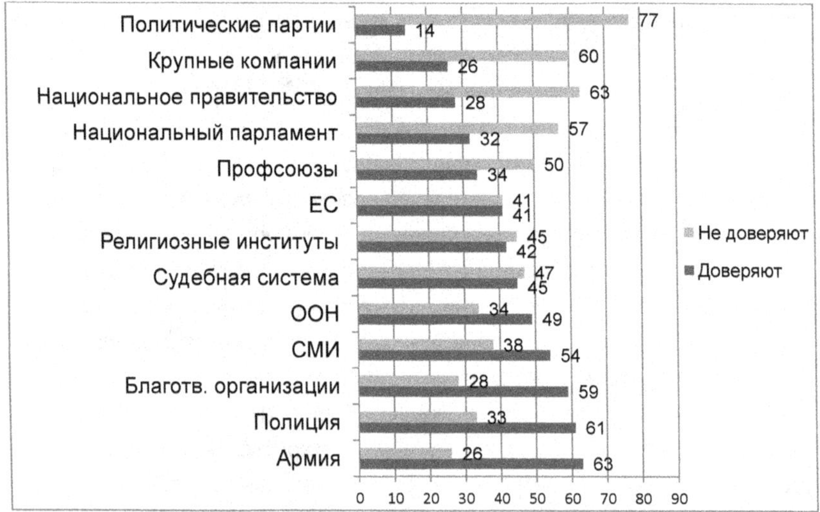

3. Бедный результат: политическая система является в общем виде неэффективной, т.к. политики редко выполняют свои обещания[193].

По мнению Ханс-Георга Бетца,

> вместе с постепенным уменьшением доверия людей к традиционным партиям, политическому классу и отдельным важнейшим общественным и политическим институтам, растет количество избирателей, которые предпочитают либо вообще игнорировать политику, либо использовать свой голос в протестной форме[194].

В данном случае у избирателя, решившего выразить протест против политического статус-кво, есть возможность 1) не прийти на выборы, 2) проголосовать против всех кандидатов или 3) проголосовать за марги-

[192] Разработано на основе информации из Eurobarometer 61. Brussels : European Opinion Research Group, 2004.
[193] Сморгунов. Сравнительная политология. С. 190.
[194] Betz. Radical Right-Wing Populism in Western Europe. P. 37.

нальную партию. Рассматривая третий вариант в качестве гипотетического источника электоральной поддержки новых праворадикальных партий, можно выделить два типа голосования за ту или иную маргинальную партию: 1) простое и 2) сложное протестное голосование. Рассмотрим каждый из них.

Политолог Григорий Голосов считает, что под протестным голосованием следует считать «голосование за такие оппозиционные партии, которые, с точки зрения избирателя, не имеют шансов на избрание... Это – голосование "против", но не "за" кого-то»[195]. Такой тип голосования можно назвать простым протестным голосованием: избиратели голосуют за произвольную маргинальную партию, а их выбор не зависит от потенциальной привлекательности партийной программы[196]. Протестные избиратели отдают свои голоса за ту или иную маргинальную партию только для того, чтобы не оставлять его крупным партиям, которым они выражают протест.

Существует также иной вариант простого протестного голосования, которое теоретически может содействовать радикальным партиям, в особенности крайне правого толка. Принцип такого голосования заключается в том, что избиратель намеренно голосует за крайне правую партию, но его выбор обусловлен не сознательной поддержкой партийной программы, а тем, что голос, отданный за ту или иную праворадикальную партию, воспринимается как предупреждение для традиционных партий, как сигнал крайнего недовольства относительно их функционирования в правительстве или оппозиции. Существуют примеры, когда за крайне правые партии голосуют избиратели, причисляющие себя к противоположному политическому лагерю (левые радикалы или анархисты), выражая таким своеобразным электоральным поведением протест против режима.

Простое протестное голосование предполагает произвольный социальный состав электората партий, а также случайность и недолговечность их поддержки со стороны избирателей[197]. Однако, как было показано выше, электорат праворадикальных партий не объединяет все со-

[195] Голосов Г.В. Сравнительная политология. СПб.: ЕУСПб, 2001. С. 251.
[196] Там же; См. также Parsons T. Essays in Sociological Theory. Glencoe: Free Press, 1954. P. 227.
[197] Eatwell. Ten Theories of the Extreme Right. P. 52.

циальные слои – его ядром является специфическое сочетание промышленных и малоквалифицированных рабочих, а также представителей мелкой буржуазии. Кроме того, подавляющее большинство успешных крайне правых партий пользуются в европейских странах устойчивой и – в некоторых случаях – растущей поддержкой, поэтому тезис о простом протестном голосовании как источнике электорального успеха новых праворадикальных партий следует считать несостоятельным[198].

В свою очередь, сложное протестное голосование подразумевает, что избиратели, голосующие за крайне правые партии, выражают протест против крупных традиционных партий и одновременно разделяют праворадикальные взгляды. Как пишет Пьеро Игнаци,

> сторонники и/или избиратели правоэкстремистских партий, безусловно, более всех испытывают отчуждение в отношении демократических институтов и их функционирования: отчужденный от системы электорат сосредоточен на правом политическом фланге, а также в правоэкстремистских партиях[199].

В случае со сложным протестным голосованием выбор партии никогда не бывает произвольным: здесь протестные избиратели уверены в том, что именно новые праворадикальные партии действительно способны изменить политическую ситуацию.

Существуют справедливые сомнения в том, что фактор недовольства существующим политическим статус-кво (прежде всего работой традиционных политических партий), является единственной причиной избирательской поддержки новых праворадикальных партий. Уровень электорального успеха крайне правых партий не является одинаковым во всех европейских странах, несмотря на то, что утрата доверия к общественным и государственным институтам характеризует практически все современные промышленно развитые демократические государства[200]. Кроме того, для эффективного использования современными крайне правыми партиями недовольства электората политической ситу-

---

[198] Ignazi. Extreme Right Parties in Western Europe. P. 217-218; Kitschelt. The Radical Right in Western Europe. P. 276.

[199] Ignazi. Extreme Right Parties in Western Europe. P. 213.

[200] Norris. Radical Right. P. 164.

ацией, «им недостаточно иметь запоминающиеся лозунги и привлекательное название»[201]. Они должны, по меньшей мере, предложить гражданам убедительную альтернативу и доказать, что они не только поддерживают общественно-политический протест избирателей, но и смогут кардинально изменить ситуацию в отношении функционирования политических институтов в случае своего прихода к власти. «Ключ к электоральной стабильности лежит в способности популистских радикальных партий трансформировать протестные голоса в голоса поддержки»[202].

Трансформация системы ценностей. Последним рассматриваемым фактором спроса на новые праворадикальные партии является трансформация системы ценностей. Основными сторонниками тезиса о позитивном влиянии процессов постмодернизации и сдвига приоритета от материалистических к постматериалистическим ценностям на электоральный успех современных крайне правых партий являются Михаэль Минкенберг и Пьеро Игнаци. Их теория основывается на концепции постматериалистического общества, разработанной американским социологом Рональдом Инглхартом. В своих работах автор утверждает, что укрепление экономической безопасности в западных демократических странах, ставшее результатом быстрого экономического развития и расширения программ государства благосостояния, заложило в 1960-70-х гг. основу для радикального изменения культурного, общественного и политического дискурса[203]. Эти изменения выразились, прежде всего, в смещении акцентов с материалистических ценностей (экономическая и физическая безопасность) к ценностям постматериалистическим (проблемы индивидуального самовыражения и качества жизни)[204]. Как пишет Инглхарт, «термин "постматериалистический" указывает на группу целей, акцентируемых *после того*, как люди достигли материальной безопасности, и *потому*, что они ее достигли»[205]. К таким постматериалистическим целям или ценностям можно отнести защиту свободы слова,

[201] Immerfall. The Neo-Populist Agenda. P. 254.

[202] Mudde. Populist Radical Right Parties in Europe. P. 229.

[203] Inglehart. The Silent Revolution; он же. Modernization and Postmodernization: Cultural, Economic, and Political Change in 43 Societies. Princeton: Princeton University Press, 1997.

[204] Inglehart. Modernization and Postmodernization. P. 32.

[205] Там же. P. 35.

стремление к эстетическому окружению, реализацию творческого потенциала личности, возможность оказания бóльшего влияния на решения правительства, увеличение свободного времени и другие.

Под воздействием ценностного сдвига (т.е. трансформации системы ценностей), который Рональд Инглхарт назвал «тихой революцией», в западных капиталистических странах начался процесс политизации проблем, которые ранее оставались за пределами политической сферы: защита окружающей среды, право женщин на аборт, феминизм, сексуальная свобода и другие. Возникновение новых постматериалистических интересов в обществе породило спрос на их артикуляцию и агрегацию политическими партиями. Однако, в это же время традиционные «старые левые» партии (прежде всего, социалистические и социал-демократические) претерпевали трансформацию во всеохватные и картельные партии, и, следовательно, апеллировали не столько к традиционному для себя левому сегменту общества, который является основным носителем постматериалистических ценностей, сколько ко всему обществу в целом. Таким образом, «старые левые» партии не могли быть инструментом артикуляции и агрегации новых общественных интересов, поэтому эти функции взяли на себя новые левые партии – прежде всего, «зеленые» партии.

В качестве реакции на «тихую революцию», т.е. распространение и упрочение постматериалистической ценностной системы, а также возникновение новых социальных движений и «новых левых» партий произошла так называемая «тихая контрреволюция», которая выразилась, по мнению Пьеро Игнаци и Михаэля Минкенберга, в возникновении и подъеме новых праворадикальных партий, отстаивающих материалистические ценности[206]. Возникновение именно *новых* правых партий было обусловлено причинами, схожими с теми, которые повлияли на возникновение новых левых партий. Объектом материалистической реакции были новые политизированные проблемы, которые не акцентировались «старыми правыми», т.е. умеренно консервативными партиями, поэтому в окружении политической системы возник острый спрос на новые правые партии.

[206] Минкенберг М. Новый правый радикализм в сопоставлении. С. 21; Ignazi. Extreme Right Parties in Western Europe. P. 201.

> Даже нео-консерваторы не предложили и *не могли* предложить полностью удовлетворительный ответ на требования, возникшие у «перемещенного» электората... Таким образом, только новые или обновленные партии – в отличие от традиционных – могли дать ответ на актуальные вопросы[207].

Несмотря на то, что теория сдвига от материалистических к постматериалистическим (постмодернистским) ценностям была изначально разработана Рональдом Инглхартом в отношении западных демократических стран, позднее он отмечал, что в восточноевропейских странах, входивших в «социалистический блок», также наблюдался ценностный сдвиг. По его мнению, ключевым фактором в трансформации системы ценностей в Восточной Европе было не столько экономическое процветание (как в Западной Европе), сколько высокий уровень безопасности существования, достигнутый благодаря гарантии занятости, низкой плате за жилье, низким ценам на основные пищевые продукты, бесплатному образованию и медицине[208]. Аналогичного мнения придерживается социолог Наталья Коровицына:

> Для Восточной Европы 1970-х гг. перестройка мироотношения, обозначаемая как постмодернизация, была так же реальна, как для западного мира... В молодой восточноевропейской интеллигенции реализовалась специфика «неэкономического» типа развития стран соцсистемы. Попытка сделать свободное время основой развития и самовыражения личности нашла благодатную почву в среде крупногородской интеллигенции – «преимущественно культурном и идеологическом феномене, но не экономическом и технологическом, как на Западе»[209].

Вследствие того, что сдвиг приоритета от материалистических к постматериалистическим ценностям произошел – несмотря на различный масштаб и разные причины – во всей Европе, тезис Пьеро Игнаци и Михаэля Минкенберга о трансформации ценностной системы как факто-

---

[207] Ignazi. Extreme Right Parties in Western Europe. P. 201-202. Курсив в оригинале.

[208] Inglehart. Modernization and Postmodernization. P. 144.

[209] Коровицына Н. В. Восточноевропейский путь развития в лицах: «простой» человек и человек «образованный» // Социологические исследования. 2003. № 10. С. 123.

ре спроса на современные крайне правые партии во всех европейских странах можно считать действительно релевантным. Тем не менее, данный тезис, предполагающий, что поддержка новых праворадикальных партий будет тем выше, чем выше уровень развития постматериалистической системы ценностей в отдельно взятой стране, не находит эмпирического подтверждения[210]. Например, Соединенное Королевство и ФРГ демонстрируют высокую степень трансформации ценностей, однако праворадикальные партии в этих странах крайне слабы.

Представляется справедливым предположить, что тезис о влиянии трансформации ценностной системы на электоральный успех крайне правых партий необходимо рассматривать через призму не «тихой контрреволюции», но концепции Рональда Инглхарта о «ценностном откате». Данная концепция заключается в том, что, если возникновение и упрочение постматериалистических ценностей возможно лишь после обеспечения безопасности существования, т.е. реализации материалистических ценностей (строгий контроль за соблюдением порядка, стабильное экономическое развитие, отсутствие военных угроз и т.д.), то «разрушение безопасности приводит к постепенному откату вспять, в сторону материальных приоритетов»[211]. Отличия между ценностными системами (материалистической и постматериалистической), которые являются приоритетными для общества в условиях небезопасности и безопасности, показаны в Таблице 7.

Из Таблицы 7 видно, что в условиях небезопасности – объективной или субъективной – общество имеет тенденцию рассматривать материалистические ценности как приоритетные, и именно в таких условиях граждане могут в определенной ситуации выразить поддержку крайне правым силам. В рамках тезиса о «ценностном откате» предполагается, что трансформация ценностной системы служит концептуальной структурой, в контексте которой можно рассматривать факторы, проанализированные выше.

---

[210] Eatwell. Ten Theories of the Extreme Right. P. 55-56.
[211] Inglehart. Modernization and Postmodernization. P. 35.

Таблица 7

Ценности в условиях небезопасности и безопасности: две противоположные системы ценностей[212]

Общественная сфера	Ценности в условиях небезопасности	Ценности в условиях безопасности
Политика	Потребность в сильных лидерах; приоритетность порядка; враждебность к «Другому», фундаментализм.	Меньшая значимость политического авторитета; самовыражение, политическое участие; экзотика/новизна – стимулирующий фактор.
Экономика	Приоритетность экономического роста; мотивация стремления к успеху; противопоставление индивидуальной и государственной собственности.	Качество жизни – высший приоритет; субъективное благополучие; снижение авторитета как частной, так и государственной собственности.
Семейные и сексуальные нормы	Максимальный рост рождаемости, но только в рамках полной гетеросексуальной семьи.	Сексуальное удовлетворение в соответствии с индивидуальным выбором; индивидуальное самовыражение.
Религия	Особый акцент на значимости высших сил; единоначалие; особый акцент на предсказуемости.	Снижение авторитета религии; гибкие правила, ситуационная этика; особый акцент на смысле и назначении жизни.

[212] Там же. P. 43.

Глава 5
Структура политических возможностей

Структура политических возможностей представляет собой набор специфических свойств политической системы, содействующих или, наоборот, затрудняющих функционирование субъектов политического процесса. К структуре политических возможностей современных крайне правых партий в европейских странах можно отнести следующие факторы: 1) особенности партийной системы, 2) институциональные возможности и 3) особенности политической культуры.

Особенности партийной системы. Для возникновения и функционирования новых праворадикальных партий требуется наличие политической ниши в рамках политического пространства того или иного государства. Здесь политическое пространство интерпретируется в контексте исследований французского социолога Пьера Бурдье о политическом поле, которое он определял как

> место, где в конкурентной борьбе между агентами, которые оказываются в нее втянутыми, рождается политическая продукция, проблемы, программы, анализы, комментарии, концепции, события, из которых и должны выбирать обычные граждане[213].

Согласно Бурдье партийная система любого государства имеет четыре различных политических поля: социальное, электоральное, идеологическое и парламентское. В данной работе политическая ниша, необходимая для возникновения и функционирования крайне правых партий, является частью идеологического поля партийной системы. Оно включает в себя все основные идеологии, на которые опираются политические партии той или иной страны.

На Рисунке 2 представлено схематическое изображение идеологического поля партийной системы европейских государств, образованное пересечением двух осей, условно обозначающих политические и экономические идеологические направления. В основу построения данного

[213] Бурдье П. Социология политики. М.: Socio-Logos, 1993. С. 82.

двухмерного изображения идеологического поля партийной системы легла схема, предложенная Гербертом Китшельтом[214] и образованная путем пересечения двух осей, представляющих экономические («Социализм» – «Капитализм») и общественно-политические («Либертарианство» – «Авторитаризм») взгляды и убеждения. Данная схема позволяет расширить представление о левых, центристских и правых политических позициях, каждая из которых может сочетаться с различными экономическими воззрениями и принципами.

Рисунок 2

Идеологическое поле партийной системы в европейских странах

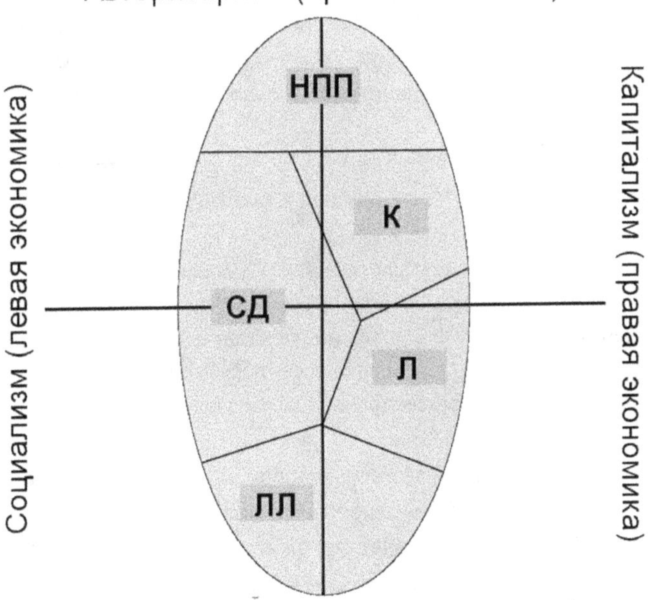

НПП – новые праворадикальные партии; К – консервативные партии; СД – социал-демократические партии; Л – либеральные партии; ЛЛ – лево-либеральные («зеленые») партии.

[214] Kitschelt. The Radical Right in Western Europe. P. 15.

В научной литературе обычно предлагается два варианта рассмотрения проблемы наличия политической ниши для новых праворадикальных партий: с точки зрения 1) правого политического фланга и 2) всего политического пространства в целом. В первом случае необходимо ответить на вопрос: каким образом консервативные, или умеренно правые, партии, располагающиеся на правом политическом фланге, влияют на наличие политической ниши, необходимой для возникновения и/или подъема современных крайне правых партий? Во втором случае предлагается решить проблему, заключающуюся в установлении характера конфигурации основных субъектов всего политического пространства (прежде всего, социал-демократических и консервативных партий), воздействующей на наличие указанной политической ниши[215]. Оба подхода являются обоснованными, однако в настоящем исследовании – в соответствии с установившейся практикой – используется второй вариант рассмотрения проблемы наличия политической ниши для современных крайне правых партий.

Одним из первых эту проблему наиболее развернуто проанализировал Герберт Китшельт, который пришел к заключению, что

> конвергенция социал-демократических и умеренно-консервативных партий, а также длительное участие умеренных консерваторов в работе правительства создают благоприятные электоральные возможности для авторитарных правых, т.к. эти процессы побуждают избирателей отказываться от лояльности респектабельным консервативным партиям[216].

В дальнейшем данный тезис претерпел определенные изменения. В настоящее время он, главным образом, подразумевает только конвергенцию основных партий в качестве фактора возникновения политической ниши для функционирования крайне правых партий.

Одним из наиболее ярких примеров, подтверждающих тезис Герберта Китшельта, является электоральный прорыв праворадикальной НДПГ на федеральных выборах в ФРГ в 1969 году. За три года до выборов, т.е. в 1966 году, две основные политические силы в стране, умерен-

[215] Carter. The Extreme Right in Western Europe. P. 102-145; Van der Brug, Fennema, Tillie. Why Some Anti-Immigrant Parties Fail and Others Succeed.
[216] Kitschelt. The Radical Right in Western Europe. P. 17.

но-консервативный блок Христианско-демократический союз – Христианско-социальный союз и Социал-демократическая партия Германии, сформировали так называемую «широкую коалицию». Считается, что именно конвергенция крупнейших политических сил ФРГ, а также их одновременное идеологическое движение к политическому центру, послужили причиной возникновения в правом сегменте политического пространства политической ниши для НДПГ[217].

Несмотря на то, что выводы Китшельта подтверждаются результатами исследований других авторов[218], существуют работы, в которых предпринимаются попытки оспорить эти выводы[219], а также скорректировать их[220]. Так, Пьеро Игнаци утверждает, что подъему современных крайне правых партий предшествует не конвергенция основных политических партий, а наоборот – поляризация политической системы, проявляющаяся в увеличении идеологической дистанции между социал-демократическими и умеренно-консервативными партиями. По мнению исследователя, политический процесс, в результате которого умеренные правые партии открыли политическую нишу для праворадикальных партий, проходил в два этапа. На первом этапе (конец 1970-х – начало 1980-х гг.) – еще до начала подъема современных праворадикальных партий – господствующие правые (умеренно консервативные) партии сдвинулись вправо под воздействием нео-консервативных настроений. На втором этапе (середина 1980-х гг.) консервативные партии вновь заняли более центристские позиции, в результате чего произошел подъем крайне правых партий[221].

Таким образом, Пьеро Игнаци акцентирует внимание на том, что конвергенция основных партий действительно предшествовала появлению политической ниши для новых праворадикальных партий, однако необходимым условием возникновения и/или подъема крайне правых партий является радикализация умеренно-консервативных партий, в свою очередь, предшествующая конвергенции.

---

217 Mudde. Populist Radical Right Parties in Europe. P. 238.

218 См. Abedi A. Anti-Political-Establishment Parties: A Comparative Analysis. London: Routledge, 2004; Carter. The Extreme Right in Western Europe; Van der Brug, Fennema, Tillie. Why Some Anti-Immigrant Parties Fail and Others Succeed.

219 Norris. Radical Right.

220 Ignazi. Extreme Right Parties in Western Europe.

221 Там же. P. 208.

В данной работе проблему наличия политической ниши, необходимой для возникновения и/или подъема новых праворадикальных партий, предлагается решить, обратившись к классификации партийных систем Джованни Сартори[222]. Среди соревновательных партийных систем Дж. Сартори выделял системы поляризованного плюрализма, умеренного плюрализма, двухпартийные системы и системы с доминантными партиями. Принимая во внимание тот факт, что два последних типа систем в целом несвойственны европейским странам, здесь будут рассмотрены только системы умеренного и поляризованного плюрализма, характеризующиеся наличием в партийно-политическом поле государств пяти-шести релевантных партий.

По мнению Джованни Сартори, партийным системам поляризованного плюрализма свойственны следующие признаки: наличие релевантных анти-системных партий, которые выступают против существующего общественно-политического и экономического строя; существование двухсторонних оппозиций – сил, которые критически относятся к правительству и располагаются в политическом спектре справа или слева от него; наличие значительной поляризации общественного мнения; преобладание центробежных тенденций над центростремительными.

В свою очередь, партийные системы умеренного плюрализма характеризуются такими признаками как отсутствие релевантных анти-системных партий и двухсторонних оппозиций; наличие незначительного идеологического расстояния между партиями; наличие двухполюсной коалиционной конфигурации; и преобладание центростремительных тенденций над центробежными.

Как считает Сартори, система умеренного плюрализма превращается в систему поляризованного плюрализма в том случае, если внутри системы возникают анти-системные партии и количество партий превышает критическую отметку в шесть релевантных политических организаций. Учитывая тот факт, что идеологическая конвергенция основных партий, в сущности, тождественна наличию центростремительных тенденций и сокращению идеологического расстояния между партиями, можно прийти к заключению о том, что новые праворадикальные пар-

[222] Sartori G. Parties and Party Systems: A Framework for Analysis. Colchester: ECPR Press, 2005.

тии возникают в партийной системе умеренного плюрализма, что полностью согласуется с тезисом Герберта Китшельта.

Наличие политической ниши в рамках партийной системы умеренного плюрализма является обязательным условием возникновения праворадикальных партий и указывает на принципиальную возможность их дальнейшего участия в политическом процессе, однако только наличие подобной ниши не может обусловить электоральный успех партий данного типа.

Институциональные возможности. Фактор институциональных возможностей новых праворадикальных партий, предполагает два тезиса:

1. Современные крайне правые партии будут наиболее успешны в странах, в которых существует пропорциональная избирательная система, а наименее успешны – в странах с мажоритарной избирательной системой.

2. В странах с пропорциональной избирательной системой новые праворадикальные партии будут тем успешнее, чем ниже электоральный порог для прохождения в парламент.

Под пропорциональной подразумевается такая избирательная система, в рамках которой депутатские места в представительном органе власти распределяются между различными партиями в зависимости от количества голосов, полученных на выборах каждой из партий. Важнейшей задачей избирательной системы является «обеспечение представительства и большинства, и меньшинства», «пропорциональная трансформация голосов избирателей в депутатские места законодательного органа»[223]. Наиболее распространенной разновидностью пропорциональной системы является система партийных списков. Процент, получаемый партией на выборах, определяет процент претендентов из списка, получающих места в парламенте. В свою очередь, мажоритарная избирательная система предполагает проведение выборов в одномандатных избирательных округах, по результатам которых победителем признается кандидат, получивший больше голосов, чем любой другой.

[223] Lijphart A. Patterns of Democracy: Government Forms and Performance in Thirty-Six Countries. New Haven: Yale University Press, 1999. P. 143.

В соответствии с социологическим законом Мориса Дюверже, мажоритарная система содействует формированию двухпартийности, а пропорциональная система – многопартийности[224]. Возникновение двухпартийности обусловливается двумя факторами – механическим и психологическим. Механический фактор заключается в занижении политического представительства более слабых партий, т.к. процент полученных ими мест оказывается ниже процента поданных за них голосов. Психологический фактор является следствием механического и подразумевает, что в стране с мажоритарной системой избиратели очень быстро начинают осознавать, что их голоса будут потеряны, если они продолжат отдавать их менее сильным партиям, поэтому они стремятся голосовать за «меньшее зло», выбирая лишь из двух-трех основных соперников. Большинство новых праворадикальных партий обычно не входят в число доминирующих партий, поэтому можно предположить, что их электоральная поддержка в условиях функционирования мажоритарной избирательной системы будет носить крайне ограниченный характер. По мнению отдельных исследователей, это является достоинством избирательной системы данного типа: создавая «барьеры от опасной политической фрагментации законодательных органов власти и проникновения туда экстремистских партий», ее применение ведет к «возникновению стабильных правительств»[225].

В то же время, применение пропорциональной избирательной системы означает, что у небольших партий, в том числе крайне правых, увеличиваются шансы на прохождение в парламент. Голландский политолог Руди Андевег подчеркивает, что пропорциональная избирательная система и многопартийность, характеризующие консенсусную демократию, способствуют подъему крайне правых партий[226]. Выводы о том, что наличие в той или иной стране пропорциональной избирательной системы оказывает положительное влияние на электоральную поддержку крайне правых партий, присутствуют также в других исследованиях[227].

---

[224] Дюверже М. Политические партии. М.: Академический Проект, 2000. С. 278-318.
[225] Ровдо В. Сравнительная политология. Ч.1. Вильнюс: ЕГУ, 2007. С. 135.
[226] Andeweg R.B. Lijphart versus Lijphart: Lijphart versus Lijphart: The Cons of Consensus Democracy in Homogeneous Societies // Acta Politica. 2001. Vol. 36. No. 2. P. 117-128.
[227] См. Golder. Explaining Variation in the Success of Extreme Right Parties in Western Europe; Jackman. Conditions Favouring Parties of the Extreme Right in Western Eu-

Тем не менее, по утверждению Аренда Лейпхарта, «всякое избирательное законодательство, в том числе и пропорциональное, содействует представительству в парламенте крупных, а не мелких партий»[228], в то время как мажоритарная избирательная система сама по себе не приводит к двухпартийности[229]. Следовательно, можно предположить, что мажоритарная система, по крайней мере, не всегда оказывает негативное влияние на электоральную поддержку новых праворадикальных партий, хотя она действительно снижает шансы таких партий на прохождение в парламент. Это особенно заметно на примере Франции, в которой наблюдается высокий электоральной уровень поддержки НФ, однако особенности избирательной системы (двухтуровая мажоритарная система) часто не позволяют партии провести депутатов в Национальное собрание.

На выборах в законодательные органы власти подавляющее большинство европейских стран используют пропорциональную избирательную систему. Исключение составляют лишь Соединенное Королевство и Франция. Отсюда следует, что в контексте данного исследования фактор институциональных возможностей имеет бóльшее отношение к величине электорального порога, т.е. к выраженному в процентном отношении числу голосов, которое необходимо получить партии для получения права участвовать в распределении парламентских мандатов.

Введение электорального порога преследует своей целью недопущение чрезмерной идеологической фрагментации парламента, снижающей потенциал формирования устойчивой правительственной коалиции и препятствующей эффективности его работы. Тезис об отрицательной корреляции между величиной электорального порога и поддержкой праворадикальных партий находит поддержку со стороны некоторых исследователей[230]. Действительно, чем выше электоральный порог, тем меньше шансов пройти в парламент имеют новые партии. Здесь также действуют механический и психологический факторы, выделенные Морисом Дюверже. В силу того, что высокий электоральный порог (выше

rope.

228 Lijphart. Patterns of Democracy. P. 165.

229 Sartori G. The Influence of Electoral Systems: Faulty Laws or Faulty Method? // Electoral Laws and Their Political Consequences / Ed. by B. Grofman, A. Lijphart. New York: Agathon Press, 1986. P. 43-68.

230 Golder. Explaining Variation in the Success of Extreme Right Parties in Western Europe; Jackman. Conditions Favouring Parties of the Extreme Right in Western Europe.

5%) снижает шансы небольших партий, избиратели могут прийти к заключению, что новая партия (например, новая праворадикальная) не наберет необходимое количество голосов для прохождения в парламент, и проголосуют за «меньшее зло», выбирая из нескольких традиционных и/или более крупных партий.

С другой стороны, положение о том, что низкий избирательный порог (ниже 3%) благоприятствует электоральному успеху новых праворадикальных партий, не всегда находит эмпирическое подтверждение. Например, в Португалии и Норвегии отсутствует формальный электоральный порог, однако в Португалии крайне правые партии пользуются низкой электоральной поддержкой, в то время как в Норвегии – очень высокой. В целом исследователи сходятся во мнении, что величина электорального порога и тип избирательной системы действительно оказывают некоторое влияние на электоральный успех крайне правых партий[231], однако недостаточно способствуют пониманию того, почему в различных странах праворадикальные партии имеют различную поддержку со стороны электората[232].

Суммируя вышесказанное в отношении фактора институциональных возможностей, будет справедливым сделать несколько выводов. Во-первых, применение мажоритарной избирательной системы и использование высокого электорального порога в рамках пропорциональной системы могут оказывать негативное влияние на возникновение новых партий. Важно отметить, что подобное влияние возможно лишь в том случае, если другие причины не окажутся более весомыми для избирателей, электоральный выбор которых сдерживается психологическим фактором[233]. Во-вторых, низкий электоральный порог сам по себе не способствует электоральному успеху партий на этапе их возникновения и выхода на политический рынок. В-третьих, ни мажоритарная избирательная система, ни пропорциональная система с низким электоральным порогом не оказывают значительного влияния на уровень поддержки крайне правых партий после их возникновения и подъема.

[231] Carter. The Extreme Right in Western Europe. P. 195; Kitschelt. The Radical Right in Western Europe. P. 58.

[232] Mudde. Populist Radical Right Parties in Europe. P. 234.

[233] Carter. The Extreme Right in Western Europe. P. 161.

Особенности политической культуры. Особенности политической культуры являются важнейшим фактором структуры политических возможностей. Данный фактор предполагает, что сложившаяся в той или иной стране политическая культура может способствовать возникновению, подъему, а также дальнейшей поддержке праворадикальных партий[234]. Понятие политической культуры получило глубокое концептуальное осмысление в работах Габриэля Алмонда и Сидни Вербы. По их мнению, политическая культура – это совокупность политических ориентаций, т.е. позиций относительно политической системы и ее разных частей (социальных объектов и процессов), а также позиций относительно собственной роли в этой системе[235]. Учитывая тот факт, что политическая культура является многоуровневым социально-историческим явлением, в контексте настоящего исследования предлагается сузить данное понятие. Во-первых, из трех уровней политической культуры, выделенных Габриэлем Алмондом и Джорджем Пауэллом, в данной работе рассматривается только уровень политической системы, в рамках которого важную роль играют «взгляды граждан и политических лидеров на те ценности и организации, которые составляют политическую систему»[236]. К ним относятся, прежде всего, такие политические институты как государственный аппарат и политические партии, а также национальное сообщество и национальная идентичность. Во-вторых, в данном исследовании понятие политической культуры интерпретируется как такая совокупность позиций, которая, вследствие определенных исторических событий и/или установившихся политических традиций, оказывает то или иное влияние на легитимацию партийного правого радикализма в качестве законного участника политического процесса.

Значимость наличия соответствующей политической культуры как предварительного условия политического успеха часто отмечается правыми политиками. Так, главной целью европейских «Новых правых» – сети культурных, образовательных и научных центров – является подготовка к установлению пост-либерального порядка путем «разработки но-

[234] Eatwell. Ten Theories of the Extreme Right. P. 62; Mudde. Populist Radical Right Parties in Europe. P. 244.

[235] Almond G.A., Verba S. The Civic Culture: Political Attitudes and Democracy in Five Nations. Newbury Park: Sage Publications, 1989. P. 12.

[236] Almond, Powell. Comparative Politics Today. P. 41.

вой правой культуры», которая заключается в «изменениях в области идей и сознания»[237], пересмотре и трансформации тех политико-культурных ценностей, которые конфликтуют с крайне правым культурным проектом. Европейские «Новые правые» пытаются реализовать на практике теорию Антонио Грамши о культурной гегемонии. Эта теория подразумевает, что в демократических государствах завоевать политическую власть можно лишь путем установления культурной гегемонии, которая достигается с помощью постепенного изменения мнений и настроений членов общества, осуществляемого средствами культурной пропаганды[238].

Основной проблемой, связанной с политической культурой, является установление тех исторических событий и/или политических традиций, которые могут оказывать положительное влияние на электоральные результаты новых праворадикальных партий. Основными причинами, обусловливающими наличие соответствующей политической культуры, можно считать: 1) административный коллаборационизм с нацистской Германией в период до и/или во время Второй мировой войны, 2) наличие предшествующих националистических организаций, 3) пропагандистская деятельность «Новых правых», 4) наличие авторитетной религиозно-националистической культуры и 5) антикоммунистический исторический ревизионизм. Рассмотрим подробнее каждую из этих причин.

1. Существует мнение, что новые праворадикальные партии являются особенно успешными в тех европейских странах, которые на административном уровне сотрудничали с нацистской Германией до и/или во время Второй мировой войны[239]. Данный тезис справедлив для Австрии, Италии, Румынии, Словакии, Франции и Хорватии, правительства которых открыто сотрудничали с нацистами и в которых современные крайне правые партии пользуются высокой (5-10%% голосов) и очень высокой (свыше 10%) поддержкой. Тезис об административном коллаборационизме отчасти справедлив для Венгрии, в которой наблюдается средний

[237] Кабешев Р.В. «Новые правые» на марше: Франция... далее везде? Н. Новгород: Издательство ИСИ ННГУ, 1999. С. 27.

[238] Грамши А. Избранные произведения. М.: Политиздат, 1980. О теории Грамши также см. Adamson W.L. Hegemony and Revolution: A Study of Antonio Gramsci's Political and Cultural Theory. Berkeley: University of California Press, 1980.

[239] Mudde. Populist Radical Right Parties in Europe. P. 245.

(3-5%%) уровень поддержки праворадикальных партий. С другой стороны, в Испании и Португалии, в которых диктаторы Франсиско Франко и Антониу ди Салазар сотрудничали с Третьим Рейхом, релевантные крайне правые партии в настоящее время вообще отсутствуют. Однако это расхождение не следует абсолютизировать, т.к. политико-культурные факторы могут оказывать как позитивное, так и негативное влияние на легитимацию правого радикализма. Ниже будет показано, что случай с Испанией и Португалией следует рассматривать именно через призму второй группы политико-культурных факторов.

В целом положение о связи между административным коллаборационизмом с нацистской Германией и поддержкой современных партий подтверждается эмпирическими наблюдениями, однако в научной литературе отсутствует концептуальная интерпретация данного тезиса. Главным затруднением, связанным с его теоретическим осмыслением, является то, что между коллаборационистскими режимами и новыми праворадикальными партиями не существует какой-либо преемственности. Как справедливо отмечает Кас Мудде, связь между коллаборационизмом и поддержкой правых радикалов является не прямой, а косвенной[240]. Представляется обоснованным предположить, что в странах, имеющих опыт сотрудничества с Третьим Рейхом, правый радикализм получает политическую легитимацию в силу того, что определенная часть общества считает такое сотрудничество нормальным актом властей, направленным на минимизацию потерь со стороны мирного населения. В таких странах обычно высоко развиты ревизионистские общественно-политические субкультуры, стремящиеся демонизировать коммунизм и представить добровольное сотрудничество с нацистами в качестве естественной попытки предотвратить установление прокоммунистических режимов. Благодаря тому, что коллаборационистские режимы, будучи в сущности праворадикальными, воспринимаются частью населения как нормальная и естественная реакция на события Второй мировой войны, новые праворадикальные партии получают некоторое преимущество в политико-культурной сфере и считаются нормальным элементом политической системы государства.

2. Тезис о косвенной связи между административным коллаборацио-

[240] Там же.

низмом и поддержкой современных крайне правых партий является, прежде всего, справедливым для тех стран, где были установлены коллаборационистские режимы. Однако существует значительное количество европейских государств, в которых новые праворадикальные партии обладают сильной поддержкой со стороны общества, но которые не имеют опыт сотрудничества с нацистской Германией. В связи с этим возникает схожий тезис, который ориентирует ученых на определение роли предшествующих националистических организаций в формировании политической культуры, благоприятствующей современным крайне правым партиям. На основе анализа западноевропейских стран Дэвид Арт пришел к выводу, что успех современных праворадикальных партий в той или иной стране отчасти обусловлен тем, что ранее в ней уже существовали мощные движения и партии националистического толка. Наличие предшествующих националистических организаций позволяет современным праворадикальным партиям представить себя в качестве их преемников, а не в качестве новых политических субъектов, которым только предстоит завоевать доверие избирателей[241]. В этом случае избиратели рассматривают новые праворадикальные партии как часть уже сложившейся политической традиции, занимающей законное место в политической системе[242]. По всей видимости, именно наличие националистической традиции, а не факт коллаборационизма в годы Второй мировой войны, отчасти объясняет высокий уровень поддержки «Национального фронта» во Франции, в которой еще в XIX веке появились крайне правые движения. В свою очередь, отсутствие ярко выраженных националистических традиций ведет к тому, что попытки создания сильных праворадикальных партий зачастую оказываются безуспешными[243].

К содержанию данного тезиса можно также отнести те партии, подъем которых произошел до того, как они стали праворадикальными. Это особенно справедливо в отношении Австрии, Норвегии и Швейцарии. АПС была основана в 1956 году на позициях национал-либерализма и долгое время оставалась третьей партией в стране по уровню электоральной поддержки. Однако после того как в 1986 году лидером партии

241 Art D. The Organizational Origins of the Contemporary Radical Right: The Case of Belgium // Comparative Politics. 2008. Vol. 40. No. 4. P. 421-440.
242 Eatwell. Ten Theories of the Extreme Right. P. 62.
243 Минкенберг. Новый правый радикализм в сопоставлении. С. 26.

стал Йорг Хайдер, АПС перешла на праворадикальные позиции, причем уровень избирательской поддержки партии не только сохранился, но и повысился. В Норвегии и Швейцарии Партия прогресса и Швейцарская народная партия (*нем.* Schweizerische Volkspartei), были основаны в 1970-х гг., но, так же, как и АПС, встали на крайне правые позиции в 1980-х гг. К моменту праворадикального сдвига они уже были известны избирателям и занимали легитимное место в политико-культурном пространстве своих стран.

3. Михаэль Минкенберг предлагает обратить внимание на то влияние, которое оказывает на политическую культуру пропагандистская деятельность европейских «Новых правых»[244]. Европейские «Новые правые» стремятся к тому, чтобы изменить, трансформировать политико-культурные ценности, конфликтующие с крайне правым культурным проектом, который они пытаются реализовать. Идеологи «Новых правых» утверждают, что они не имеют политических целей, но стремятся оказывать влияние на «общественный консенсус» путем организации коллоквиумов, конференций, научных и культурных дебатов, публикации журналов, направленных на распространение «новых правых идей»[245].

Действительно, существуют объективные предпосылки для того, чтобы считать пропагандистскую деятельность европейских «Новых правых» относительно успешной. Например, наиболее авторитетная организация европейских «Новых правых», «Группа исследования и изучения европейской цивилизации» (*фр.* Groupement de recherche et d'études pour la civilisation européenne, ГРЕСЕ), была основана в 1968 году, и в настоящее время общественный статус организации «столь высок, что ее можно считать составной частью мейнстримной политической и интеллектуальной культуры Франции»[246]. Однако, влияние европейских «Новых правых» не следует переоценивать. Только в пяти европейских странах – в Италии, ФРГ, Франции, Бельгии и России – наличествуют организованные движения «Новых правых», и только в трех из них эти

244 Minkenberg. Die neue radikale Rechte im Vergleich.

245 Кабешев. «Новые правые» на марше. С. 27-28.

246 Гриффин Р. От слизевиков к ризоме: введение в теорию группускулярной правой // Верхи и низы русского национализма / Сост. А.М. Верховский. М.: Информационно-аналитический центр «Сова», 2007. С. 223-254. http://www.shekhovtsov.org/translations/Roger_Griffin-from_Slime_Mould_to_Rhizome.pdf.

движения (ГРЕСЕ во Франции, «Европейские синергии» в Бельгии и «Международное евразийское движение» в России[247]) обладают относительным весом в политико-культурном пространстве. Кроме того, все указанные пять стран имеют сильные националистические традиции и скорее всего именно они, а не пропагандистская деятельность «Новых правых», обусловливают наличие политической культуры (за исключением ФРГ), благоприятствующей правому радикализму.

4. В ряде бывших социалистических государств Восточной и Южной Европы религиозно-националистические субкультуры получили распространение задолго до появления крайне правых партий. Возникновение этих субкультур можно отчасти объяснить тем, что схожие по этническому составу восточно- и южноевропейские народы зачастую устанавливали различия между собой по религиозному признаку, отождествляя национальную и религиозную идентичности. Это стало особенно очевидно к началу распада социалистического лагеря и, впоследствии, СССР, когда религия стала играть все возрастающую роль в возрождении национальной идентичности восточноевропейских народов[248]. В тех странах, где религия играла и по-прежнему играет важную роль в политической культуре, национализм – на уровне движений или политических партий – является ее легитимным элементом, что благоприятствует возникновению и функционированию новых праворадикальных партий.

5. На протяжении всей истории СССР в некоторых союзных республиках, а также ряде социалистических стран Восточной Европы, существовали нелегальные движения, находившиеся в радикальной оппозиции к существовавшим прокоммунистическим режимам. Зачастую эти движения стояли на националистических позициях и – так же как и в случае с ревизионистской реабилитацией коллаборационизма в годы

247 Bar-On T. Where Have All the Fascists Gone? Aldershot: Ashgate, 2007; Shekhovtsov A. The Palingenetic Thrust of Russian Neo-Eurasianism: Ideas of Rebirth in Aleksandr Dugin's Worldview // Totalitarian Movements and Political Religions. 2008. Vol. 9. No. 4. P. 491-506; он же. Aleksandr Dugin's Neo-Eurasianism: The New Right *à la Russe* // Religion Compass. 2009. Vol. 3. No. 4. P. 697-716; Умланд А. Формирование фашистского «неоевразийского» интеллектуального движения в России: путь Александра Дугина от маргинального экстремиста до идеолога постсоветской академической и политической элиты, 1989-2001 гг. // Ab Imperio. 2003. № 3. С. 289-304.

248 Juergensmeyer M. The New Cold War? Religious Nationalism Confronts the Secular State. Berkeley: University of California Press, 1993. P. 133.

Второй мировой войны – стремились демонизировать коммунизм и оправдать с морально-нравственной стороны любые политические силы, выступавшие против прокоммунистических режимов. Учитывая то обстоятельство, что противостояние между странами гитлеровской коалиции и СССР было наиболее острым конфликтом с коммунизмом в XX веке, разновидности ультранационалистических идеологий также получали частичное оправдание в рамках отдельных восточноевропейских субкультур. После распада социалистического лагеря и СССР участники этих националистических субкультур не только перешли на легальное положение, но и приобрели статус принципиальных оппозиционеров утратившему свой моральный авторитет коммунистическому строю. Впоследствии их мировоззренческие установки заняли легитимное место в политической культуре пост-социалистических и, в частности, пост-советских государств, что обусловило политико-культурную приемлемость правого радикализма.

На основе обзора основных причин, которые обусловливают наличие политической культуры, благоприятствующей функционированию новых праворадикальных партий, можно сделать вывод, что не существует единого фактора, который был бы справедлив для всех европейских государств. Все факторы в той или иной мере воздействуют на политическую культуру европейских стран, однако в каждом конкретном случае решающее значение будут играть различные факторы, а зачастую – уникальные сочетания нескольких факторов.

Помимо причин, оказывающих позитивное влияние на формирование благоприятного для современных крайне правых партий политико-культурного фона, существуют также факторы, оказывающее обратное влияние. Основными из них являются: 1) традиции антифашизма, 2) традиции толерантности и 3) «культура раскаяния».

1. В отдельных европейских странах политическая культура находится под глубоким влиянием политических традиций антифашизма. Эти традиции имеют различные источники, но их общим основанием является историческое противостояние с нацистской Германией и странами гитлеровской коалиции. Традиции антифашизма особенно сильны в Соединенном Королевстве[249], Испании, Португалии, Греции и ряде бывших

[249] Eatwell. Ten Theories of the Extreme Right. P. 62. Подробнее см. Copsey N. Anti-

республик СССР. В отношении России Александр Галкин говорит об «устойчивом иммунитете к фашизму», «сильной отторгающей реакции на все то, что было (или могло быть) связано с фашизмом». Однако, как подчеркивает исследователь, «фашистский иммунитет» не бывает абсолютным и может быть ослаблен из-за временного и других факторов[250]. В Испании, Португалии и Греции «фашистский иммунитет» остается особенно сильным, т.к. правоавторитарные режимы в них были свергнуты только в середине 1970-х гг. Элементы глубоких антифашистских традиций существуют во всех странах, в которых во время Второй мировой войны функционировали мощные, опирающиеся на массовую поддержку гражданского населения движения сопротивления, однако не во всех странах эти элементы имеют формирующее значение для политической культуры и со временем они могут ослабевать. На ослабление антифашистских традиций также оказывает серьезное влияние общественно-политические кризисы и войны. Например, отчасти именно по этим причинам в Сербии, известной мощным сопротивлением Третьему Рейху, в настоящее время крайне правая Сербская радикальная партия получает значительную поддержку со стороны сербского общества.

2. Традиции толерантности к лицам другой национальности и/или иной религиозной принадлежности обычно являются частью политической культуры тех европейских стран, которые вплоть до XX века имели колонии на Африканском континенте и в Азии. Многие выходцы из стран-колоний становились гражданами стран-колонизаторов и интегрировались в общество, сохраняя отдельные национальные и религиозные особенности, что способствовало развитию толерантности по отношению к представителям иных этнических и религиозных групп. К странам, в которых традиции толерантности играют важную роль в политической культуре, относятся Нидерланды, Соединенное Королевство, Испания, Португалия и Бельгия.

Fascism in Britain. Houndmills/New York: Palgrave, 2000.

250 Галкин. Размышления о политике и политической науке. С. 155. В настоящее время традиции антифашизма в России крайне слабы, а ультранационалистические движения и организации находятся на подъеме, см. Кожевникова Г., Шеховцов А. и др. Радикальный русский национализм. Структуры, идеи, лица / Сост.: А. Верховский, Г. Кожевникова. М.: Информационно-аналитический центр «СОВА», 2009.

3. «Культура раскаяния» является специфическим фактором, оказывающим значительное влияние на развитие политической культуры, препятствующей функционированию новых праворадикальных партий в ФРГ. До начала Второй мировой войны политическая культура Германии была схожа с политической культурой Франции и Италии и являлась крайне благоприятной для развития ультранационалистических движений. Тем не менее, как справедливо отмечают Габриэль Алмонд и Джордж Пауэлл, «политические культуры часто подвергаются радикальной трансформации в результате войн и революций»[251]. После победы над гитлеровской коалицией в 1945 году и признания Германии виновной стороной в развязывании Второй мировой войны политическое руководство СССР, США, Соединенного Королевства и Франции, а впоследствии и политические элиты обоих германских государств (ГДР и ФРГ) приняли решение о сознательном изменении политических ценностей немецкого народа (денацификация), чтобы сделать политическую культуру этих государств менее благоприятной для возникновения праворадикальных движений и партий. Более того, в 1980-х годах левые политические силы ФРГ разработали морально-нравственную концепцию, в соответствии с которой память о преступлениях германского нацизма должна стать вечным долгом всех немцев. Разработка данной концепции стала началом возникновения в ФРГ «политической культуры раскаяния», которая к середине 1990-х гг. стала единой политической традицией для левых и умеренно-консервативных сил объединенной Германии[252]. Наличие «культуры раскаяния» является серьезным препятствием для функционирования современных крайне правых партий, однако такой тип культуры характерен только для ФРГ.

[251] Almond, Powell. Comparative Politics Today. P. 35.

[252] Art D. The Politics of the Nazi Past in Germany and Austria. New York: Cambridge University Press, 2006. P. 51.

Глава 6
Политическое предложение

Внутренние ресурсы крайне правых партий призваны создавать благоприятные условия для успешного участия партий в конкурентной борьбе за обладание политической властью. К этим ресурсам относятся: 1) партийная идеология, 2) внутренняя организация партии и 3) наличие харизматического лидера.

Партийная идеология. Многие ученые придерживаются мнения, что идеология новых праворадикальных партий является важным фактором их электорального успеха[253]. В дискуссии о значимости партийной идеологии выделяются две основные проблемы: степень политического радикализма и экономические позиции современных крайне правых партий. Рассмотрим эти проблемы подробнее.

Существует мнение, что чем умереннее идеология партии, тем больше у нее шансов получить поддержку избирателей. По мнению Роджера Гриффина, именно отказ современных крайне правых партий от революционно-националистической риторики фашистских организаций позволил им сохранить электоральную привлекательность[254]. Схожее мнение разделяет Михаэль Минкенберг: «праворадикальные партии и движения сильнее всего в тех странах, где им удалось... модернизировать собственную идеологию и политическую стратегию (отказаться, например, от фашизма и неприкрытого расизма)»[255]. Элизабет Картер, которая выделила в своем исследовании пять типов крайне правых партий – неонацистские, неофашистские, авторитарные ксенофобские, неолиберальные ксенофобские и неолиберальные популистские – сделала попытку скорректировать данный тезис. По ее мнению, умеренная идеология крайне правых партий трех последних типов сама по себе не гарантирует им электоральный успех, однако партии, придерживающиеся неофашистско-

---

[253] Betz. The Growing Threat of the Radical Right; Carter. The Extreme Right in Western Europe; Kitschelt. The Radical Right in Western Europe; Taggart. New Populist Parties in Western Europe.

[254] Гриффин. От слизевиков к ризоме. С. 239.

[255] Минкенберг. Новый правый радикализм в сопоставлении. С. 27.

го или неонацистского мировоззрения, никогда не смогут заручиться необходимой поддержкой избирателей для прохождения в законодательные органы западноевропейских государств[256]. Вне всяких сомнений, эти выводы также справедливы в отношении иных европейских стран.

Неофашистские партии, которые полностью отвергают демократический строй, парламентаризм и политический плюрализм, в настоящее время не способны получить достаточную поддержку со стороны общества. Вследствие того, что для их идеологии характерен открытый революционный ультранационализм, вокруг партий выстраивается так называемый «санитарный кордон», из-за которого неофашистские партии лишаются многих преимуществ зарегистрированных политических организаций. Например, они лишены возможности пропагандировать свою политическую программу через официальные СМИ, проводить встречи с потенциальными избирателями, участвовать в дискуссиях и дебатах со своими политическими оппонентами и т.д. Более того, неофашистские партии не могут зарегистрироваться для участия в парламентских выборах, а иногда они вообще лишаются законного статуса, что выводит их за рамки политической системы. Крайне негативные последствия идеологической радикализации вынуждают многие партии – по крайней мере, на официальном уровне – смягчать свою националистическую риторику и адаптироваться к существующей политической системе[257]. Так, в идеологии современных крайне правых партий дискредитированный биологический расизм уступает место новому культурному расизму[258], а воинствующий национализм – идеям этнократии.

Тем не менее, существует, по меньшей мере, две серьезные проблемы, связанные с действием идеологического фактора. Во-первых, фактор партийной идеологии может считаться ключевым для оценки вероятности прохождения в парламент неофашистских партий, но, если в анализ включены только новые праворадикальные партии, не являющиеся неофашистскими или же экстремистскими, возникает вопрос о справедливости сопоставления различной степени идеологической умерен-

256 Carter. The Extreme Right in Western Europe. P. 61.

257 Минкенберг. Новый правый радикализм в сопоставлении. С. 27; Dézé. Between Adaptation, Differentiation and Distinction.

258 Майлз Р., Браун М. Расизм. М.: РОССПЕН, 2004; Шнирельман. Этничность, цивилизационный подход, «право на самобытность» и «Новый расизм».

ности с различными уровнями электоральной поддержки этих партий. Во-вторых, современные крайне правые партии в Восточной Европе являются идеологически более радикальными, чем в Западной Европе. Тем не менее, сравнительно высокий уровень радикализма не является препятствием для прохождения представителей восточноевропейских крайне правых партий в национальные парламенты. Этот факт ставит под сомнение существование универсальных критериев идеологической умеренности, которые были бы одинаково справедливы для всех европейских стран.

Учитывая эти проблемы, можно сделать вывод, что тезис об идеологической умеренности современных крайне правых партий имеет ограниченную объяснительную силу: он справедлив при анализе неодинакового уровня электоральных успехов неофашистских партий по сравнению с новыми праворадикальными партиями, однако малоэффективен при сравнении только новых праворадикальных партий.

Среди исследователей отсутствует консенсус в отношении того, существует ли взаимосвязь между экономической ориентацией современных крайне правых партий и уровнем их электоральной поддержки. В дискуссии по данному вопросу можно выделить два основных мнения. Первая точка зрения представлена учеными, которые считают, что электорально успешные новые праворадикальные партии занимают в идеологическом поле партийной системы (см. Рисунок 2) не только правые политические позиции на оси «Либертарианство – Авторитаризм», но и правые экономические позиции на оси «Социализм – Капитализм».

«Победная формула» Герберта Китшельта включает в себя положение о том, что новые праворадикальные партии будут успешны в развитых демократических странах только в том случае, если они разделяют либерально-рыночные экономические взгляды[259]. В своей ранней работе о современных крайне правых партиях Ханс-Георг Бетц также утверждал, что одним из основных идеологических элементов наиболее сильных и авторитетных крайне правых партий является их приверженность неолиберальной экономической философии и критика системы социального обеспечения в капиталистических странах[260]. Однако одной из

[259] Kitschelt. The Radical Right in Western Europe.
[260] Betz. Radical Right-Wing Populism in Western Europe.

крупнейших социальных групп, поддерживающих новые праворадикальные партии, являются промышленные и малоквалифицированные рабочие, которые, по всей видимости, меньше всех преданы идеалам свободного рынка и экономической глобализации, представляющим угрозу их социальному положению. В более поздних работах Герберт Китшельт попытался решить данное несоответствие, предположив, что либерально-рыночные взгляды были особенно важны для электорального успеха новых праворадикальных партий только в 1980-х гг., а в 1990-х гг. они стали придавать меньшее значение идеям неолиберализма, хотя в качестве экономической ориентации они по-прежнему остаются центральными для них. Он также выдвинул предположение, что для крайне правых партий было чрезвычайно важно представить свои неолиберальные взгляды как малозначащие перед работниками физического труда, чтобы сохранить их поддержку[261].

В свою очередь, Бетц также допустил, что лозунги экономического либерализма были в большей степени актуальны для новых праворадикальных партий в 1980-х гг. Однако в отличие от Китшельта он признал, что в настоящее время экономические позиции либо перестали играть в идеологии правых радикалов центральную роль, либо были модифицированы путем смещения акцентов с неолиберализма к экономическому национализму[262].

Данное положение является фактически второй точкой зрения на проблему взаимосвязи между экономической ориентацией современных крайне правых партий и уровнем их электоральной поддержки. Она подразумевает, что в идеологическом поле партийной системы электорально успешные праворадикальные партии могут занимать любые позиции на оси «Социализм – Капитализм». Другими словами, современные идеологи крайне правых партий могут являться как сторонниками капитализма, так и приверженцами экономического национализма, однако их экономические воззрения в целом не влияют на поддержку избирателей.

Как показывают исследования идеологии новых праворадикальных

---

[261] Kitschelt H. Growth and Persistence of the Radical Right in Postindustrial Democracies: Advances and Challenges in Comparative Research // West European Politics. 2007. Vol. 30. No. 5. P. 1182.

[262] Betz. The Growing Threat of the Radical Right. P. 77.

партий[263], экономические ориентации играют второстепенную роль для новых праворадикальных партий: поддержка или реализация той или иной экономической системы не является для них самоцелью, но служит лишь инструментом для осуществления политических программ, направленных на построение этнически или этнокультурно однородного общества.

В настоящей работе используется дифференцированный подход к анализу взаимосвязи между партийной идеологией и избирательской поддержкой современных крайне правых партий. Этот подход основывается на различении двух уровней партийной идеологии: «эзотерического» и «экзотерического». «Эзотерический» уровень партийной идеологии известен только лидерам и самым преданным сторонникам партии и может обсуждаться лишь на закрытых совещаниях. В свою очередь, «экзотерический» уровень является публичной интерпретацией идеологии и находит выражение в партийных манифестах, предвыборных программах, официальных заявлениях в СМИ и различных видах агитационной литературы. «Экзотерический» уровень является приоритетным при анализе идеологии как фактора электоральной поддержки современных крайне правых: именно от эффективности партии в разработке «экзотерического» уровня идеологии зависит ее способность сформировать внятный образ, оценивая который избиратели выносят суждение о партии во время электорального процесса.

Если на «эзотерическом» уровне партийная идеология является тем политическим мировоззрением, которое в действительности разделяется лидерами партии, то на «экзотерическом уровне» идеология является набором ответов или реакций на те обстоятельства в окружении политической системы, которые порождают разнообразные требования, предъявляемые обществом к властным институтам. К таким обстоятельствам можно отнести факторы политического спроса на современные крайне правые партии, которые были рассмотрены в Главе 4. Например, наличие значительного количества иностранных граждан или лиц без гражданства на территории того или иного государства не может служить гарантией электоральной поддержки новых праворадикальных партий. Для того

263 Ignazi. Extreme Right Parties in Western Europe; Mudde. The Ideology of the Extreme Right.

чтобы воспользоваться этим фактором политического спроса, лидеры новых праворадикальных партий должны привлечь внимание потенциальных избирателей к этой проблеме, внушить им с помощью своего пропагандистского аппарата, что, например, мигранты представляют угрозу для «коренного населения», и убедить электорат в том, что только их партия сможет проводить курс, направленный на действенный контроль миграционных потоков. Более того, если «экзотерический» уровень идеологии разработан достаточно эффективно, то крайне правые партии могут воспользоваться фактором враждебности к «Другому» даже при наличии незначительного количества иностранных граждан или представителей этнических меньшинств в той или иной стране. В этом случае лидеры праворадикальных партий искусственно создают проблему или значительно преувеличивают ее с целью получения политической выгоды. Подобным образом крайне правые партии могут эксплуатировать протестные настроения граждан, а также их страх перед общественной изоляцией и отчуждением, потерей социального положения и утратой экономической безопасности. В рамках предложенного подхода экономическая составляющая «экзотерического» уровня партийной идеологии рассматривается как ситуативная. Ее содержание может быть либо амбивалентным и нечетким для привлечения электоральной поддержки со стороны всех классов, либо предельно конкретным с целью максимизации поддержки со стороны отдельных социальных групп.

Внутренняя организация партии. Влияние фактора внутрипартийной организации на электоральные успехи новых праворадикальных партий признается большей частью исследователей[264]. В целом тезис о влиянии данного фактора подразумевает, что чем более организованной является партия, тем значительнее ее успехи на выборах. Вне всяких сомнений, этот тезис справедлив для всех партий, а не только для новых праворадикальных.

Впервые проблема партийной организации была концептуализирована Морисом Дюверже, который положил в основу своего подхода к

[264] Например, см. Art. The Organizational Origins of the Contemporary Radical Right; Betz. Introduction; Carter. The Extreme Right in Western Europe; Mudde. Populist Radical Right Parties in Europe; Norris. Radical Right.

классификации партий исследование их структуры, вытекающей из условий происхождения партий и их дальнейшей деятельности[265]. По его мнению, «в современных партиях инфраструктура имеет огромное значение: она устанавливает общие рамки деятельности их членов, предписывает форму их связи между собой; она определяет способ отбора руководителей и их полномочия. Она зачастую объясняет, почему одни партии сильны и добиваются успеха, а другие слабы и недееспособны»[266]. Партии с сильной организационной структурой пользуются авторитетом среди избирателей и имеют значительные преимущества перед партиями, которые не обладают подобными структурными качествами.

В целях анализа влияния, которое оказывает фактор внутренней организации новых праворадикальных партий на их электоральный успех, автор выделяет три основные проблемы, связанные с внутренней организацией партии: наличие рядовых членов партии, представленность в регионах и единство партии.

Новые праворадикальные партии обычно имеют ограниченное финансирование, которое зачастую не позволяет им пользоваться услугами политических технологов и профессиональных агитационных сетей. Вследствие этого, выполнение задач по мобилизации потенциальных избирателей ложится на рядовых членов партии и партийные ячейки, которые, таким образом, являются главным инструментом электоральной политики крайне правых. Именно они реализовывают наиболее результативную предвыборную стратегию, которая заключается в проведении телефонной и электронной агитации, сплошных и выборочных обходов квартир, организации пикетов, обеспечении работы партийных Интернет-ресурсов, расклейке листовок и плакатов, поддержке партийных лидеров во время встреч с избирателями и т.д. Учитывая то, что самым эффективным способом мобилизации электората является индивидуальная пропаганда, будет обоснованным предположить, что чем бóльшим количеством рядовых членов обладает партия, тем выше уровень поддержки избирателей.

Проведение эффективной электоральной политики требует от партии не только наличия рядовых членов и ячеек как таковых, но и их при-

[265] Дюверже. Политические партии. С. 41-260.
[266] Там же. С. 45-46.

сутствия в максимальном количестве регионов. Чем лучше партия представлена в регионах, тем выше вероятность того, что она сможет сформировать партийные списки в каждом из избирательных округов. Партии с низкой представленностью в регионах могут сконцентрировать свои усилия на формировании списков в отдельных округах, однако способность партии представить своих кандидатов во всех округах оказывает значительное позитивное влияние на конечный результат[267].

Поддержание единства партии считается важнейшим условием проведения успешной электоральной политики. Несмотря на то, что фракционность партии сама по себе не оказывает негативное воздействие на электоральные результаты[268], она может привести к расколу внутри партии, результатом которого становится потеря голосов либо прекращение существования партии как политической организации.

Все три указанные проблемы являются наиболее актуальными для современных крайне правых партий, а также для всех новых партий, находящихся – в отличие от традиционных партий – на начальных этапах институализации и установления баланса между идеологической и прагматической составляющими партийного функционирования. В целях решения этих проблем, т.е. укрепления и развития партийной инфраструктуры новые праворадикальные партии особым образом выстраивают свою организацию. Обычно праворадикальные партии представляют собой небольшие организации, которые, тем не менее, являются – в терминах Мориса Дюверже – партиями сильной структуры, характеризующимися жесткой соподчиненностью, большой иерархичностью и централизацией руководства. Новым праворадикальным партиям также свойственна строгая дисциплина и вертикальные связи, механизм работы которых является эффективным средством для поддержания единства и сплоченности партии.

Ряд исследователей считает, что наличие развитой инфраструктуры не является обязательным для начального электорального прорыва новых праворадикальных партий[269]. Это положение подтверждается примерами первоначальных успехов НСА, СПФ, ЛПС и других партий, воз-

[267] Art. The Organizational Origins of the Contemporary Radical Right. P. 423.

[268] Carter. The Extreme Right in Western Europe. P. 99.

[269] Например, см. Art. The Organizational Origins of the Contemporary Radical Right. P. 423-424; Mudde. Populist Radical Right Parties in Europe. P. 265.

никших за несколько месяцев до парламентских выборов, на которых они получили значительное количество голосов. Эмпирические наблюдения показывают, что сильная организационная структура особенно важна для современных крайне правых партий уже после того, как их представители впервые прошли в парламент. Первоначальный электоральный успех зачастую становится причиной возникновения конфликтующих фракций и внутрипартийных споров, преимущественно в тех ситуациях, когда в партии отсутствует признанный всеми лидер.

Несмотря на то, что первые электоральные успехи той или иной праворадикальной партии возможны без наличия сильной внутренней организации, она является обязательной для дальнейшего функционирования партии. Согласно результатам исследования Элизабет Картер, в рамках анализа неодинакового уровня избирательской поддержки новых праворадикальных партий в различных европейских странах объяснительный потенциал данного фактора составляет примерно 44%[270]. Суммируя вышесказанное, можно сделать вывод, что фактор внутренней организации партии является одной из ключевых независимых переменных, которая в сочетании с другими факторами оказывает непосредственное влияние на электоральные успехи крайне правых партий.

Наличие харизматического лидера. Последним из рассматриваемых факторов политического предложения является фактор наличия у новых праворадикальных партий харизматического лидера. В научный лексикон понятие харизмы было впервые введено Максом Вебером, который выделял три типа политического лидерства (господства): легальное, традиционное и харизматическое. По его мнению, харизмой следует считать

> качество личности, признаваемое необычайным, благодаря которому она оценивается как одаренная сверхъестественными, сверхчеловеческими или, по меньшей мере, особыми силами и свойствами, не доступными другим людям[271].

---

[270] Carter. The Extreme Right in Western Europe. P. 99.
[271] Вебер М. Типы господства. Харизматическое господство. http://www.humanities.edu.ru/db/msg/5768.

Отдельные ученые считают, что новые праворадикальные партии, во главе которых стоят харизматические лидеры (например, лидер французского НФ Жан-Мари Ле Пен), являются харизматическими партиями[272]. Понятие «харизматические партии» было концептуализировано Анджело Панебьянко, который считал их полным симбиозом между лидером и партийной организацией[273]. Как показывает исследователь, харизматические партии характеризуются следующими признаками:

1. Они представляют собой объединения, которые сплачивает лояльность по отношению к лидеру.

2. У них отсутствуют бюрократические характеристики.

3. Они являются чрезвычайно централизованными образованиями.

4. Они часто являются средоточием групп и организаций с неопределенными и неясными границами.

5. Вне зависимости от идеологических ориентаций партий, революционная природа харизмы, которая всегда противопоставлена политическому и/или общественному статус-кво, служит объяснением антипартийного характера этих организаций.

Однако нам представляется необоснованным считать те или иные новые праворадикальные партии харизматическими. Несмотря на то, что им действительно свойственна централизация руководства, иерархичность и наличие вертикальных связей, их деятельность носит не революционный, а институализированный характер. Он позволяет им находиться в легитимном политическом пространстве и претендовать на участие в формировании политического курса, что подразумевает наличие определенных бюрократических характеристик. Именно факт институализации тех партий, которые исследователи Ами Педахзур и Аврaам Брихта считают харизматическими, рассматривается ими как парадокс[274], т.к. харизматическая природа политических организаций, по мнению Анджело Панебьянко, препятствует их институализации. В действительности, факт институализации отдельных крайне правых партий может расцениваться как парадоксальный только в том случае, если

[272] Pedahzur A., Brichta A. The Institutionalization of Extreme Right-wing Charismatic Parties: A Paradox? // Party Politics. 2002. Vol. 8. No. 1. P. 31-49.

[273] Panebianco A. Political Parties: Organization and Power. Cambridge: Cambridge University Press, 1988. P. 145.

[274] Pedahzur, Brichta. The Institutionalization of Extreme Right-wing Charismatic Parties.

считать эти партии харизматическими, в первую очередь, на том основании, что в их руководстве наличествуют харизматические лидеры. При этом отождествление харизматических партий с партиями, возглавляемыми харизматическими лидерами, ведет к другому парадоксу: при сравнении крайне правых партий исследователи вынуждены делать ложный вывод о том, что «харизматические» НФ, АПС и СПФ являются более революционными и централизованными, чем «не-харизматические» ЛПС и Немецкий народный союз (*нем.* Deutsche Volksunion). В рамках данного исследования – для того чтобы избежать необоснованных выводов – предлагается не рассматривать новые праворадикальные партии как харизматические. Это положение, тем не менее, не отрицает того факта, что в руководстве институализированных крайне правых партий могут находиться харизматические лидеры, однако их наличие не является неотъемлемой или же обязательной характеристикой праворадикальных партий.

Для того чтобы проанализировать воздействие фактора наличия харизматического лидера на электоральные показатели новых праворадикальных партий, необходимо дать четкое определение понятию «харизматический лидер». Очевидно, что непосредственное использование концепции Макса Вебера в форме идеального типа не представляется возможным: ни члены партии, ни их электорат не считает лидеров крайне правых партий одаренными «сверхъестественными, сверхчеловеческими или... особыми силами и свойствами, не доступными другим людям»[275]. Кроме того, концепция харизматического лидерства была сформулирована Вебером на примере событий прошлого и в настоящее время может считаться эффективной скорее для анализа общественно-политических реалий развивающихся стран, в которых сильна религиозная составляющая легитимации государственного руководства, чем для исследования политических партий современных европейских стран. Исследование нидерландских праворадикальных партий подтверждает, что веберовская концепция харизмы не позволяет результативно использовать фактор харизматического лидерства для объяснения неравномерной поддержки этих партий избирателями[276].

---

[275] Вебер. Типы господства.

[276] Van der Brug W., Mughan A. Charisma, Leader Effects and Support for Right-Wing

В настоящей работе понятие харизматического лидера ограничивается с двух сторон. Во-первых, харизма рассматривается здесь исключительно в секулярном смысле и не имеет отношения ни к возможным религиозным воззрениям харизматических лидеров, ни к степени религиозности избирателей. Во-вторых, харизма понимается как личностное качество, воспринимаемое потенциальными избирателями, а не членами партии: харизма лидера направлена на публичное представление партии и не затрагивает способности партийного руководства к поддержанию внутрипартийной дисциплины и единства партии, которые обсуждались ранее. Будучи ограниченным таким образом, понятие харизматического лидера включает в себя следующие характеристики:

1. Ораторское мастерство и умение создавать благоприятный образ в средствах массовой информации.

2. Чувство особой миссии, связанной с радикальным изменением общественно-политического статус-кво. Объектом радикальных перемен может также быть нация; в этом случае харизматические лидеры используют риторику «спасения» или «возрождения нации».

3. Использование нарративов о жертвенности и борьбе. Харизматические лидеры часто приводят примеры из своей жизни – реальные или вымышленные – когда им приходилось преодолевать трудности или приносить большие жертвы. Подобные нарративы должны убедить потенциальных избирателей в том, что лидер партии способен на самопожертвование ради групповых целей.

4. Противопоставление категорий «друг» и «враг». В своей риторике харизматический лидер всегда указывает на те причины, которые вынуждают прибегать к радикальному изменению статус-кво. Зачастую эти причины отождествляются с той или иной коллективной идентичностью (например, с другой нацией), которая представляется в качестве «врага». В свою очередь категория «друг» отождествляется с той общностью, в защиту которой выступает харизматический лидер.

Харизматический лидер персонифицирует партию: от его способности убедить потенциальных избирателей в том, что они могут доверять лично ему, зависит доверие электората к самой партии, которое при благоприятных условиях может быть трансформировано в электоральную

Populist Parties // Party Politics. 2007. Vol. 13. No. 1. P. 29-51.

поддержку. При этом создание благоприятного образа партийного руководителя, который затем распространяется на публичный образ всей партии, не имеет заранее заданного образца. Например, страдальческий образ, созданный Умберто Босси, харизматическим лидером итальянской «Лиги Севера за независимость Падании» (*ит.* Lega Nord per l'Indipendenza della Padania), рассчитан на распространенные в католической Италии представления об истерзанном теле распятого Христа. А ныне покойный Йорг Хайдер, бывший руководитель АПС и «Альянса за будущее Австрии» (*нем.* Bündnis Zukunft Österreich, АБА), использовал прямо противоположный образ мачо. Несмотря на кардинальные различия, в обоих образах отображаются народные представления о героизме, которые в каждом регионе имеют свои культурные особенности. Эффективность подобных образов доказывается исследованиями феномена харизмы, которые показывают, что «избиратели склонны поддерживать скорее тех кандидатов, которые воспроизводят народные ценности, чем политиков, которые воспринимаются как неудачники»[277].

В целом исследователи сходятся во мнении, что наличие в руководстве новых праворадикальных партий харизматического лидера оказывает положительное влияние на их электоральные показатели[278]. При этом важно отметить, что существуют примеры, когда крайне правые партии добиваются высоких электоральных результатов под руководством лидеров, которых нельзя назвать харизматическими. Однако подобные примеры доказывают лишь то, что наличие харизматического лидера, хотя и представляется благоприятствующим фактором, не является обязательным условием избирательской поддержки. Так, партия АБА, основанная Хайдером после его выхода из АПС, получила примерно в три раза меньше голосов, чем его прежняя партия, несмотря на то, что Хайдер, вне всяких сомнений, являлся харизматическим лидером.

Суммируя вышесказанное, можно сделать вывод, что фактор наличия харизматического лидера является вспомогательным и не имеющим самостоятельной объяснительной силы.

[277] Lubbers. Extreme Right-Wing Voting in Western Europe. P. 352.

[278] Eatwell. Ten Theories of the Extreme Right. P. 65-67; Givens. Voting Radical Right in Western Europe. P. 40-42; Mudde. Populist Radical Right Parties in Europe. P. 260-263.

Глава 7
Объяснительная модель электорального успеха

Как было показано выше, ни отдельные факторы, ни их количественная совокупность не могут служить достаточным объяснением причин электоральной поддержки новых праворадикальных партий. Электоральная поддержка партий данного типа в современных европейских государствах обусловлена специфическим сочетанием нескольких причин. Представить это сочетание возможно с помощью теоретической объяснительной модели, подразумевающей описание закономерной взаимосвязи между независимыми переменными.

В данной работе – на основе анализа факторов политического спроса и предложения – мы предлагаем объяснительную модель, состоящую из трех взаимосвязанных элементов, реализация которых обусловливает электоральную поддержку той или иной новой праворадикальной партии. В свою очередь, степень реализации этих элементов определяет различия в электоральной поддержке современных крайне правых партий в европейских странах. Данные элементы условно обозначаются как «Артикуляция + Агрегация», «Легитимность» и «Организация». Конфигурация взаимодействия элементов представлена на Рисунке 3, который является схематическим изображением предложенной объяснительной модели.

«Артикуляция + Агрегация». Данный элемент подразумевает процесс, в ходе которого новые праворадикальные партии артикулируют и оформляют в блоки четких предложений по политическому курсу те политические требования и интересы, которые возникают вследствие наличия особых обстоятельств в окружении политической системы. К подобным обстоятельствам относятся факторы политического спроса, формирующиеся под воздействием снижения актуальности постматериалистических ценностей и отката в сторону материальных приоритетов («ценностный откат»): протестные настроения граждан, их реакция на миграционные процессы, этнокультурную поляризацию и страх перед общественной изоляцией и отчуждением, потерей социального положения и утратой экономической безопасности. Новые праворадикальные партии воспринимают эти импульсы на входе в политическую системы, артикулируют их и, основываясь на своих идеологических принципах, разрабатывают конкретные программы, в которых реализация политических требований граждан связывается с проектом сохранения или построения этнически или этнокультурно однородного типа общества.

Рисунок 3

Взаимодействие элементов объяснительной модели

Каждый из упомянутых факторов политического спроса подвергается специфической интерпретации со стороны новых праворадикальных партий. Этническая поляризация населения, а также объективные и субъективные проблемы, связанные с усилением миграционных процессов, трактуются правыми радикалами в резко отрицательных тонах, в результате чего в обществе пробуждаются и/или обостряются чувства враждебности к «Другому». Кроме того, крайне правые партии имеют тенденцию к политизации серьезных общественных проблем: рост уровня преступности, коррупция в органах власти, а также рост алкоголизма и наркомании представляются ими как следствие наличия в стране иностранных граждан (мигрантов и беженцев) и/или этнических меньшинств, которые якобы стремятся к ослаблению «коренного населения» (этнического большинства) в политическом и демографическом смыслах.

Праворадикальная идея этнически или этнокультурно однородного сообщества также пропагандируется как противоположность общественной атомизации и аномии: в этом качестве праворадикальный проект представляется альтернативой традиционным интеграционным институтам, прежде всего, классовой идентификации и религиозным организациям. Идеологи новых праворадикальных партий предлагают заменить современное атомизированное общество («Gesellschaft» в терминах Фердинанда Тенниса) органическим сообществом («Gemeinschaft»), основанном на этнокультурной принадлежности.

Кроме того, новые праворадикальные партии стараются использовать в своих интересах неустойчивость социального положения отдельных слоев населения – прежде всего, промышленных и неквалифицированных рабочих, а также мелких предпринимателей. Социальный статус этих групп является крайне нестабильным в силу зависимости от процессов на международном рынке, поэтому их может привлекать антиглобалистский популизм крайне правых партий.

В условиях свободного рынка труда и развития мобильности рабочей силы в обществе растут опасения, связанные с возможностью утраты экономической безопасности, как следствия безработицы. Пропаганда новых праворадикальных партий способствуют распространению в обществе идей о том, что иностранные рабочие вытесняют граждан с их рабочих мест. Эта пропаганда ведет к усилению националистических чувств, в результате чего растет количество граждан, склонных голосовать за те партии, которые предлагают ограничить приток дешевой рабочей силы. Иностранные граждане также обвиняются крайне правыми партиями в злоупотреблении системой социального обеспечения, ведущем к увеличению подоходного налога. В случае восточноевропейских государств, где актуальным фактором межнациональной конфликтогенности являются не миграционные процессы, а этническая фрагментированность, экономические проблемы интерпретируются как следствие того, что представители этнических меньшинств имеют привилегированный, если не монопольный, доступ к экономическим ресурсам.

Для того чтобы воспользоваться указанными факторами спроса, новые праворадикальные партии создают убедительный образ политической организации, действительно способной удовлетворить интересы и политические требования граждан. Создание этого образа происходит на «экзотерическом» идеологическом уровне, который находит воплощение в предвыборных программах, дебатах с политическими оппонентами, официальных заявлениях в СМИ и других видах политической агитации.

Подобный образ особенно необходим современным крайне правым партиям для того, чтобы использовать фактор недовольства существующим политическим статус-кво, в особенности традиционными партиями. Избиратели, желающие выразить свой политический протест путем голосования за третьи партии, обычно имеют широкий спектр кандидатов, поэтому праворадикальные партии с помощью пропаганды и агитации стараются доказать протестным избирателям, что они не только поддерживают их общественно-политический протест, но и смогут изменить политический статус-кво в результате прихода к власти. В этом случае праворадикальные партии могут рассчитывать на электоральную поддержку тех протестных избирателей, который делают не произвольный выбор любой третьей партии, но осознанный выбор именно «протестной партии».

«Легитимность». Данный элемент объяснительной модели предполагает, что та или иная праворадикальная партия способна получить достаточную электоральную поддержку для прохождения в парламент только при том условии, что она является легитимным участником политического процесса. В соответствии с теоретическими разработками Дэвида Битема, существует три критерия политической легитимности власти: 1) власть подчиняется установленным правилам; 2) эти правила оправданы путем ссылки на убеждения, которые разделяются как управляющими, так и управляемыми; и 3) имеются доказательства согласия управляемых на определенный тип властных отношений[279].

В отношении новых праворадикальных партий критерии политической легитимности, выделенные Битемом, можно интерпретировать следующим образом. Во-первых, деятельность крайне правых партий не должна противоречить конституционным нормам и/или специальным законам о политических партиях. Как правило, в общих положениях о политических партиях в демократических странах содержатся указания на статус политической партии, а также принципы свободного образования по-

[279] См. Beetham D. The Legitimation of Power. Atlantic Highlands: Humanities Press International, 1991.

литических партий и создание условий для их развития. Наличие свободных политических партий является одним из важнейших показателей демократичности государственно-политического устройства общества: будучи основным инструментом участия граждан в политической жизни, партии содействуют формированию политической воли народа. При этом государство оставляет за собой право регламентировать создание и деятельность политических партий. Государство может предъявлять формальные требования к созданию партий (определение минимального количества членов партии, введение обязательной регистрации и т.д.), а также закреплять принципы участия партий в выборах и парламентской деятельности. В большинстве европейских государств законы фиксируют не только полномочия политических партий, но также определенные запреты. Как правило, политическим партиями запрещается выступать против конституционного строя, пропагандировать вражду на национальной, этнической и религиозной почве, призывать к войне или к нарушению неделимости территории государства. Из этого следует, что деятельность политических партий, в частности, новых праворадикальных партий, возможна только в том случае, если она не выходит за рамки, определенные конституцией или специальными законами о политических партиях. Нарушение партиями установленных законодательством того или иного государства правил, регламентирующих их деятельность, ограничивает или полностью исключает возможность их поддержки избирателями.

Во-вторых, легитимность крайне правых партий зависит от политической культуры того или иного государства. В вопросе об оценке умеренности политических идеологий не существует каких-либо универсальных критериев: новые праворадикальные партии в странах Западной, Восточной и Северной Европы различаются по степени идеологического радикализма, но, тем не менее, эти партии являются легитимными элементами политической жизни общества. Подобная ситуация является следствием того, что в каждой стране существует уникальная политическая культура, которая, основываясь на определенных исторических событиях и установившихся политических традициях, легитимирует правый радикализм в качестве законного участника политического процесса. Факторами, обусловливающими наличие в том или ином европейском государстве политической культуры, благоприятствующей развитию новых праворадикальных партий, являются: административный коллаборационизм с нацистской Германией в период до и/или во время Второй мировой войны, наличие предшествующих националистических организаций, наличие авторитетной религиозно-националистической культуры и антикоммунистический исторический ревизионизм. В свою очередь, традиции антифашизма и толерантности, а также «культура раскаяния» оказывают негативное влияние на легитимацию крайне правых партий.

В-третьих, легитимность новых праворадикальных партий зависит от уровня их электоральной поддержки и количества членов партии. Если партии находят поддержку в обществе, то это обозначает не только то, что избиратели и члены крайне правых партий видят в них средство воплощения в жизнь своих политических предпочтений, интересов и/или требований, но и то, что они согласны с теми властными отношениями, которые партии предлагают реализовать в случае прихода к власти. Чем выше электоральная поддержка новых праворадикальных партий и чем бóльшее количество членов они привлекают к работе, тем выше политическая легитимность партий.

В данной работе предлагается ввести четвертый критерий политической легитимности крайне правых партий, который связан с наличием политической ниши в рамках идеологического поля партийной системы того или иного государства. При этом, чем выше степень идеологической конвергенции социал-демократических и умеренно-консервативных партий и чем ближе к центру находится праворадикальная партия на идеологической шкале, тем она легитимнее. Это положение схематически представлено на Рисунке 4.

На Рисунке 4 показано, что социал-демократические (СД) и умеренно-консервативные партии (УК) одновременно сокращают идеологическое расстояние между собой, переходя с позиций СД и УК на позиции СД' и УК' соответственно. В результате данного процесса, их легитимность повышается, однако при конвергенции этих партий перед новыми праворадикальными партиями (НПП) открывается возможность движения к политическому центру (ПЦ) и, переходя с позиции НПП на позицию НПП', они – так же, как и основные политические силы – становятся более легитимными с точки зрения идеологического поля партийной системы. Учитывая различия между партийными системами в европейских государствах, в каждом отдельном случае данная схема будет иметь свои особенности.

Рисунок 4

Соотношение легитимности и идеологической умеренности новых праворадикальных партий

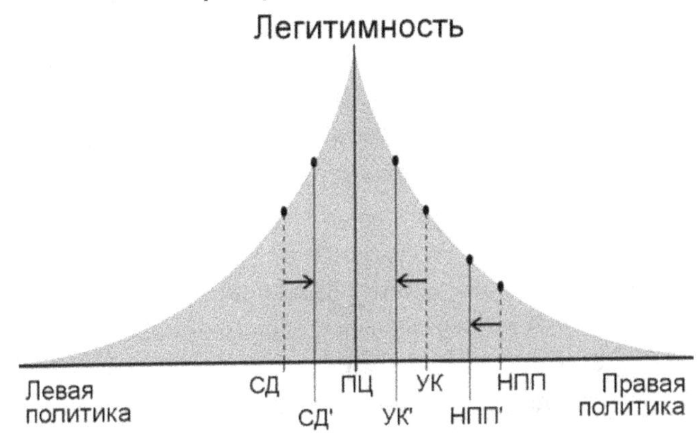

«Организация». Последний элемент объяснительной модели предполагает, что наличие развитой партийной инфраструктуры является обязательным условием продолжительной деятельности и политической эволюции новых праворадикальных партий. Партии этого типа являются относительно новыми политическими организациями, которые зачастую находятся на начальных этапах институализации. Вследствие этого, перед партиями данного типа стоят три главные проблемы, решение которых имеет критическое значение для реализации данного элемента объяснительной модели: 1) наличие рядовых членов партии для выполнения задач по мобилизации электората во время выборного процесса; 2) представленность партии в регионах для максимизации электоральной поддержки путем формирования партийных списков во всех избирательных округах; 3) поддержание единства партии и предотвращение расколов.

Для решения этих проблем новые праворадикальные партии реализуют такие принципы, как сильная структура, вертикальные связи, централизация и эффективное руководство. Принцип сильной структуры подразумевает, что партия функционирует как «организованная общность, все базовые элементы которой занимают свое определенное место, обусловленное их взаимным значением»[280]. Реализация данного принципа особенно важна при пропорциональной избирательной системе и голосовании по партийным спискам, когда от партии требуется четкое взаимодействие кандидатов. Принцип вертикальных связей обозначает, что общение всех структурных элементов партии одного и того же уровня происходит только при посредничестве центра. Вертикальные связи способствуют поддержанию единства и сплоченности партии, т.к. они предупреждают развитие течений, фракций и оппозиций внутри партии. Новые праворадикальные партии обычно практикуют авторитарный централизм, при котором все решения в отношении деятельности партии спускаются сверху, а их выполнение на местах контролируются представителями руководства партии. Несмотря на то, что в ячейках допускается свобода идеологических дискуссий, при авторитарном централизме эти дискуссии оказывают минимальное влияние на генеральную линию партии, которую формирует исключительно руководство партии. Свобода идеологических дискуссий также уменьшается по мере восхождения по иерархической лестнице. Особое значение в новых праворадикальных партиях придается руководству. В отличие от социал-демократических, умеренно-консервативных и «зеленых» партий современные крайне правые партии реализуют принцип «вождизма» в его слабой форме. В сильной форме «вождизм» был свойственен межвоенным фашистским организациям (наиболее показательный случай – НСНРП Адольфа Гитлера) и представлял собой тип управленческой политики, основанной на личной преданности одному человеку – идейному руководителю жестко централизованной политической партии или движения. Слабая форма «вождизма», характерная для новых праворадикальных партий, обозначает, что руководство в значительной мере персонифицировано (зачастую руководители являются харизматическими лидерами) и имеет бесспорный авторитет, однако преданность лидеру со стороны подчиненных обычно не выходит за пределы деловых отношений. Кроме того, наибольшей организационной эффективности добиваются те партии, в которых наличествуют как идеологические лидеры,

280 Дюверже. Политические партии. С. 87-88.

так и административные руководители. Разделение обязанностей позволяет лучше координировать деятельность партии, однако порождает угрозу возникновения конфликтующих фракций, которую призваны нивелировать принципы вертикальных связей и централизации.

Как упоминалось выше, элементы объяснительной модели находятся в отношениях взаимозависимости.

«Артикуляция + Агрегация» ↔ «Легитимность». Специфическая интерпретация новыми праворадикальными партиями факторов политического спроса зачастую направлена на обострение чувств враждебности к «Другому» в обществе и рост недоверия к существующей политической системе. Однако в каждом европейском государстве закреплены на законодательном уровне свои правовые пределы в отношении идей и политических концепций, пропагандируемых политическими партиями. Дополнительные ограничения на радикализм политических программ также вводятся существующей в европейских странах политической культурой. Таким образом, для того чтобы оставаться в легитимном политико-культурном пространстве, т.е. реализовывать элемент «Легитимность», новые праворадикальные партии должны жестко контролировать реализацию элемента «Артикуляция + Агрегация» с точки зрения совместимости политических проектов и принятых в той или иной стране норм и правил. С другой стороны, крайне правые партии не могут отказываться от тех программно-идеологических компонентов, которые являются для них центральными и определяют их политический образ. Чрезмерное стремление к идеологической умеренности сдвигает новые праворадикальные партии в политическую нишу, занимаемую умеренно-консервативными силами, что снижает электоральную поддержку крайне правых партий, т.к. они уже не могут в полной мере использовать специфические факторы политического спроса. Из этого следует, что эффективная реализация элемента «Артикуляция + Агрегация» обусловливает постоянную угрозу выхода новых праворадикальных партий за пределы легитимного политико-культурного пространства.

«Легитимность» ↔ «Организация». Выполнение элемента «Легитимность» требует от крайне правых партий соответствия внутрипартийной организации демократическим принципам современных европейских государств. Тем не менее, на практике партии – не только новые праворадикальные – обычно соблюдают лишь внешние формы демократичности организации. С другой стороны, существует ряд правовых требований к внутрипартийной организации, невыполнение которых обычно становится причиной исключения партии из политического процесса. К таким требованиям можно отнести обязательное наличие определенного количества членов партии и/или представительств в регионах, неукоснительное соблюдение устава партии, отсутствие у партий военизированных формирований. Однако универсальных требований для всех партий не существует, т.к. в европейских странах они различаются по своему характеру и имеют свои особенности. Реализация элемента «Организация», в свою очередь, также имеет влияние на задачи по сохранению партии в рамках законного политико-культурного пространства. Партийное руководство выстраивает свою административную работу и контроль над партийной дисциплиной таким образом, чтобы рядовые члены партии и лидеры различных уровней, благодаря своим действиям или выступлениям в СМИ, не ставили партию в опасность выхода за рамки, определенные законодательством и политической культурой.

«Организация» ↔ «Артикуляция + Агрегация». Для эффективного выполнения элемента «Артикуляция + Агрегация» руководство партии обращается к принципам вертикальных связей и централизации, которые помогают поддерживать доктринальное единство партии. Во время подготовки к выборам взаимосвязь элементов «Организация» и «Артикуляция + Агрегация» становится наиболее актуальной, т.к. все кандидаты должны придерживаться единого взгляда на политическую программу партии во избежание идеологических расхождений, которые могут привести к уменьшению электоральной поддержки. В свою очередь, процесс артикуляции и агрегации политических требований и интересов требует от крайне правых партий наличия профессиональных специалистов, способных предлагать убедительные интерпретации факторов политического спроса на партийный правый радикализм. Зачастую выполнение данного требования подразумевает наличие идеологического аппарата, в работе которого принимает участие ряд компетентных специалистов различного профиля.

Для того чтобы установить, является ли справедливой объяснительная модель, предложенная в исследовании, далее мы формулируем две серии гипотез, основанных на предположениях, входящих в состав выдвинутых теорий. Затем эти гипотезы будут подвергнуты верификации, т.е. эмпирической проверке теоретических положений путем сопоставления их с наблюдаемыми объектами. В зависимости от того, будут ли эти гипотезы доказаны, можно будет сделать вывод о справедливости объяснительной модели.

Первая серия гипотез основывается на том, что объяснительная модель представляет собой интегральный подход к оценке факторов, обусловливающих поддержку новых праворадикальных партий избирателями. Исходя из этого положения, первая гипотеза из данной серии сформулирована следующим образом:

1.1. *Если новые праворадикальные партии реализовывают элементы «Артикуляция + Агрегация», «Легитимность» и «Организация», входящие в объяснительную модель, то они получают релевантную электоральную поддержку со стороны общества.*

Эмпирическая проверка следующей гипотезы призвана уточнить обязательность реализации всех трех элементов объяснительной модели. В целях повышения объективности эмпирической проверки данная гипотеза включает в себя не только новые праворадикальные партии, но также иные партии крайне правого политического спектра:

1.2. *Если крайне правые партии не выполняют один или более элементов объяснительной модели, то их электоральная поддержка существенно ограничивается или вообще исключается.*

Другой особенностью представленной объяснительной модели является то, что в ней – в отличие от иных теоретических моделей – не делается различий между современными крайне правыми партиями, функционирующими в странах Западной, Южной, Северной и Восточной Европы. Таким образом, допускается, что элементы объяснительной модели являются универсальными:

1.3. *Объяснительная модель справедлива в отношении любого европейского государства.*

Вторая серия гипотез основывается на предположении, что применение объяснительной модели при сравнении любого количества случаев, дает ответ на вопрос о неодинаковом уровне поддержки крайне правых партий. Первая гипотеза из данной серии сосредотачивается на всех крайне правых партиях, которые принимают участие в электоральном процессе в отдельно взятом европейском государстве:

2.1. *Различия в реализации элементов объяснительной модели обусловливают неодинаковый уровень электоральной поддержки крайне правых партий в отдельно взятой европейской стране.*

Вторая гипотеза из данной серии сосредотачивается только на новых праворадикальных партиях в контексте кросснационального сравнения:

2.2. *Различия в реализации элементов объяснительной модели обусловливают неодинаковый уровень электоральной поддержки новых праворадикальных партий в европейских странах.*

У каждого политического явления может быть несколько возможных объяснений. Отдельные интерпретации этих явлений могут согласовываться с другими, например, с представленной здесь объяснительной моделью и ее отдельными элементами. В соответствии с положением Карла Поппера о том, что «все высказывания в эмпирической науке должны обладать качеством, которое давало бы возможность определить их истинность или ложность»[281], предложенная объяснительная модель построена таким образом, чтобы она удовлетворяла критериям фальсифицируемости, т.е. могла быть опровергнута эмпирическим путем. Данные критерии требуют от нас введения фальсифицирующих, или альтернативных (конкурирующих), гипотез[282], эмпирическое подтверждение которых может фальсифицировать представленную объяснительную модель. В предлагаемую серию альтернативных гипотез включены, в частности, те гипотезы, которые основаны на распространенных, но, с нашей точки зрения, ложных теоретических подходах к установлению причин электоральной поддержки современных крайне правых партий:

3.1. *Любая крайне правая партия, независимо от степени идеологического радикализма, способна получить поддержку избирателей в объеме, необходимом для участия партии в работе национальных органов законодательной власти.*

[281] Поппер. Логика и рост научного знания. С. 2.
[282] Там же. С. 115-117.

3.2. *Электоральный успех новых праворадикальных партий зависит от наличия харизматического лидера.*

3.3. *Неодинаковый уровень поддержки новых праворадикальных партий в европейских странах является исключительно следствием различий в интенсивности миграционных процессов или этнокультурной поляризации общества.*

В случае если какая-либо из альтернативных конкурирующих гипотез будет доказана в ходе эмпирической проверки, то предложенная объяснительная модель будет признана частично или полностью ошибочной.

Глава 8
Крайне правые партии в странах Западной, Южной и Восточной Европы

Франция. На уровне мыслителей и политиков, движений и партий правый радикализм во Франции имеет самую долгую традицию среди всех европейских стран. Уже в первой половине XIX века в стране появились ультра-консервативные группы, сложившиеся вокруг таких мыслителей, как Франсуа де Шатобриан, Жозеф де Местр и Луи де Бональд. Они радикальным образом отвергали идеалы Великой французской революции – демократию, либерализм, индивидуализм – и придерживались крайне реакционных взглядов, выступая за восстановление авторитарной монархии. Кроме того, во второй половине XIX века именно во Франции получили наибольшее развитие крайне правые националистические движения. После поражения страны во франко-прусской войне 1870-1871 гг. под лозунгами реваншизма выступал генерал Жорж Буланже и члены движения, созданного вокруг него (буланжизм). Те же реваншистские цели провозглашала «Лига патриотов», которая, в частности, искала причины поражения Франции в этнической проблематике. Антисемитизм и анти-германские настроения французских правых радикалов стали ключевым фактором в возникновении Дела Дрейфуса – сфабрикованного французскими военными кругами судебного дела по ложному обвинению Альфреда Дрейфуса, французского офицера еврейского происхождения, в шпионаже в пользу Германии[283]. Дело Дрейфуса привело к политическому кризису, и в качестве реакции на помилование французского офицера в 1899 году, во Франции было основано одно из самых влиятельных крайне правых националистических движений того времени – «Аксьон Франсез», которое было официально распущено только в 1944 году. Во время Второй мировой войны на оккупированной Третьим Рейхом части Франции был создан правоконсервативный коллаборационистский режим Виши (1940-1944). Уже в 1956 году крайне правая партия «Союз французского братства» под руководством

[283] Whyte G.R. The Dreyfus Affair: A Chronological History. Houndmills: Palgrave Macmillan, 2005.

бывшего коллаборациониста Пьера Пужада смогла заручиться поддержкой 12,62% избирателей и провести в парламент 52 депутата, среди которых был самый молодой депутат Национального собрания – Жан-Мари Ле Пен, будущий председатель «Национального фронта» (НФ). С 1968 года во Франции действует влиятельное движение «Новых правых» во главе с Аленом де Бенуа, в основе идеологии которых лежит культурный расизм. Таким образом, еще до создания НФ в 1972 году во Франции сложилась четко выраженная политическая культура, благоприятствующая правому радикализму[284].

С 1997 по 2010 гг., т.е. в период, который является оперативным для данной работы, во Франции существовало пять заметных новых праворадикальных партий (см. Таблицу 8), однако только две из них – НФ и Национальное республиканское движение (*фр.* Mouvement national républicain, НРД) – участвовали во всеобщих выборах во французский парламент. «Эльзас прежде всего» (*фр.* Alsace d'abord) является региональной партией Эльзаса и участвует только в региональных выборах. Две относительно новые партии – Партия Франции (*фр.* Parti de la France, ПФ) и «Дом жизни и свободы» (*фр.* Maison de la Vie et des Libertés, ДЖС) – отколовшиеся от НФ в 2009 году, в настоящее время не имеют релевантной поддержки на национальном уровне.

В отличие от некоторых других европейских стран, во Франции отсутствуют официально зарегистрированные неофашистские и правоэкстремистские политические партии. Такие объединения как «Французская и европейская националистическая партия» и «Французская националистическая партия» в действительности являются маргинальными движениями, чье функционирование происходит на субкультурном уровне вместе с аналогичными организациями – «Объединенной группой защиты», «Радикальной сетью», «Блоком идентичности», «Французским обновлением» и другими. Несмотря на то, что в Конституции Французской республики артикулируется достаточно либеральное отношение к политическим партиям и указывается лишь, что они «должны уважать принципы национального суверенитета и демократии»[285], открыто неофа-

---

[284] Подробнее об истории правого радикализма во Франции см. Davies P. The Extreme Right in France, 1789 to the Present; Chepel d'Appollonia A. L'extrême-droite en France: De Maurras à Le Pen. Bruxelles: Editions Complexe, 1998.

[285] Конституция Франции. http://www.pravo.vuzlib.net/book_z2021_page_6.html.

шистские партии не могут занимать легитимное место в политической системе Франции.

Таблица 8

Новые праворадикальные партии Франции, функционировавшие в то или иное время в период с 1997 по 2010 гг.

Название партии	Год создания	Год окончания деятельности	Председатель
«Национальный фронт»	1972	–	Жан-Мари Ле Пен
«Эльзас прежде всего»	1989	–	Жак Кордонье
Национальное республиканское движение	1999	–	Анник Мартин
Партия Франции	2009	–	Карл Ланг
«Дом жизни и свободы»	2009	–	Жан-Клод Мартинес

Вне всяких сомнений, НФ Жан-Мари Ле Пена является одной из наиболее авторитетных и мощных праворадикальных партий во Франции (см. Таблицу 9). Кроме того, она выступает в качестве модели для многих крайне правых партий в европейских странах, как пример политического долгожительства, популярности и организационной эффективности[286]. За историю своего существования НФ пережил несколько расколов, но смог сохранить свое единство, благодаря структурной иерархии и централизации руководства. В результате раскола 1997-1999 гг., произошедшего из-за разногласий Ле Пена и генерального секретаря партии Бруно Мегре, из НФ выделилась группа под руководством Мегре, которая затем была зарегистрирована как партия Национальное республиканское движение. Партия Мегре стала второй по популярности крайне правой партией Франции, однако она оказалась не в состоянии конкурировать ни с НФ, ни с доминирующими традиционными партиями. Причиной этого является, в первую очередь, отсутствие свободной политической ниши в идеологическом поле партийной системы Франции. Идеология НРД не имеет кардинальных отличий от идеологии НФ, но именно партия Ле Пена, в силу исторических причин, обладает моно-

[286] Williams. The Impact of Radical Right-Wing Parties. P. 79.

польным контролем над той политической нишей, в рамках которой могла бы функционировать НРД. Кроме того, эта партия фактически не состоялась как эффективная организация: в 2000 году количество ее членов не превышало 5 тысяч человек, и она не была достаточно широко представлена в регионах. На президентских выборах 2007 года Мегре поддержал кандидатуру Ле Пена и предложил создать – для участия во всеобщих выборах того же года – «патриотический альянс» новых праворадикальных партий, однако НФ отверг данное предложение. В 2008 году Бруно Мегре покинул пост председателя НРД и политическое будущее партии находится под вопросом.

Таблица 9

Электоральные показатели французских новых праворадикальных партий в период с 1997 по 2009 гг.

Партия	**Электоральные показатели, %**					
	Тип выборов					
	Национальный парламент (первый тур)			Европарламент		
	1997	2002	2007	1999	2004	2009
НФ	14,94	11,34	4,29	5,69	9,81	6,34
НРД	–[287]	1,09	0,39	3,28	0,31	–
ПФ+ДЖС	–	–	–	–	–	0,51

На протяжении всего периода существования НФ идеология партии подвергалась различным влияниям, однако отдельные идеи всегда оставались для нее центральными. Важнейшим элементом идеологии партии является понятие французской нации, определяемой не в политико-географических или же экономических терминах, но как антропоморфный культурно-биологический организм. Для идеологов партии национальная идентичность представляет собой сочетание биологической наследственности («кровь нации»), территориальной укорененности («почва») и культурной принадлежности («душа нации»)[288]. Другим цен-

[287] Здесь и далее символ «–» обозначает, что партия по тем или иным причинам не участвовала в выборах.

[288] Davies. The National Front in France. P. 65-118.

тральным элементом идеологии НФ является положение о том, что французская нация пребывает в упадке и, следовательно, требует сохранения и возрождения. По этой причине партия выступает против «тлетворного влияния» на французскую нацию, источником которого, по мнению идеологов, является либерализм, космополитизм, американизация и иммигранты (особенно из мусульманских стран). Отвергая идею открытого общества, НФ провозглашает лозунг «Франция для французов»[289]. При этом партия заявляет о своей приверженности демократическим принципам как таковым, однако считает, что существующий способ их реализации не отвечает интересам французского народа.

Несмотря на то, что ФН существует с 1972 года, свой первый электоральный прорыв партия смогла совершить только в период с 1983 по 1986 гг. По результатам дополнительных муниципальных выборов в Дре, члены НФ получили в первом туре 16,70% голосов. Во время второго тура кандидаты от ФН вошли в электоральный альянс с членами мейнстримной консервативной партии «Объединение в поддержку республики» (ОПР), которую возглавлял Жак Ширак, и, в конечном итоге, члены НФ возглавили городской совет Бре. Вследствие того, что консервативные партии обычно исключают возможность сотрудничества с правыми радикалами[290], альянс НФ и ОПР стал сигналом легитимации НФ в качестве законного участника политического процесса со стороны политического истеблишмента Франции. Успех НФ в 1983 году на муниципальных выборах в Дре, Олне-су-Буа и двадцатом округе Парижа был в бо́льшей степени обусловлен падением доверия к правящей Социалистической партии (ФСП), локальным недовольством растущим уровнем безработицы, а в некоторых случаях интенсивным притоком мигрантов из мусульманских стран[291]. Однако к 1984 году, когда на французских выборах в Европарламент НФ заручилась беспрецедентной поддержкой 10,95% избирателей, партия уже получила общенациональную известность и заняла легитимное место в партийной системе Франции. После успехов на муниципальных и европейских выборах Ле Пен инициировал активную кампанию по привлечению в партию новых кадров, делая акцент на

[289] Там же. P. 119-165.
[290] Романюк, Шведа. Партії та електоральна політика. С. 215.
[291] Ignazi. Extreme Right Parties in Western Europe. P. 95.

рекрутировании известных представителей политической элиты Франции. В ходе этой кампании НФ приобрел не только опытных профессионалов, но и поднял свой престиж в качестве «респектабельной» партии[292]. Таким образом, успех партии на всеобщих выборах в Национальное собрание 1986 года, когда за НФ проголосовало 9,65% французов (на предыдущих всеобщих выборах 1981 года НФ набрал лишь 0,36% голосов), был в значительной мере закономерным.

С точки зрения структуры, НФ представляет собой иерархически структурированную организацию с жесткой партийной дисциплиной. Председатель партии обладает абсолютным контролем над принятием решений, а сам Жан-Мари Ле Пен сочетает в себе черты харизматического лидера, авторитарного вождя и эффективного менеджера. Организационное строение партии схоже с демократическим централизмом, который характеризует коммунистические партии и подразумевает, среди прочего, сочетание принципов инициативы на местах, выборности руководящих органов, подчинения меньшинства большинству и руководства из одного центра. Стремительный рост численности членов партии в значительной мере отражал рост ее электоральной поддержки: если в 1985 году в НФ состояло около 10 тысяч членов, то к началу 1999 года партия насчитывала уже 70 тысяч человек[293]. Вокруг НФ существует ряд вспомогательных структур. К ним относится молодежное отделение Фронта, женский клуб, центры социальной и профессиональной помощи, а также профсоюзы. Все эти структуры призваны способствовать рекрутированию элит и рядовых членов партии, улучшению общественно-политического имиджа партии и расширению поля прямой и скрытой агитации.

Современное французское общество характеризуется растущим недовольством политическим статус-кво: если в 1978 году 62% французских избирателей считали, что политики не заботятся о простых людях, то в 1995 году это мнение разделялось 73%, а в 1997 году – 80% избирателей[294]. Опросы общественного мнения показывают, что к 2002 году две трети французов перестали видеть разницу между основными политиче-

[292] DeClair. Politics on the Fringe. P. 65-66.

[293] Там же. P. 184.

[294] Rydgren J. France: The Front National, Ethnonationalism and Populism // Twenty-First Century Populism. The Spectre of Western European Democracy / Ed. by D. Albertazzi, D. McDonnell. Houndmills: Palgrave Macmillan, 2008. P. 174.

скими оппонентами – социалистами и консерваторами, что явилось результатом идеологической конвергенции обеих партий, их постепенного смещения в сторону политического центра[295]. Популистское послание НФ, направленное против политического истеблишмента Франции и доминирующих партий, прежде всего ФСП и ОПР, а с 2002 года – против Союза за народное движение (СНД), находит отклик у французских граждан. По сравнению с электоратом других партий среди избирателей НФ наибольший процент (64%) тех, кто считает, что политические лидеры Франции коррумпированы и практически не заботятся о том, что думает народ. Как следствие, 87% избирателей НФ полагают, что Ле Пен понимает заботы простых граждан[296]. Таким образом, партии удается аккумулировать недовольство французских граждан политическим статус-кво и подвигнуть их на сложное протестное голосование. Однако было бы ошибочно считать, что только протест как таковой побуждает граждан голосовать за правых радикалов. Исследования показывают, что существует малая вероятность того, что во Франции обычный протестный избиратель, не разделяющий чувств враждебности к «Другому», станет голосовать за НФ. И, наоборот, существует высокая вероятность того, что протестный избиратель-националист поддержит НФ[297]. Кроме того, по сравнению с другими семьями французских политических партий (консервативной, социалистической и леворадикальной) в электорате Ле Пена наибольший процент представителей пролетариата (58%) и наименьший – лиц, имеющих оконченное среднее образование (30%)[298]. Эти цифры демонстрируют, что значительная часть избирателей НФ состоит из тех граждан, которые наименее защищены в условиях экономической глобализации, модернизационных и постмодернизационных процессов, и, следовательно, восприимчивы к популистской антиглобалистской риторике крайне правых.

Резкую потерю «Национальным фронтом» голосов избирателей на всеобщих выборах в Национальное собрание в 2007 году (4,29% против

[295] Новоженова И.С. Национальный фронт во Франции // Правый радикализм в современной Европе / Ред.-сост. С.В. Погорельская. М.: ИНИОН РАН, 2004. С. 103.
[296] Grunberg G., Schweisguth E. French Political Space: Two, Three or Four Blocs? // French Politics. 2003. Vol. 1. No. 3. P. 335-341.
[297] Там же. P. 340; Rydgren. France. P. 175-176.
[298] Grunberg, Schweisguth. French Political Space. P. 333.

11,34% в 2002 году) можно объяснить тем, что НФ частично утратил контроль над реализацией элемента «Артикуляция + Агрегация», что подтверждает критическую значимость данного элемента для электорального успеха любой партии. Во-первых, всеобщие выборы проходили после президентских выборов, состоявшихся в том же году. На пост президента претендовало три главных кандидата, которые представляли молодое поколение французских политиков: Николя Саркози (СНД), Сеголен Руаяль (ФСП) и Франсуа Байру (Демократическое движение). Им удалось в значительной мере дистанцироваться от политических поражений своих предшественников и предложить французам перспективу обновления политической жизни страны, что в некоторой степени нивелировало протестные настроения граждан. Во-вторых, Саркози успешно перенял ключевые лозунги НФ об ужесточении миграционной политики и укреплении законности и правопорядка[299]. Несмотря на отсутствие депутатов в Национальном собрании в настоящий момент, партия Ле Пена остается важным участником политического процесса во Франции. Об этом свидетельствуют результаты выборов 2009 года в Европарламент, на которых НФ получил 6,34% голосов.

Австрия. Со времени революции 1848 года австрийское общество является в значительной мере разделенным по своей политической культуре на три так называемых «лагеря»: национал-либеральный, социалистический и политико-католический[300]. Первые праворадикальные группы и ассоциации появились на территории современной Австрии в последней четверти XIX века; с точки зрения политической культуры, они были связаны с национал-либеральным «лагерем» и были в подавляющем большинстве привержены идее пангерманизма – объединения всех немцев в единое государство. Пангерманизм, идеи которого наиболее последовательно выражало Австрийское пангерманское движение под руководством Георга фон Шенерера, характеризовался расизмом, анти-

[299] Sauger N. The French Legislative and Presidential Elections of 2007 // West European Politics. 2007. Vol. 30. No. 5. P. 1170; также см. Shields J. The Far Right Vote in France: From Consolidation to Collapse? // French Politics, Culture & Society. 2010. Vol. 28. No. 1. P. 25-45.

[300] Wandrszuka A. Österreichs politische Struktur. Die Entwicklung der Parteien und politischen Bewegung // Geschichte der Republik Österreich / Hrsg. H. Benedikt. Vienna: Verlag für Geschichte und Politik, 1954. S. 289-485.

семитизмом, а также теми национально-романтическими чертами, которые были свойственны германскому расистскому движению «фелькише» (*нем.* völkische). В межвоенный период правый радикализм в Австрии развивался в двух направлениях: Великогерманская народная партия и Немецкая национал-социалистическая рабочая партия (ННСРП) представляли пангерманское направление, а Союз защиты родины «Хеймвер» – австрийское национал-патриотическое движение[301]. К началу 1930-х гг. в Австрии сформировалась коалиция радикального католического движения и австрийских националистов, в результате чего в 1933 году в Австрии был установлен правоавторитарный режим Энгельберта Дольфуса и Курта фон Шушнига, однако в 1938 году нацистская Германия насильственно присоединила Австрию к Третьему рейху («аншлюс»), тем самым реализовав идеи австрийских сторонников пангерманизма. В первые годы после окончания Второй мировой войны и восстановления независимости Австрии политическое пространство государства было монополизировано представителями только двух «лагерей» – политико-католического и социалистического, т.е. Австрийской народной партией (АНП) и Социал-демократической партией Австрии (СДПА). Однако уже в 1949 году национал-либеральный «лагерь» восстановил свое политическое представительство в рамках «Федерации независимых» (АФН), которая завуалированно выступала с пангерманских позиций, резко критиковала процесс денацификации и отстаивала интересы бывших членов ННСРП и военнопленных, ранее воевавших на стороне Третьего рейха. Учитывая популярность идей пангерманизма в австрийском обществе в первые годы после восстановления независимости[302], на выборах 1949 и 1953 гг. АФН удалось заручиться поддержкой более 10% избирателей. Однако в результате внутренних разногласий АФН была расформирована и поглощена в 1956 году новой партией, представлявшей национал-либеральный «лагерь», – Австрийской партией свободы (АПС), которая до сегодняшнего времени является наиболее успешной праворадикальной партией Австрии.

[301] Подробнее см. Lauridsen J.T. Nazism and the Radical Right in Austria, 1918-1934. Copenhagen: Museum Tusculanum, 2007.

[302] Согласно результатам опроса общественного мнения, проведенного в Австрии в 1949 году, 49% граждан страны вообще не считали себя австрийскими гражданами как таковыми, см. Ignazi. Extreme Right Parties in Western Europe. P. 111.

В оперативный период в Австрии, помимо АПС, функционировало еще две новые праворадикальные партии: Партия критических демократов (*нем.* Partei Kritische Demokraten, ПКД) и «Альянс за будущее Австрии» (АБА) (см. Таблицу 10), однако ПКД практически не принимает участия в политической жизни страны. В 2002 году была воссоздана неофашистская Национал-демократическая партия Австрии (*нем.* Nationaldemokratische Partei Österreichs, НДПА), но уже в 2003 году она была запрещена: с 1945 в Австрии действует закон, запрещающий как ННСРП, так и оправдание, одобрение или восхваление национал-социализма. За отмену данного закона выступает неофашистская «Рабочая группа за демократическую политику» (*нем.* Arbeitsgemeinschaft für demokratische Politik). Несмотря на официальный статус политической партии, она является скорее общественно-политической организацией «зонтичного» типа, объединяющей мелкие праворадикальные группы. Она также не участвует в электоральных процессах, предпочитая поддерживать АПС.

Таблица 10

Новые праворадикальные партии Австрии, функционировавшие в то или иное время в период с 1997 по 2010 гг.

Название партии	Год создания	Год окончания деятельности	Председатель
Австрийская партия свободы	1956	–	Хайнц-Кристиан Штрахе
Партия «Критические демократы»	1991	–	Хорст Розенкранц
«Альянс за будущее Австрии»	2005	–	Йозеф Бухер

Разделение австрийского общества на три «лагеря», одним из которых является национал-либеральный «лагерь», легитимирует правый радикализм АПС с точки зрения политической культуры. Однако в условиях послевоенного неприятия идей пангерманизма партия долгое время оставалась на периферии политической жизни. В 1966 году АПС в значительной мере отказалась от германского национализма и выдвинула на первый план программу экономического либерализма. В результате идеологических изменений из партии вышла часть радикальных националистов, основавших в 1967 году неофашистскую НДПА. К 1979 году, когда АПС вступила в международную политическую организацию «Либеральный Интернационал», она придерживалась центристских позиций, а в 1983 году вошла в правительственную коалицию с СДПА на правах младшего партнера. В 1986 году вместе с избранием нового председателя партии, ныне покойного Йорга Хайдера, в АПС вновь произошел резкий идеологический поворот, и партия вернулась на позиции пангерманизма, сохранив, тем не менее, приверженность идеям экономического либерализма. Благодаря идеологическим изменениям и эффективной предвыборной кампании, построенной на критике политической коррупции и политизации таких проблем, как чрезмерные расходы налоговых сборов безработица, на всеобщих выборах 1986 года АПС удалось практически удвоить электоральные результаты (9,70%) по сравнению с 1983 годом (5%, см. также Таблицу 11). После ряда революций в восточноевропейских странах, падения «Берлинской стены», распада Югославии и СССР Австрия столкнулась с увеличением иммиграции в страну. АПС использовала данную ситуацию как фактор политического спроса на правый радикализм и успешно политизировала проблему иммиграции, связав приток неавстрийских граждан с ростом безработицы и преступности, увеличением оборота наркотиков и дефицитом жилья. Это обеспечило партии растущую поддержку со стороны тех слоев населения, чье социальное и материальное положение является наиболее неустойчивым в условиях глобализационных процессов – промышленных рабочих и мелких предпринимателей.

Идеологическая трансформация АПС имела прямое влияние на организацию партии. В начале 1990-х гг. – из-за несогласия с резким праворадикальным поворотом – из партии вышли две группы либеральных политиков, основавших либерально-демократические партии «Демократы» и «Либеральный форум». Кроме того, к середине 1990-х гг. Йорг Хайдер отказался от пангерманизма в пользу австрийского национализма, в результате чего партию оставили многие приверженцы неонацизма. Таким образом, Хайдер избавился от левой и правой фракций внутри партии, в

Таблица 11

Электоральные показатели австрийских новых праворадикальных партий в период с 1999 по 2009 гг.

Партия	**Электоральные показатели, %**						
	Тип выборов						
	Национальный парламент				Европарламент		
	1999	2002	2006	2008	1999	2004	2009
АПС	26,91	10,01	11,04	17,54	23,50	6,31	12,71
АБА	–	–	4,11	10,7	–	–	4,58

результате чего она стала идеологически однородной и значительно укрепилась с организационной точки зрения. Электоральный успех АПС при председательстве харизматического Хайдера позволил ему провести организационные реформы, направленные на централизацию управления партией. В результате реформ, председатель и его служебный персонал стали подотчетны только национальному конгрессу АПС, который в большинстве своем избирался самим руководством партии[303]. Несмотря на то, что численность партии лишь незначительно выросла с 36 тысяч человек в 1986 году до 44 тысяч в 1996 году, Хайдер сделал ставку на эффективный менеджмент (к 1990 году Хайдер даже сократил аппарат партии на 150 человек) и привлечение в АПС известных политических фигур и интеллектуалов[304]. В целях расширения пропаганды и перспективы рекрутирования элиты при партии был создан аналитический центр «Свободная академия» и несколько профсоюзов.

После кардинального изменения системы политических взглядов в 1986 году и их корректирования в середине 1990-х гг. идеология современной АПС остается устойчивой. В ее основе лежит представление об австрийской нации, как об однородном этнокультурном сообществе. Следуя идейным установкам «Новых правых», партия искажает демократическое требование о «праве всех народов отличаться друг от друга»[305],

[303] Там же. P. 115.

[304] Williams. The Impact of Radical Right-Wing Parties. P. 160-164.

[305] Декларация Организации Объединенных Наций о правах коренных народов (A/RES/61/295) // Организация Объединенных Наций. 2008. http://www.un.org/ru/documents/decl_conv/declarations/indigenous_rights.shtml.

оправдывая им пропагандируемый отказ от мультикультурализма и призывы к спасению австрийской нации от «чужеродной культуры». Кроме того, партия декларирует приверженность так называемым традиционным и семейным ценностям, которые, как предполагается, находятся под угрозой вследствие трансформации системы ценностей австрийского общества. Другим важным элементом партийной идеологии является экономический либерализм: АПС выступает за ограничение роли государства в регулировании экономики, а также за ликвидацию или сокращение количества государственных предприятий и перевод их в частный сектор. Идеалы свободного рынка, по мнению партийных идеологов, требуют отказа от системы распределения правительственных постов пропорционально избирательской поддержке той или иной партии, т.к. подобная практика неизбежно ведет к коррупции и непотизму. Также важно отметить, что АПС стала первой австрийской партией, которая еще в 1968 году заявила о необходимости реализации экологической политики на уровне государства и развития международных связей в целях решения насущных проблем, связанных с сохранением окружающей среды.

В 2000 году АПС представилась ограниченная возможность реализовать некоторые положения своей программы, т.к. партия вошла в правительственную коалицию с АНП на правах младшего коалиционного партнера. Это стало возможно после того, как на всеобщих выборах 1999 года электоральная поддержка партии достигла своего исторического максимума: за партию проголосовали 26,91% австрийских граждан – столько же, сколько за АНП. Электоральный успех АПС в конце 1990-х гг. в значительной мере объясняется тем, что, будучи высокоорганизованной и полностью легитимной партией – с точки зрения как политической культуры, так и политической жизни Австрии[306] – АПС смогла интерпретировать конвергенцию доминирующих партий в качестве фактора спроса на правый радикализм. С 1986 по 1999 гг. СДПА и АНП, две основные австрийские партии, формировали правительство на основе широкой коалиции. Учитывая то обстоятельство, что в данных условиях ни СДПА, ни АНП уже не представляли реальную оппозицию друг другу, избиратели, неудовлетворенные работой демократических

[306] Art. The Politics of the Nazi Past in Germany and Austria; Williams. The Impact of Radical Right-Wing Parties. P. 186.

институтов, увидели в возможности непосредственного участия АПС в управлении страной единственную альтернативу политическому статус-кво[307]. Однако надежды разочарованных австрийских граждан не оправдались, а само участие АПС в работе правительства оказалось крайне неудачным. После создания коалиции АНП и АПС в 2000 году правительства четырнадцати государств ЕС решили прекратить сотрудничество с правительством Австрии, создав вокруг нее политический «санитарный кордон». Йорг Хайдер, будучи наиболее одиозной публичной фигурой АПС, был вынужден снять с себя полномочия председателя партии, передав их Сюзанне Рисс-Пассер. Несмотря на то, что изоляция Австрии со стороны ЕС первоначально вызвала подъем патриотизма среди австрийцев, со временем поддержка участия правых радикалов в правительстве – главным образом из-за проводимых непопулярных реформ – стала снижаться, что отразилось на результатах региональных выборов. В АПС началась внутрипартийная борьба за лидерство и, в конечном итоге, канцлер Вольфганг Шюссель расформировал правительство и назначил внеочередные парламентские выборы. На всеобщих выборах 2002 года правые радикалы потерпели заметное (но относительное в общеевропейским контексте) поражение, заручившись поддержкой лишь 10,01% австрийских избирателей, а большая часть их голосов досталась АНП: по сравнению с предыдущими выборами, АПС утратила 16,90%, а консерваторы приобрели 15,39% голосов избирателей.

Относительное поражение австрийских крайне правых на всеобщих выборах 2002 года объясняется частичной утратой контроля над реализацией двух элементов объяснительной модели – «Артикуляцией + Агрегацией» и «Организацией». Во-первых, многие прежние избиратели АПС убедились в неэффективности ее работы в качестве участника правящей коалиции. Кроме того, учитывая то обстоятельство, что с 2000 по 2002 гг. АПС входила в правительство, правые радикалы лишились возможности критиковать его и, таким образом, уже не могли рассчитывать на поддержку со стороны граждан, недовольных политическим статус-кво. Во-вторых, внутренние противоречия не позволили партии в должной мере эффективно провести выборы. В АПС сформировалось две

307 Функе, Ренсманн. Новый правый популизм в Европе. С. 83.

враждующие фракции сторонников Сюзанны Рисс-Пассер и неформального лидера Йорга Хайдера, который часто делал публичные заявления, компрометирующие деятельность АПС в правительстве[308]. С 2002 по 2005 гг. в партии сменилось пять председателей, и фракционная борьба привела к выходу Хайдера и его сторонников из партии. Они основали «Альянс за будущее Австрии» (АБА), близкую по идеологии к АПС и составляющую ей прямую политическую конкуренцию.

На всеобщих выборах 2006 года АПС и АБА получили совокупную поддержку 15,15% избирателей, а на внеочередных выборах 2008 года – 28,24%, что стало свидетельством восстановления политической востребованности правого радикализма в Австрии. Главной причиной столь стремительного взлета крайне правых стало разочарование австрийских граждан в политике СДПА и АНП, составлявших до 2008 года широкую коалицию, но постоянно конфликтовавших между собой. Однако спустя меньше месяца после выборов Йорг Хайдер, управляя автомобилем в нетрезвом состоянии, попал в автокатастрофу и скончался от полученных травм. Гибель харизматического лидера нанесла значительный урон организации. Это отразилось на выборах в Европарламент 2009 года. Хотя и АПС, и АБА получили на выборах меньше голосов, чем на общенациональных выборах в 2008 году, электоральные потери АБА под руководством Йозефа Бухера оказались более существенными. Европейские выборы проходили на фоне мирового финансового кризиса и роста евроскептицизма в Австрии. В значительной мере этим воспользовалась АПС, предвыборная кампания которой проходила под лозунгами «Запад – в руки христианства» и «За Австрию, против ЕС и финансовой мафии»[309].

Несмотря на относительное снижение электоральной поддержки новых праворадикальных партий в Австрии, они остаются третьей политической силой в стране и успешно реализуют все три элемента объяснительной модели. Наличие двух крайне правых партий негативно сказывается на их индивидуальной электоральной поддержке, однако сходство идеологических позиций и готовность лидеров АПС и АБА к сотрудниче-

[308] Heinisch. Success in Opposition. P. 109-111.

[309] Kuhn T., Wolkenstein F., Perlot F., Meyer S. Austria // The 2009 Elections to the European Parliament: Country Reports / Ed. by W. Gagatek. Florence: European University Institute, 2010. P. 43.

ству (например, в рамках коалиции с АНП) говорит о том, что новый правый радикализм в Австрии представляет собой, в определенной степени, единую силу, которая является важной частью политического процесса.

Италия. В XX веке итальянский правый радикализм нашел свое наиболее известное воплощение в Национальной фашистской партии (НФП) Бенито Муссолини. Однако возникновению НФП предшествовали сложные политические и общественные процессы, которые обусловили ее появление и установление фашистского режима в Италии. В самом начале XX века страна переживала острый политический кризис, связанный с неспособностью либеральных демократов, правивших страной с 1870 года, ответить на вызовы эпохи. Итальянский либерализм подвергался критике с нескольких крайне правых позиций. Националистические мыслители Джованни Папини и Джузеппе Преццолини призывали к созданию общественно-политической системы, основанной на аристократических ценностях сильного государства и героизма. В свою очередь, основоположники теории элит, Гаэтано Моска и Вильфредо Парето, помогали своими работами рационализировать неприятие националистами либеральных институтов. Значительное влияние на становление итальянского фашизма оказало движение футуристов, призывавших к национальному возрождению и прославлявших культ молодости и войны. В 1910 году была создана первая праворадикальная партия – «Итальянская националистическая ассоциация» (ИНА), стоявшая на позициях корпоратизма, антилиберализма и крайнего национализма. В 1923 году она стала составной частью НФП, которая правила Италией с 1922 по 1943 гг.[310].

Партийный правый радикализм возродился в Италии уже в 1946 году в форме неофашистской партии «Итальянское социальное движение» (*ит*. Movimento Sociale Italiano, ИСД). ИСД представляло собой уникальный для послевоенной Европы пример политической и полити-

[310] Об истории правого радикализма в Италии и развитии фашизма см., среди прочего, Snowden F.M. The Fascist Revolution in Tuscany, 1919-1922. Cambridge/New York: Cambridge University Press, 1989; Pollard J. The Fascist Experience in Italy. London/New York: Routledge, 1998; Gentile E. The Italian Road to Totalitarianism. London: Frank Cass, 2004; Morgan P. Italian Fascism, 1915–1945. Houndmills/New York: Palgrave Macmillan, 2004.

ко-культурной легитимности откровенно неофашистской партии. В начале 1970-х гг. генеральный секретарь ИСД Джорджио Альмиранте заявил о лояльности партии демократической системе, что определенным образом повлияло на ее электоральную поддержку: на всеобщих выборах в нижнюю палату национального парламента 1972 года ИСД получило самый значительный за всю историю существования партии электоральный результат – 8,67% голосов. Несмотря на то, что идеология ИСД претерпела лишь незначительные изменения, уже в 1983 году партия приняла участие в переговорах по формированию кабинета министров. Дальнейшую легитимацию ИСД получило благодаря лидеру либерально-консервативной партии «Вперед, Италия!» (ВИ) Сильвио Берлускони, сформировавшему в 1994 году правительственную коалицию с участием представителей ИСД. Фактический выход неофашистов из многолетней изоляции повлек за собой пересмотр идеологических основ партии, в результате она была распущена в 1995 году. Умеренное крыло под руководством Джанфранко Фини образовало новую праворадикальную партию Национальный альянс (*ит.* Alleanza Nazionale, НА)[311], а лидер неофашистского крыла Пино Раути основал Социальное движение «Трехцветное пламя» (*ит.* Movimento Sociale Fiamma Tricolore, СДТП).

С 1997 по 2010 гг. в Италии функционировало три новые праворадикальные партии – НА, Лига Севера за независимость Падании (ЛСНП) и «Либертарианцы» (*нем.* Die Freiheitlichen, ИЛ) (см. Таблицу 12). Из них только НА и ЛСНП являются партиями национального масштаба, а деятельность ИЛ преимущественно ограничивается автономной провинцией Больцано. Идеология партии близка доктринальным установкам АПС и, несмотря на то, что партия участвует в общенациональных выборах, она апеллирует, прежде всего, к немецкоязычным гражданам, компактно проживающим в провинции Больцано. В указанный период в Италии также функционировало большое количество неофашистских партий: СДТП, Движение «Фашизм и свобода» (*ит.* Movimento Fascismo e Libertà), «Национал-социалистический фронт»

[311] При этом важно отметить, что официальный символ НА включает в себя несколько модифицированный и уменьшенный символ ИСД – трехцветное пламя (цвета итальянского флага) и аббревиатуру «И.С.Д.».

(*um.* Fronte Sociale Nazionale, НСФ), «Новая сила» (*um.* Forza Nuova, НС), «Социальное действие» (*um.* Azione Sociale, СД) и Движение «Социальная идея» (*um.* Movimento Idea Sociale). Наибольшим электоральным результатом неофашистов были 1,2% голосов, полученные на выборах в Европейский парламент 2004 года предвыборной коалицией «Социальная альтернатива», в которую вошли НСФ, НС и СД. Несмотря на незначительную электоральную поддержку, ее оказалось достаточно, чтобы лидер коалиции Алессандра Муссолини (внучка Бенито Муссолини), стала евродепутатом. Политическая легитимность нового правого радикализма и неофашизма объясняется не только особенностями политической культуры, но и спецификой итальянского законодательства. Согласно Статье 49 Конституции Италии, «все граждане имеют право свободно объединяться в партии, чтобы демократическим путем содействовать определению национальной политики»[312]. Как видно из содержания данной статьи, она не определяет законность той или иной идеологии в рамках политической системы Италии, а положение о «демократических методах» указывает лишь на способ формирования национальной политики – через представительные органы власти (нижняя и верхняя палаты парламента). Таким образом, участие любой политической партии в выборах того или иного уровня, является подтверждением ее готовности участвовать в работе демократических институтов.

Таблица 12

Новые праворадикальные партии Италии, функционировавшие в то или иное время в период с 1997 по 2010 гг.

Название партии	Год создания	Год окончания деятельности	Председатель
Лига Севера за независимость Падании	1991	–	Умберто Босси
«Либертарианцы»	1992	–	Пиус Ляйтнер
Национальный альянс	1995	2009	Джанфранко Фини

[312] Конституция Италии. http://www.pravo.vuzlib.net/book_z2021_page_8.html.

ЛСНП и НА, который в 2009 году объединилась с правоконсервативной ВИ Берлускони, были основными новыми праворадикальными партиями в Италии (см. Таблицу 13). В отличие от НА, ЛСНП не имеет праворадикального прошлого как такового. Партия была образована путем слияния нескольких более мелких региональных партий, выступавших за федерализацию Италии и за придание бóльшей автономии северным и северо-центральным регионам страны. Основной партией, предшествующей созданию ЛСНП, была Ломбардская лига (*ит.* Lega Lombarda, ЛЛ), которая по результатам региональных выборов 1990 года стала второй по значению партией в Ломбардии, заручившись поддержкой 18,94% граждан. Еще в 1989 году председатель партии Умберто Босси предложил объединить региональные партии в одну, и в 1991 году был проведен федеральный конгресс ЛСНП. Тем не менее, реальное объединение региональных партий состоялось уже после всеобщих выборов в нижнюю палату парламента 1992 года, на которых ЛЛ получила 8,65% голосов. На всеобщих выборах 1994 года ЛСНП вошла в стратегический альянс с ВИ и НА, причем Сильвио Берлускони выполнял в определенной степени посредническую роль между двумя праворадикальными партиями, в программах которых содержатся некоторые диаметрально противоположные политические аспекты. Стратегический альянс оказался успешным с точки зрения электоральных результатов: 11 представителей ЛСНП стали депутатами нижней палаты парламента. Однако электоральный взлет партии Берлускони, который по итогам первых в своей жизни выборов стал премьер-министром Италии, заставил многих депутатов от ЛСНП перейти в ВИ. Умберто Босси выразил недоверие правительству Берлускони, и на внеочередных выборах 1996 года ЛСНП участвовала уже вне рамок какого-либо альянса. Стратегический ход Босси оказался успешным: партия получила на 1,71% голосов больше (10,07%), чем на предыдущих выборах (8,36%). Тем не менее, на следующих выборах электоральная поддержка ЛСНП снизилась, вследствие растущего влияния ВИ.

Таблица 13

Электоральные показатели итальянских новых праворадикальных партий в период с 1999 по 2009 гг.

Партия	Электоральные показатели, %					
	Тип выборов					
	Нижняя палата национального парламента			Европарламент		
	2001	2006	2008	1999	2004	2009
ЛСНП	3,94	4,58	8,30	4,49	4,96	10,21
ИЛ	–	0,05	0,08	–	–	–
НА	12,02	12,34	–	10,30	11,49	–

Политические доктрины НА и ЛСНП характеризовались сходством по нескольким основным положениям, благодаря которым можно сделать вывод об их принадлежности к семье новых праворадикальных партий. Центральное место в обеих идеологиях занимало представление об этнокультурном сообществе и необходимости сохранения его однородности. Однако партии неодинаково интерпретировали понятие этнокультурного сообщества. В данном вопросе НА в значительной мере наследовал фашистское понимание нации как унитарного субъекта, фактически отождествляемого с государством. В свою очередь, ЛСНП отвергает концепцию единой нации и выдвигает на первый план идею федерализма, которая обусловлена как сепаратистскими настроениями, так и влиянием «Новых правых», пропагандирующими этно-регионализм. ЛСНП утверждает, что не только жители севера Италии (Падания) отличаются от южных «терроне» (пренебрежительное название жителей юга Италии), но и на самом севере (области Пьемонт, Венето, Лигурия, Ломбардия, Трентино-Альто-Адидже и Эмилия-Романья) народы отличаются друг от друга и представляют собой отдельные культурные сообщества. НА и ЛСНП сходились во мнении о необходимости защиты этнокультурной идентичности от «чужеродных» элементов, однако в случае НА этнокультурная идентичность отождествлялась с итальянской нацией, а в случае ЛСНП – с региональными культурными сообществами. Обе партии считали, что «чужеродные» элементы находят свое воплощение, прежде всего, в иммигрантах из стран Азии и Африки, и выступали за радикальное ужесточение законов в отношении незаконных иммигрантов. При этом, с точки зрения идеологов ЛСНП, угрозу этнокультурной однородности северных регионов Италии несут не только иммигранты, но и жители южных регионов страны. Обе праворадикальные партии выступали с позиций социального консерватизма, требовали укрепления законности и порядка, ужесточения наказаний. Несмотря на то, что НА и ЛСНП разделяли идеи свободных рыночных отношений, ЛСНП настроена более радикально в вопросах реализации либеральных экономических программ, в то время как партия Джанфранко Фини была склонна поддерживать некоторые протекционистские меры. Однако основным идеологическим различием между двумя крайне правыми партиями являлись их взгляды на государственное устройство Италии, что было прямым следствием различной интерпретации понятия этнокультурного сообщества. НА выступал за сохранение сильного централизованного государства, а ЛСНП отстаивает идею федерализации Италии, т.к. считает, что бедный сельскохозяйственный юг фактически эксплуатирует богатые промышленно развитые северные регионы и не дает им развиваться. Расхождение в вопросах государственного устройства являлось одной из главных причин разногласий между партиями и отказа ЛСНП участвовать в предвыборных объединениях с НА.

С точки зрения партийной организации, НА и ЛСНП реализовывали идею демократического централизма: партийное руководство принимает основные стратегические решения, а первичные организации оказывают на этот процесс лишь опосредованное влияние. В качестве председателей партий Умберто Босси и Джанфранко Фини обладали широкими властными полномочиями и осуществляли жесткий контроль над действиями внутрипартийных идеологических групп. Тем не менее, обе партии кардинально различались по количеству членов: в 1994 году в ЛСНП состояло 38 тысяч человек[313], а в НА – 324 тысячи, причем уже в 1995 году количество членов НА возросло до 467 тысяч человек[314]. Подобную диспропорциональность можно объяснить, в частности, идеологическими установками партий: если ЛСПН в значительной мере ориентируется лишь на север Италии, то НА представлял всю страну.

313 Betz H.-G. Against Rome: The Lega Nord // The New Politics of the Right: Neo-Populist Parties and Movements in Established Democracies / Ed. by H.-G. Betz, S. Immerfall. New York: St. Martin's Press, 1998. P. 50.

314 Ignazi. Extreme Right Parties in Western Europe. P. 49.

Эти же различия имели прямое отношение к объему электоральной поддержки крайне правых партий. На всеобщих выборах ЛСНП вообще не выставляет своих кандидатов в южных регионах страны, а НА, несмотря на то, что основная поддержка партии исходила из южных и центральных регионов, даже на севере получал относительно высокие электоральные результаты (8-10% голосов). Тем не менее, обе партии демонстрировали схожесть электората: за них преимущественно голосовали представители независимого среднего класса, частного сектора промышленности, а также рабочие[315], т.е. тот слой общества, который заинтересован в сохранении своего социального положения. Избирателям НА и ЛСНП свойственны чувства враждебности к «Другому», и они более авторитарны, чем избиратели центристских и левых партий. Протестные настроения характеризуют в бо́льшей мере электорат ЛСНП – ее избиратели наименее удовлетворены работой демократических институтов и они больше всех не доверяют политическим партиям как таковым, поэтому их привлекает популистская риторика Умберто Босси, направленная против политических элит Италии и политической коррупции.

Всеобщие выборы 2006 года стали последним, в которых НА принимал независимое участие. В ноябре 2007 года Сильвио Берлускони инициировал создание новой партии – «Народ свободы» – которая в форме одноименного электорального объединения приняла участие во внеочередных всеобщих выборах 2008 года. НА также участвовал в данном объединении, а в 2009 году окончательно вошел в состав «Народа свободы». Интересно отметить, что в рамках новой партии Джанфранко Фини отошел от правого радикализма и стал занимать более либеральные позиции по таким важным для крайне правых вопросам, как иммиграция и эвтаназия. Однако непрекращающиеся конфликты Берлускони и Фини вынудили последнего образовать в 2010 году либерально-консервативную партию «Будущее и свобода», которую Фини номинально возглавил[316].

Внеочередные выборы 2008 года стали следствием политического кризиса в Италии, который закончился тем, что левоцентристское прави-

---

[315] Bull. The Lega Nord and the Northern Question. P. 70; Ignazi. Extreme Right Parties in Western Europe. P. 52.

[316] Будучи Председателем Палаты депутатов, Фини не может официально возглавлять политическую партию, поэтому его лидерство является номинальным.

тельство Романо Проди получило вотум недоверия в Сенате, а президент Джорджио Наполитано распустил парламент. Политический кризис и отсутствие конкуренции на праворадикальном поле оказало положительное влияние на электоральные результаты ЛСНП, за которые голосовали многие разочаровавшиеся граждане, включая тех, кто ранее поддерживал крайне левых[317]. Европейские выборы 2009 года оказались для ЛСНП еще более успешными: партия заручилась поддержкой 10,21% избирателей, что стало электоральным рекордом ЛСНП со времени основания. Центральным пунктом в предвыборной кампании крайне правых была их эффективная, по мнению ЛСНП, работа в правительстве, направленная на борьбу с нелегальной иммиграцией. Интересно отметить, что в результате выборов партия Берлускони, скандалы с участием которого стали одной из главных мишеней для критики, получила на 2,12% голосов меньше, чем в 2008 году, а поддержка ЛСНП, наоборот, увеличилась на 1,91%. Сходство этих цифр позволяет исследователям говорить о том, что крайне правым перешли именно голоса «Народа свободы»[318].

В целом ЛСНП занимает довольно устойчивое положение в итальянском политическом пространстве, а политический спрос на крайне правую риторику, особенно в условиях интенсивных миграционных потоков из стран Африки, переживших революции в 2010-2011 гг., будет, возможно, только увеличиваться.

Греция. В отличие от европейских государств, проанализированных выше, в Греции нет многолетних политических праворадикальных традиций. В XX веке в стране существовало два правоавторитарных режима, но они не имели глубоких корней в греческой политической культуре. Первый правоавторитарный режим был установлен Иоаннисом Метаксасом, который находился у власти с 1936 по 1941 гг.[319]. До начала Второй мировой войны Греция находилась в сложных отношениях с Италией и Германией, а в 1940 году была вынуждена военным пу-

317 Bull M.J., Newell J.L. The General Election in Italy, April 2008 // Electoral Studies. 2009. Vol. 28. No. 2. P. 340.

318 Bressanelli E., Calderaro A., Piccio D., Stamati F. Italy // The 2009 Elections to the European Parliament: Country Reports / Ed. by W. Gagatek. Florence: European University Institute, 2010. C. 116.

319 Подробнее см. Vatikiotis P.J. Popular Autocracy in Greece 1936-41: A Political Biography of General Ioannis Metaxas. London: Frank Cass, 1998.

тем противостоять итальянскому вторжению. Однако уже в 1941 году германские войска захватили Грецию и режим пал. В стране было развернуто мощное движение сопротивления фашистской оккупации и это заложило основу антифашистских традиций в греческой политической культуре. В 1967 году был установлен так называемый «режим полковников» – военная правоавторитарная диктатура. Во время ее существования все политические партии были запрещены, гражданские свободы – крайне ограничены, а против инакомыслящих были развернуты масштабные политические репрессии. Греция оказалась в международной изоляции, а в последние годы правления диктатуры страна – в критических экономических условиях.

После свержения правоавторитарного режима в 1974 году правый радикализм был в значительной мере дискредитирован. На фоне эффективных политических и экономических реформ, которые проводились двумя доминирующими греческими партиями – Всегреческим социалистическим движением (ВГСД) и «Новой демократией» (НД) – электоральные результаты греческих правых радикалов были невысокими, а относительные успехи – крайне изолированными. Наибольшим электоральным показателем новых праворадикальных партий стали 2,3%, полученные на выборах в Европарламент 1984 года Национальным политическим союзом.

Тем не менее, было бы ошибочным считать, что греческому обществу чужды националистические настроения. Согласно опросам 2001 года 38% греков признали, что присутствие в повседневной жизни представителей других национальностей вызывает у них беспокойство, причем это был самый высокий показатель среди стран ЕС, где в среднем лишь 15% граждан относятся к иным нациям подобным образом[320].

Для адекватной интерпретации греческого национализма представляется необходимым указать на его особенности. Центральным элементом национальной идентичности греков является православие и, учитывая то, что 97% граждан страны считают себя православными, греческую нацию можно обоснованно назвать религиозной[321]. Отождествление гре-

[320] Special Eurobarometer 138. Attitudes towards Minority Groups in the European Union: A Special Analysis of the Eurobarometer 2000 Survey on Behalf of the European Monitoring Centre on Racism and Xenophobia / Ed. by E. Thalhammer et al. Vienna: SORA, 2001. P. 41.

[321] Barker P.W. Religious Nationalism in Modern Europe: If God Be for Us. London:

ческой идентичности и православия находит свое отражение в понятии «эллино-христианство», которое, в частности, является указанием на историческое, культурное, интеллектуальное и духовное наследие современных греков, неразрывно связанных с древнегреческой и византийской эпохами. В Греции церковь официально не отделена от государства, а конституция, написанная «во имя Святой, Единосущной и Нераздельной Троицы», закрепляет за «религией восточно-православной Церкви Христовой» статус господствующей религии в Греции[322].

Вследствие особенностей национально-религиозного самосознания греков доминирующие партии (ВГСД и НД) поддерживают умеренно-националистический дискурс в политике, лишая правых радикалов монополии на некоторые элементы свойственной им риторики. Это отчасти объясняет отсутствие каких-либо позитивных тенденций в развитии крайне правых партий в Греции в течение 1980-90-х гг. В период с 1997 по 2010 гг. в стране функционировало три новые праворадикальные партии (см. Таблицу 14), однако только одной из них – «Народному православному призыву» (*греч.* Λαϊκός Ορθόδοξος Συναγερμός, ГНПП) – удалось провести своих представителей в парламенты Греции и ЕС. Неофашистские партии не пользуются электоральной поддержкой, хотя они принимали участие во всеобщих выборах до 2000 года. Перед парламентскими выборами 2007 года суд запретил партии «Новый фашизм» (*греч.* Νέος Φασισμός) принимать участие в электоральном процессе. При вынесении своего решения суд сослался на Статью 29 Конституции Греции: «Греческие граждане, имеющие право избирать, могут свободно создавать политические партии и участвовать в них; организация и деятельность партий должны служить свободному функционированию демократического строя»[323]. Учитывая тот факт, что иные неофашистские партии, например, «Золотая заря» (*греч.* Χρυσή Αυγή), «Фронтовая линия» (*греч.* Πρώτη Γραμμή, ФЛ) и Патриотический альянс (*греч.* Πατριωτική Συμμαχία) свободно допускались до участия в выборах, следует предположить, что запрет на участие «Нового фашизма» был вызван, главным образом, провокационностью названия партии.

Routledge, 2009. P. 113.

[322] Конституция Греции. http://www.pravo.vuzlib.net/book_z2021_page_10.html.

[323] Там же.

Таблица 14

Новые праворадикальные партии Греции, функционировавшие в то или иное время в период с 1997 по 2010 гг.

Название партии	Год создания	Год окончания деятельности	Председатель
Партия эллинизма	1981	2004	Сотирис Софианопулос
«Эллинский фронт»	1994	2004	Макис Воридис
«Народный православный призыв»	2000	–	Йоргос Карадзаферис

ГНПП стала самой влиятельной праворадикальной партией Греции с середины 1980-х гг. Ее основателем и председателем является Йоргос Карадзаферис, владелец телекомпании «ТелеАсти». Еще до создания партии Карадзаферис уже был известным политиком, т.к. он состоял в правоцентристской НД и с 1993 года был депутатом парламента. В 2000 году он был исключен из НД за провокационные высказывания и критику председателя партии Костаса Караманлиса. Бывшее членство Карадзафериса в одной из доминирующих партий страны, его принадлежность к греческой бизнес-элите, а также внимание к православной идентичности греков, отраженное в названии партии, обеспечило ГНПП признание легитимности его участия в политическом процессе. Рост популярности партии заставил ряд других крайне правых партий пересмотреть свой автономный статус, и в 2004 году в ГНПП вошли такие новые праворадикальные организации, как Партия эллинизма (*греч.* Κόμμα Ελληνισμού, ПЭ) и «Эллинский фронт» (*греч.* Ελληνικό Μέτωπο, ГЭФ), а также неофашистская ФЛ во главе с антисемитом Константиносом Плеврисом.[324] Ни одна из этих партий не пользовалась какой-либо значительной электоральной поддержкой, в то время как объединение с ГНПП открывало для них новые политические перспективы (см. Таблицу 15).

[324] В 2004 году в ГНПП также вошел такой одиозный политик, как Анестис Керамидас – сторонник «теории эпсилонизма», согласно которой греки не только генетически превосходят другие народы, но и являются потомками инопланетян. Несмотря на свои эксцентричные идеи, Керамидас стал представителем ГНПП в городском совете города Салоники.

Таблица 15

Электоральные показатели греческих новых праворадикальных партий в период с 1999 по 2009 гг.

Партия	Электоральные показатели, %						
	Тип выборов						
	Национальный парламент				Европарламент		
	2000	2004	2008	2009	1999	2004	2009
ПЭ	0,09	–	–	–	0,25	–	–
ГЭФ	–	0,09	–	–	0,12	0,25	–
ГНПП	–	2,19	3,80	5,63	–	4,12	7,15

Несмотря на то, что в ГНПП вошла неофашистская ФЛ, партия осталась на позициях нового правого радикализма. В ее идеологии можно выделить несколько центральных элементов. Главным элементом является представление о греческой нации. Оно претерпело некоторые изменения со времени создания ГНПП. В первые годы своего существования партия подчеркивала религиозную составляющую своей доктрины и отстаивала идеи «эллино-христианства», отождествляя, таким образом, национальную принадлежность и православное мировоззрение. Однако в последующие годы партийные идеологи стали уделять меньшее внимание религии и в настоящее время ГНПП интерпретирует понятие народа в его светском значении. Партия подчеркивает, что «эллиноцентризм» является неотъемлемой чертой ее идеологии, которая проникнута «греческим духом», «греческими ценностями» и «греческой культурой»[325]. В первые годы существования ГНПП была свойственна националистическая риторика, направленная против иммигрантов в целом, а также против отдельных наций – турков, албанцев, цыган и евреев. Однако уже в 2004 году после избрания Йоргоса Карадзафериса депутатом Европарламента он выступил на конгрессе партии и призвал своих сторонников к сдержанности в высказываниях, чтобы создать образ респектабельной партии. Позднее из партии вышел ряд ультранационалистов, включая Константиноса Плевриса. Часть бывших членов

[325] Γραμματεία Πολιτικού Σχεδιασμού. Αθήνα: 2007. http://www.laosekloges.gr/pdf/PROGRAM_LAOS.pdf.

ГНПП вступила в неофашистскую партию «Патриотический альянс», которая существовала с 2004 по 2007 гг.

Другим важным элементом идеологии ГНПП является популизм, характеризующийся четко выраженным протестным и националистическим содержанием. Заявляя о необходимости восстановить суверенитет народа, ГНПП утверждает свое кардинальное отличие от доминирующих партий. Именно они, по мнению крайне правых, ответственны за установление такого политического статус-кво, которое «терроризирует страну» и ведет к постепенному «анти-греческому порабощению». Как следствие, политической целью ГНПП является радикальное изменение существующей конфигурации политических сил.

Третьим идеологическим элементом греческих правых радикалов является социальный консерватизм. ГНПП декларирует необходимость защиты так называемых семейных ценностей и крайне негативно настроен по отношению к людям нетрадиционной сексуальной ориентации. Партия также характеризуется приверженностью материалистическим ценностям: поддержание безопасности, борьба с преступностью и безработицей занимают одно из центральных мест в повестке дня крайне правых.

С точки зрения внутренней организации партии, ГНПП представляет собой централизованную структуру, в рамках которой председатель партии Йоргос Карадзаферис обладает значительным влиянием на принятие всех стратегических решений. В партии фактически отсутствуют фракции, что вносит свой вклад в эффективность ее работы и способствует мобилизации всех членов партии в период предвыборных кампаний. При ГНПП существует подразделение «Молодежный православный призыв», членами которого могут быть граждане Греции в возрасте от 14 до 40 лет. Кроме того, при партии организовано студенческое подразделение. Оба подразделения функционируют, в частности, в рамках школ и университетов, что обеспечивает ГНПП постоянным притоком молодых кадров.

Распространенность националистических настроений в греческом обществе создает важный фактор спроса на новые праворадикальные партии. Например, согласно результатам опроса 2001 года, 81% греческих респондентов полагали, что иммигранты совершают преступления чаще греческих граждан (в среднем по ЕС этот показатель равен 58%)[326]. Можно предположить, что такой высокий показатель враждебности к «Другому» делает греков особенно уязвимыми перед идеологами новых праворадикальных партий, которые открыто утверждают, что иммигранты представляют экономическую и социальную опасность для греческого общества. Однако, как показывают результаты всеобщих выборов, проходивших без участия ГНПП, одна лишь националистическая риторика, направленная против иммигрантов или представителей этнических меньшинств, не позволяет крайне правым партиям заручиться достаточной поддержкой граждан. Как уже упоминалось, обе доминирующие греческие партии используют в пропагандистских целях умеренно националистическую риторику, поэтому праворадикальные партии не могут в полной мере использовать настроения враждебности к «Другому» в качестве фактора политического спроса.

Вне всяких сомнений, относительному электоральному успеху ГНПП способствовала поддержка высших иерархов Элладской православной церкви[327]. Ныне покойный архиепископ Христодул поддержал Йоргоса Карадзафериса на выборах в префектуру Афин в 2002 году, а после выборов архиепископ назвал избирателей Карадзафериса «добрыми христианами»[328]. Кроме того, после греческих выборов в Европарламент 2004 года, на которых ГНПП получил 4,12% голосов, Христодул направил Карадзаферису официальное письмо, в котором поздравил его с избранием евродепутатом[329]. Тем не менее, поддержка греческих крайне правых со стороны церкви является ситуативной и непостоянной.

Важнейшим фактором относительных электоральных успехов ГНПП является умелое использование протестных настроений граждан. В период с 1981 по 2004 гг. левоцентристы из ВГСД находились у власти на протяжении девятнадцати лет, и победа оппозиционной правоцентристской НД на всеобщих выборах 2004 года была в значительной мере обуслов-

---

326 Special Eurobarometer 138. P. 40.

327 Pappas P. «United Like A Fist!» // Greekworks. 2002. 18 December. http://www.greekworks.com/content/index.php/weblog/print/united_like_a_fist.

328 Archbishop Against Ultra Right Support Allegations // Macedonian Press Agency. 2002. 15 October. http://www.hri.org/news/greek/mpab/2002/02-10-15.mpab.html#12.

329 Topic: Greece's Archbishop Congratulates and Praises Extreme Right Leader Who Repeats that «Jewish-Zionists Dominate US Media»! // Greek Helsinki Monitor. 2004. 27 June. http://www.greekhelsinki.gr/bhr/english/organizations/ghm/ghm_27_06_04.doc.

лена недовольством повышением цен, растущим уровнем безработицы и коррупцией в левоцентристском правительстве[330]. Однако, если избирательная кампания НД была построена на критике ВГСД, то ГНПП попыталась убедить граждан, что обе доминирующие партии ответственны за ухудшение политической и социально-экономической ситуации в стране. Такая стратегия была отчасти успешной, и правым радикалам удалось заручиться поддержкой националистического электората и тех избирателей, которые беспокоились о сохранении своего социально-экономического положения и не верили в возможность НД изменить ситуацию к лучшему. На выборах в Европарламент 2004 года 26% избирателей ГНПП приняли решение голосовать за крайне правых в сам день голосования[331]. Кроме того, после всеобщих выборов того же года лишь 17% избирателей ГНПП признались в том, что их выбор был обусловлен доверием непосредственно к праворадикальной партии, в то время как 8% голосовали за «худшее зло», а 75% избирателей руководствовались чувством протеста против существующего политического статус-кво[332].

Последующие выборы – в Европейский и греческий национальный парламенты – состоявшиеся в 2009 году, продемонстрировали растущую поддержку ГНПП. Во время европейской избирательной кампании крайне правые критиковали НД и ВГСД, пытаясь убедить избирателей в том, что основные партии не имеют никаких конкретных программ. Другим предвыборным лозунгом ГНПП была борьба с иммиграцией в страну. Кроме того, партия Карадзафериса настаивала на более сильных позиции Греции в рамках ЕС[333]. Стратегия крайне правых оказалась относительно успешной (7,15% голосов и два места в Европарламенте): так как граждане Греции в целом положительно относятся к ЕС, ГНПП не разделяет радикальный евроскептицизм, свойственный многим праворадикальным партиям в других странах Европы.

330 Kassimeris G. The 2004 Greek Election: Pasok's Monopoly Ends // West European Politics. 2004. Vol. 27. No. 5. P. 943.

331 Teperoglou E., Skrinis S. Who Treated the 2004 European Election in Greece as a Second-Order Election? // European Elections after Eastern Enlargement: Preliminary Results from the European Election Study 2004 / Ed. by M. Marsh, S. Mikhaylov, H. Schmitt. Mannheim: Connex, 2007. P. 403.

332 Mudde. Populist Radical Right Parties in Europe. P. 228.

333 Vasilopoulou S. Greece // The 2009 Elections to the European Parliament: Country Reports / Ed. by W. Gagatek. Florence: European University Institute, 2010. C. 96-97.

Общенациональные выборы 2009 года проходили на фоне политического кризиса, который стал результатом ряда коррупционных скандалов и неспособностью правительства Костаса Караманлиса (НД) решить проблемы, связанные с экономикой и окружающей средой: летом 2009 года окрестности Афин охватили масштабные лесные пожары. Однако, как и ранее в том же году, ГНПП поставил в центр своей предвыборной кампании вопросы, связанные скорее с иммиграцией и безопасностью, чем с экономикой и экологией[334]. Хотя за крайне правых проголосовало больше греков, чем на европейских выборах, учитывая особенности законодательства, электоральная поддержка ГНПП на общенациональных выборах оказалась меньше – 5,63%. Вместе с тем, акцент на экономических проблемах позволил ВГСД выиграть выборы, а внимание к проблемам экологии прибавило популярности партии «Экологи-зеленые».

В настоящее время избирательская поддержка ГНПП является относительно стабильной. При этом представляется маловероятным, что продолжающийся глубокий финансовый кризис в Греции станет катализатором электорального роста крайне правых: как показывает опыт, ГНПП не способен артикулировать и агрегировать экономические интересы широких слоев населения, а протестный электорат, критически настроенный по отношению к двум основным партиям – ВГСД и НД – склонен в ситуации экономического кризиса, скорее, к поддержке крайне левых из Коммунистической партии Греции, чем крайне правых.

Польша. Первые националистические организации в Польше появились в конце XIX века. Они были созданы на основе широкого национально-освободительного движения, активно боровшегося против оккупации польских земель. Первой крайне правой польской партией считается Национал-демократическая партия (ПНДП), созданная в 1897 году радикальным националистом и антисемитом Романом Дмовским[335]. ПНДП была не только партией, но и подпольным движением, из которого в начале XX века возникло несколько праворади-

334 Kovras I. The Parliamentary Election in Greece, October 2009 // Electoral Studies. 2010. Vol. 29. No. 2. P. 294.

335 Подробнее см. Fountain A.M. Roman Dmowski, Party, Tactics, Ideology, 1895-1907. Boulder: East European Monographs, 1980.

кальных партий и организаций – Национально-народный союз, Национальная партия, «Лагерь Великой Польши». Все национал-демократические организации находились в непримиримой оппозиции к так называемому режиму «санации» – националистической правоавторитарной диктатуре Юзефа Пилсудского, правившего Польшей с 1926 по 1935 гг. В 1934 году из национал-демократического движения выделился ряд молодых активистов, которые создали фашистскую партию «Национально-радикальный лагерь» (НРЛ), деятельность которой, в сущности, сводилась к еврейским погромам и нападениям на польских коммунистов. С 1939 по 1945 гг. польские крайне правые партии и организации участвовали в движении сопротивления немецкой оккупации и советским войскам. После восстановления независимости Польши все националистические партии и организации были запрещены, однако уже в 1947 году была создана крайне правая нецерковная католическая ассоциация «ПАКС» под руководством Болеслава Пясецкого – бывшего лидера фашистской группировки «Фаланга», возникшей в результате раскола НРЛ[336]. «ПАКС» пользовался поддержкой польского правительства, которое, в свою очередь, было заинтересовано в деятельности ассоциации, направленной на подрыв влияния католической церкви среди верующих.

В 1981 году в Польше была создана первая крупная неонацистская организация «Национальное польское возрождение» (НПВ), которая объявила себя наследником НРЛ. Учитывая тот факт, что до 1989 года Польша оставалась социалистической страной, в которой действовала Конституция, закреплявшая за Польской объединенной рабочей партией (ПОРП) статус «направляющей силы общества в процессе политического строительства социализма», участие неонацистских организаций в политической жизни страны было исключено.

После 1989 года, когда впервые за многие годы в стране были проведены свободные выборы, в Польше начали создаваться новые праворадикальные, а также откровенно неофашистские партии. Однако в течение 1990-х гг. крайне правым не удавалось заручиться значимой элек-

[336] Kunicki M. The Red and the Brown: Bolesław Piasecki, the Polish Communists, and the Anti-Zionist Campaign in Poland, 1967-68 // East European Politics & Societies. 2005. Vol. 19. No. 2. P. 185-225.

торальной поддержкой. Единственное исключение составило Движение за преобразование Польши (*пол.* Ruch Odbudowy Polski, ДЗПП), которому в 1997 году удалось набрать 5,56% голосов на всеобщих выборах в нижнюю палату парламента.

Помимо ДЗПП в период с 1997 по 2010 гг. в Польше функционировало еще две новые праворадикальные партии (см. Таблицу 16). Относительный электоральный успех ДЗПП в 1997 году был изолированным явлением – в дальнейших выборах партия участвовала по спискам иных партий. Той же стратегии придерживалась Конфедерация независимой Польши – Отчизна (*пол.* Konfederacja Polski Niepodległej – Ojczyzna, КНПО), но из-за внутренних организационных проблем она перестала существовать в 2001 году. Лига польских семей (ЛПС) достигла наибольших результатов среди всех остальных крайне правых партий. ЛПС является легитимным участником политического процесса, что, не в последнюю очередь, обусловлено особенностями польской политической культуры, которая, как было показано выше, характеризуется терпимостью к националистическим идеям. По всей видимости, те же политико-культурные особенности определяют допустимость участия во всеобщих выборах неофашистских партий – НПВ, Польского национального сообщества и Польской народной партии. Важно отметить, что формально подобная практика является незаконной. В соответствии со Статьей 13 Конституции Польши,

> запрещено существование политических партий и иных организаций, которые в своих программах обращаются к тоталитарным методам и приемам деятельности нацизма, фашизма и коммунизма, а также тех, программа или деятельность которых требует или допускает расовую и национальную ненависть, применение насилия с целью захвата власти или влияния на политику государства[337].

Существует две главные причины отсутствия электорального успеха правых радикалов в первую декаду существования пост-социалистической Польши. Во-первых, праворадикальный проект построения или сохранения однородного этнокультурного сообщества был неактуален в

[337] Конституция Польской Республики. http://zakony.com.ua/files/docs1/00002392.doc.

Польше[338], т.к. данный проект уже был реализован в силу относительной закрытости польского общества в социалистический период: к 1990 году 98,7% граждан Польши были этническими поляками, а 95% граждан – католиками. Более того, угрозы однородному этнокультурному сообществу были не очевидны: начиная с 1989 года, в стране сохранялся отрицательный миграционный прирост населения. Во-вторых, в 1990-х гг. общественная жизнь государства была поглощена борьбой двух политических лагерей, состоявших из партий-наследников расформированной коммунистической ПОРП и антикоммунистического объединения профсоюзов «Солидарность»[339]. В условиях значительной поляризации политической системы крайне правые партии продемонстрировали неспособность предложить потенциальным избирателям убедительную альтернативу враждующим политическим группам.

Таблица 16

Новые праворадикальные партии Польши, функционировавшие в то или иное время в период с 1997 по 2010 гг.

Название партии	Год создания	Год окончания деятельности	Председатель
Движение за преобразование Польши	1995	–	Станислав Гогач
Конфедерация независимой Польши – Отчизна	1999	2001	Пшемылав Ситек
Лига польских семей	2001	–	Мирослав Ожеховский

К 2001 году конфигурация политических сил в Польше претерпела серьезные изменения. В конце 1990-х гг. начал стремительно распадаться избирательный блок «Солидарность» (ИБС), уверенно победивший на всеобщих выборах 1997 года. Многие члены ИБС либо вошли в другие политические организации, либо основали свои партии, из которых можно выделить «Право и справедливость» (ПИС) Леха и Яросла-

338 Ost D. The Radical Right in Poland: Rationality of the Irrational // The Radical Right in Central and Eastern Europe since 1989 / Ed. by S.P. Ramet. University Park: Pennsylvania State University Press, 1999. P. 91.

339 Millard F. Elections in Poland 2001: Electoral Manipulation and Party Upheaval // Communist and Post-Communist Studies. 2003. Vol. 36. No. 1. P. 71.

ва Качиньских и «Гражданскую платформу» (ГП) Дональда Туска. Несмотря на то, что на выборах 2001 года уверенную победу (41,04%) одержал избирательный блок Демократического левого альянса и Союза труда, партии, созданные непосредственно перед выборами (ГП, ПИС и ЛПС), совокупно получили до трети всех голосов избирателей, а ИБС не провел в Сейм ни одного депутата. Эти выборы были также отмечены резким увеличением поддержки популистской «Самообороны республики Польша» (СРП) – от 0,08% голосов в 1997 году до 10,22% в 2001 году.

Электоральный прорыв крайне правой ЛПС на выборах 2001 года (см. Таблицу 17) был обусловлен несколькими причинами, среди которых можно выделить изменение партийно-политической конфигурации в стране и возникновение широкой общественной дискуссии о вступлении Польши в ЕС. К моменту выборов уровень общественной поддержки членства в ЕС упал до минимального значения за все предыдущие годы (53%), и именно партиям, критиковавшим планы вступления Польши в ЕС (ЛПС и СРП), удалось привлечь на свою сторону избирателей-евроскептиков[340]. На выборах в Европарламент 2004 года – на фоне крайне низкой явки избирателей (20,90%) – негативное отношение ЛПС к членству Польши в ЕС обеспечило ей второе место (15,92%), а евроскептики из СРП финишировали четвертыми (10,78%).

Таблица 17

Электоральные показатели польских новых праворадикальных партий в период с 1997 по 2009 гг.

Партия	**Электоральные показатели, %**					
	Тип выборов					
	Нижняя палата национального парламента				Европарламент	
	1997	2001	2005	2007	2004	2009
ДЗПП	5,56	–	–	–	–	–
КНПО	–	–	–	–	–	–
ЛПС	–	7,87	7,97	1,3	15,92	–

340 Minkenberg M. The Radical Right in Postsocialist Central and Eastern Europe: Comparative Observations and Interpretations // East European Politics and Societies. 2002. Vol. 16. No. 2. P. 351.

Неприятие ЕС со стороны ЛПС следует рассматривать в контексте идеологии партии[341]. Создание ЛПС стало результатом объединения нескольких религиозно-националистических партий и организаций при активном участии культурных и интеллектуальных центров. Основатель ЛПС и ее председатель до 2007 года Роман Гертых считает свою партию наследницей довоенного национал-демократического движения[342]. ЛПС настаивает на этнокультурной интерпретации польской нации и требует усиления роли католической церкви в жизни общества. Для ЛПС характерна антисемитская риторика[343] – традиционный элемент всех польских националистических организаций, однако наибольшую неприязнь ЛПС вызывают не отдельные народы, а иностранные государства, которые якобы желают лишить Польшу суверенитета. Вступление Польши в различные международные политические и экономические союзы (например, ЕС) представляется процессом, в результате которого польские земли будут проданы иностранцам, отечественные товаропроизводители станут банкротами из-за неспособности конкурировать с транснациональными корпорациями, сельское хозяйство будет уничтожено и в целом страна утратит контроль за стратегически важными отраслями экономики. ЛПС отстаивает социально-консервативные позиции и придерживается реакционных взглядов по вопросам влияния религии на общественную жизнь, сексуальной свободы и равноправия женщин. Польские правые радикалы ориентированы на систему материалистических ценностей, и им удалось отчасти интерпретировать в свою пользу тревожные настроения польского общества. В 2001 году, когда состоялся электоральный прорыв ЛПС, 81% поляков считали, что Польша небезопасна для жизни – данный уровень беспокойства стал самым высоким за всю историю пост-

[341] Подробнее об идеологии ЛПС см. Pankowski R. The Populist Radical Right in Poland: The Patriots. London: Routledge, 2010. P. 114-124.

[342] Андрей Гертых, дед Романа Гертыха, был активным участником НДП и близким другом Романа Дмовского. О влиянии исторического наследия на популярность ЛПС см. также: De Lange S.L., Guerra S. The League of Polish Families between East and West, Past and Present // Communist and Post-Communist Studies. 2009. Vol. 42. No. 4. P. 527-549.

[343] Учитывая тот факт, что доля еврейского населения в пост-социалистической Польше составляет от 0,015% до 0,03%, антисемитизм польских радикалов обладает чертами так называемого «антисемитизма без евреев». В его рамках реальное наличие евреев, как объекта ненависти, представляется чрезмерным, т.к. данный тип ксенофобии направлен против мифологизированного образа евреев как идеи.

социалистической истории государства[344]. ЛПС также свойственно популистское противопоставление «честного простого народа» и «коррумпированных политических элит», что привлекает значительную часть протестного электората. Опрос общественного мнения, проведенный накануне выборов в Сейм 2005 года, показал, что 50% будущих избирателей полагали, что партия Романа Гертыха понимает заботы простых людей и позаботится о них в случае победы на выборах. Для 47% избирателей важной причиной поддержки ЛПС представлялась ее религиозная направленность, 37% верили в честность членов партии, а 36% – в их патриотизм и готовность защитить польские национальные интересы[345].

Во время председательства Романа Гертыха для ЛПС была характерна централизация руководства, представленного харизматическим лидером, однако внутренняя структура партии постоянно претерпевала изменения, в результате которых одни политические группы входили в организацию, а другие – выходили из нее. На 2006 год в ЛПС состояло всего 14 тысяч членов, однако партия имеет мощное молодежное подразделение, созданное Гертыхом еще в 1989 году в форме независимой религиозно-националистической организации «Всепольская молодежь». ЛПС также пользуется поддержкой таких популярных газет как «Наш ежедневник» и «Новая польская мысль», а на первых этапах существования партии симпатизировал Институт национального образования и радиостанция «Мария».

После выборов 2005 года ПИС сформировал коалиционное правительство при участии ЛПС и СРП, а Роман Гертых был назначен министром образования. На своем посту Гертых пользовался неоднозначной репутацией, а в 2007 году в результате противоречий с братьями Качиньскими ЛПС и популистская СРП вышли из коалиции. На внеочередных выборах в Сейм 2007 года ПИС уступил своему основному политическому конкуренту – ГП Дональда Туска, а ЛПС потерпела серьезное поражение, набрав только 1,30% голосов.

Электоральный провал ЛПС был обусловлен утратой контроля над реализацией элемента «Артикуляция + Агрегация». Во-первых, само уча-

[344] Polish Public Opinion, March 2008 / Ed. by M. Grabowska, B. Roguska. Warzawa: CBOS, 2008. P. 1.

[345] Polish Public Opinion, September 2005 / Ed. by K. Zagórski, B. Roguska. Warzawa: CBOS, 2005. P. 3.

стие партии в правительстве и скандалы, связанные с министерской деятельностью Гертыха, не позволили ЛПС в достаточной мере использовать протестные настроения электората. Более того, многие прежние избиратели ЛПС посчитали, что скорее консерваторы из ПИС, чем крайне правые Гертыха, способны наиболее эффективно реализовать их интересы[346]. Во-вторых, уровень поддержки членства Польши в ЕС достиг в 2007 году максимального значения (89%) за все предыдущие годы, поэтому евроскептицизм новой праворадикальной ЛПС и популистской СРП (она получила 1,53% голосов) стал неактуален для избирателей. В-третьих, в 2007 году – по сравнению с предыдущими предвыборными кампаниями – уделялось гораздо меньшее внимание таким важным для польских правых радикалов вопросам, как допустимость абортов, изучение религии в школе и роль церкви в общественной жизни. Крайне правые также отчасти утратили контроль над реализацией элемента «Легитимность»: на выборах 2007 года была самая высокая (53,9%) явка избирателей за весь пост-социалистический период[347], причем большинство «нового электората» составили молодые люди, для многих из которых религиозный фундаментализм и национализм являются недопустимыми составляющими общественно-политической жизни страны.

В настоящее время политическая судьба ЛПС представляется неясной. В конце 2007 года, после разгромного поражения на выборах Роман Гертых сложил полномочия руководителя партии, а исполняющим обязанности председателя стал Мирослав Ожеховский. Отдельные члены ЛПС вышли из нее и сформировали новую национал-консервативную партию – «Вперед, Польша» во главе с бывшим членом ЛПС Янушем Доброшем. Кроме того, ЛПС не участвовала в выборах в Европарламент в 2009 году и фактически исчезла из политического пространства Польши. Тем не менее, возможные выводы о системном изменении польской политики, не допускающем электоральные успехи новых праворадикальных партий в будущем, представляются преждевременными.

---

346 Pankowski. The Populist Radical Right in Poland. P. 188.

347 Gwiazda A. The Parliamentary Election in Poland, October 2007 // Electoral Studies. 2008. Vol. 27. No. 4. P. 762.

Румыния. Первые националистические движения и организации в Румынии возникли во второй половине XIX века, однако первая крайне правая партия – Национал-демократическая партия (РНДП) – была основана лишь в 1910 году двумя профессорами Ясского университета Николае Йорга и Александру Куза. Позднее Куза вышел из РНДП и под влиянием успехов итальянской НФП Бенито Муссолини создал фашистский Национально-христианский союз. В целом в межвоенный период в Румынии был создан широкий ряд фашистских партий и организаций. Наиболее известным из них стал «Легион Архангела Михаила», который затем получил название «Железная гвардия» (ЖГ) и, с точки зрения идеологии, характеризовался расизмом, антисемитизмом и православным фундаментализмом[348]. Организация под руководством Корнелиу Кодряну объединила многих видных румынских интеллектуалов того времени – Мирчу Элиаде, Эмиля Чорана, Эжена Ионеско и других[349]. Румынский король Кароль II опасался восхождения к власти легионеров: в 1938 году он попытался уничтожить ЖГ и установил правоавторитарный режим. В 1940 году власть в Румынии перешла к Иону Антонеску, который был вынужден объявить ЖГ правящей партией в силу ее популярности. После развернутого легионерами террора против политических противников Антонеску, заручившись поддержкой Адольфа Гитлера, отстранил ЖГ от власти. Позднее он установил единоличную правоконсервативную диктатуру, а во время Второй мировой войны Румыния выступила на стороне Германии и Италии.

В послевоенной социалистической Румынии крайне правые партии и организации были запрещены, однако начиная с 1964 года правящие круги стали неофициально отходить от идей интернационализма, а в 1971 году националистическая риторика и частичная реабилитация профашистского режима Иона Антонеску стали неотъемлемыми элементами авторитарного режима Николае Чаушеску, свергнутого и рас-

[348] Nagy-Talavera N.M. The Green Shirts and the Others: A History of Fascism in Hungary and Rumania. Stanford: Hoover Institution Press, 1970; Ornea Z. The Romanian Extreme-Right: The Nineteen Thirties. Boulder: East European Monographs, 1999.

[349] См. Volovici L. Nationalist Ideology and Antisemitism: The Case of Romanian Intellectuals in the 1930s. Oxford: Vidal Sassoon International Center for the Study of Antisemitism, 1991; Ленель-Лавастин А. Забытый фашизм: Ионеско, Элиаде, Чоран. М.: Прогресс-Традиция, 2007.

стрелянного в 1989 году[350]. Начиная с 1990-х гг. в Румынии предпринимались попытки реабилитировать бывшего диктатора Антонеску, который – вместе с Корнелиу Кодряну – рассматривался крайне правыми в качестве национального героя.

После революции 1989 года правый радикализм стал восстанавливать свои позиции в общественно-политической жизни страны. Уже в 1990 году появилась неофашистская «Румынская колыбель» (*рум.* Vatra Românească), которая в том же году инициировала создание Партии румынского национального единства (*рум.* Partidul Unității Naționale a Românilor, ПРНЕ), характеризовавшейся открытой ультранационалистической пропагандой, направленной против венгерского этнического меньшинства. На всеобщих выборах в нижнюю палату парламента 1992 года ПРНЕ удалось заручиться поддержкой 7,72% избирателей, и партия вошла в правительственную коалицию, находившуюся у власти до 1996 года. Более того, в 1992 году председатель партии Георге Фунар был избран мэром крупного румынского города Клуж-Напока.

Румынская Конституция запрещает дискриминацию этнических меньшинств, однако свободное участие ультранационалистов в румынской политике демонстрирует приемлемость радикального национализма с точки зрения политической культуры. В то же время конституционные нормы фактически не регулируют идеологическую легитимность политических партий. Так, согласно Статье 8 Конституции Румынии,

> политические партии образуются и осуществляют свою деятельность согласно условиям, установленным законом. Они способствуют определению и проявлению политической воли граждан при уважении национального суверенитета, территориальной целостности, правопорядка и принципов демократии[351].

В 1996 году электоральная поддержка ПРНЕ снизилась до 4,36%, что было обусловлено ростом популярности новой крайне правой партии – Партии «Великая Румыния» (*рум.* Partidul România Mare, ПВР), которая на тех же выборах в нижнюю палату парламента 1996 года набрала

[350] Boia L. History and Myth in Romanian Consciousness. Budapest: Central European University Press, 2001. P. 73-77.

[351] Конституция Румынии. http://ekvator.ucoz.ru/00002/ROM/Page-1.html.

4,46% голосов. Георге Фунар вышел из ПРНЕ и занял одну из руководящих должностей в ПВР, что вызвало организационный кризис в ПРНЕ и в конечном итоге привело к поглощению партии более крупной Консервативной партией.

В период с 1997 по 2010 гг. в Румынии функционировало только две новые праворадикальные партии: ПВР Корнелиу Вадима Тудора и Партия «Новое поколение» (*рум.* Partidul Noua Generație, ПНП) (см. Таблицу 18), основанная в 1999 году молодыми специалистами в области политологии и права в целях привлечь в общественную жизнь страны новое поколение политиков (отсюда – название партии). Если для ПВР румынскими национальными героями являются Ион Антонеску и Николае Чаушеску, а многие члены партии ранее состояли в Румынской коммунистической партии, то ПНП с 2004 года ориентируется на межвоенное легионерское движение. Различия между ПВР и ПНП являются незначительными и обе партии являются прямыми конкурентами, претендующими на поддержку одних и тех же слоев общества.

Таблица 18

Новые праворадикальные партии Румынии, функционировавшие в то или иное время в период с 1997 по 2010 гг.

Название партии	Год создания	Год окончания деятельности	Председатель
Партия «Великая Румыния»	1991	–	Корнелиу Тудор
Партия «Новое поколение»[352]	1999	–	Георге Бекали

В 1999 году, когда десятки тысяч шахтеров под руководством члена ПВР Мирона Козмы объявили забастовку и двинулись маршем на Бухарест, правые радикалы фактически осуществили подготовку к государственному перевороту. После ареста Козмы и разгона марша шахтеров, несколько авторитетных политиков попытались в судебном порядке запретить ПВР за неуважение к принципам конституционной демократии, возбуждение расовой и религиозной ненависти, пропаганду насилия и

[352] В 2006 году партия стала официально называться Партия «Новое поколение» – Христианские демократы.

другие незаконные действия, однако суд оправдал ПВР[353]. Данный случай является показательным: судебная система в Румынии зачастую оказывается не в состоянии регулировать деятельность политических организаций, нарушающих конституционные нормы. В 2000 году, т.е. через год после несостоявшегося государственного переворота, на выборах в нижнюю палату парламента ПВР получила 19,48% голосов, что стало наивысшим электоральным достижением партии за всю историю (см. Таблицу 19). Во время предвыборной кампании ПВР попытался мобилизовать как протестный, так и националистический электорат.

> ПВР сконцентрировалась... на критике аморфности и бессистемности в проведении реформ 1996-2000 гг., лейтмотивом ее выступлений была констатация разрыва между «трудолюбивым и честным народом» и коррумпированной элитой[354].

Таблица 19

Электоральные показатели румынских новых праворадикальных партий в период с 2000 по 2009 гг.

Партия	**Электоральные показатели, %**				
	Тип выборов				
	Нижняя палата национального парламента			Европарламент	
	2000	2004	2008	2007	2009
ПВР	19,48	12,99	3,15	4,15	8,65
ПНП	0,16	2,24	2,27	4,85	–

При этом важно отметить, что выдвинутый в 1996 году проект экономического реформирования и политической стабилизации страны действительно не был реализован, несмотря на то, что с 1996 по 2000 гг. в Румынии сменилось три правительства. Кроме того, перед выборами 2000 года лишь 58% румынских граждан осуждали марш шахтеров и по-

353 Andreescu G. Right-Wing Extremism in Romania. Cluj: Centrul de resurse pentru diversitate etnoculturală, 2003. P. 34.

354 Биткова Т.Г. Что такое румынский популизм? // Национализм и популизм в Восточной Европе / Отв. ред. Ю.И. Игрицкий. М.: ИНИОН РАН, 2007. С. 85.

пытку государственного переворота[355], что давало ПВР – как партии, косвенным образом участвовавшей в организации марша – возможность привлечь дополнительные симпатии рабочего класса.

Как уже отмечалось в Главе 2, предложенное определение нового правого радикализма допускает ограниченное идеологическое варьирование: партии, которые здесь называются «новыми праворадикальными», могут различаться по степени своего радикализма. ПВР является организацией, которая, с точки зрения идеологии, в большей степени, чем другие новые праворадикальные партии, удалена от политического центра. Ни в один из этапов своего существования ПВР не преследовала неофашистские цели, однако в период с 1991 по 1999 гг. партию можно было справедливо считать правоэкстремистской, т.к. она поддерживала идею насильственного устранения представителей «враждебных» этнокультурных групп. В 2000 году ПВР в некоторой степени смягчила свою риторику, в результате чего в настоящее время она может считаться именно новой праворадикальной.

Название ПВР отсылает к «Великой Румынии» – такое название получило межвоенное Королевство Румыния, существовавшее на территории современной Румынии, Молдавии и частично Болгарии и Украины. «Великая Румыния» объединяла территории компактного проживания этнических румын, и ПВР стремится к воссозданию проекта однородного этнокультурного румынского сообщества на государственном уровне. Идеологи партии считают очевидным, что такой проект невозможно реализовать в условиях, когда в стране проживают крупные общины этнических меньшинств – прежде всего, венгров (6,6% от всего населения) и цыган (от 2,5% до 7%). По мнению ПВР, именно представители данных этнокультурных групп, а также евреи, ведут подрывную деятельность, направленную против румынского народа. Враждебность ПВР по отношению к евреям обладает классическими чертами «антисемитизма без евреев» – доля евреев в Румынии составляет около 0,03%. Интересно, что ПВР является одной из немногих европейских крайне правых партий, которые прагматично и в целом одобрительно относятся к членству Румынии в ЕС, что отражается на составе электо-

[355] Roper S.D. Romania: The Unfinished Revolution. Amsterdam: Harwood Academic Publishers, 2000. P. 84.

рата ПВР: 70% избирателей партии положительно настроены по отношению к ЕС[356].

Прагматизм по отношению к ЕС в сочетании с антипатией к венграм, цыганам и евреям также характеризует ПНП, однако крайний национализм данной партии в значительной мере является инструментальным и обусловленным лишь перспективами мобилизации националистического электората. ПНП, созданная в 1999 году, изначально не была крайне правой партией. Праворадикальный поворот произошел в 2004 году, когда председателем партии стал румынский бизнесмен Георге Бекали, для которого это был первый опыт участия в политической деятельности. Бекали фактически купил партию у ее основателя, который вышел из организации после поражения на выборах 2000 года, и нанял в штат политолога Дана Павела, который разработал идеологию ПНП на основе идейных построений межвоенного легионерского движения[357].

Учитывая особенности председательства в ПНП, становится очевидно, что партия является клиентелой, инструментом, с помощью которого Георге Бекали пытается реализовать свои личные политические амбиции. Следовательно, функционирование партии подчинено лишь одной цели, а сам Бекали контролирует все стратегические решения. Наиболее сильной организационной стороной ПНП является отсутствие проблем с финансированием партии, что, в частности, обеспечивает наем профессиональных политических консультантов. Кроме того, Бекали часто выступает спонсором различных общественных инициатив и отдельные аналитики делают вывод, что «политический успех Бекали зиждется на рекламе в СМИ его филантропической деятельности»[358]. Тем не менее, политический успех ПНП остается крайне ограниченным. Учитывая идеологическую близость ПНП и ПВР, обеим партиям приходится бороться за голоса одних и тех же избирателей, однако партия Корнелиу Тудора функционирует более эффективно, чем партия Георге Бекали. Основу организации ПВР составляет жесткая централизованная структура. Так же как и в случае с Бекали, Корнелиу Тудор обладает

[356] Mudde. Populist Radical Right Parties in Europe. P. 182.

[357] Shafir M. Rotten Apples, Bitter Pears: An Updated Motivational Typology of Romania's Radical Right's Anti-Semitic Postures in Post-Communism // Journal for the Study of Religions and Ideologies. 2008. Vol. 7. No. 21. P. 160.

[358] Биткова. Что такое румынский популизм. С. 92.

практически полным контролем над деятельностью партии. В ПВР состоит около 50 тысяч членов, а примерно 5 тысяч человек состоят в молодежном отделении партии, которое имеет более ста местных отделений, обеспечивая проведение эффективных предвыборных кампаний.

Тем не менее, после 2000 года электоральная поддержка ПВР стала снижаться. По результатам всеобщих выборов 2004 года и выборов в Европарламент 2007 года стало очевидно, что прежняя идеологическая поляризация партийной системы начала сменяться центростремительными тенденциями. Политическая борьба развернулась между двумя соперничающими блоками, образованными левоцентристской Социал-демократической партией и правоцентристской Демократической либеральной партией. В условиях новой политической конфигурации, сочетающейся с объективным улучшением экономической ситуации в стране, ПВР утратила контроль над реализацией важнейшего элемента объяснительной модели – «Артикуляцией + Агрегацией».

Избирательную кампанию 2008 года ПВР проводила под антииммигрантскими, антисемитскими и антикоррупционными лозунгами. Протестная риторика также была характерна для ПНП[359]. Однако на всеобщих выборах ни ПВР, ни ПНП не преодолела избирательный барьер. В случае с ПВР, ее члены впервые за историю партии оказались непредставленными в законодательных органах Румынии.

Несмотря на это, было сложно предположить, что провал крайне правых станет постоянным явлением в румынской политике: в стране на протяжении нескольких десятков лет национализм являлся не только легитимным элементом политической жизни, но и составлял идеологию целого ряда правительств. Результаты выборов в Европарламент, на которых ПВР получила 8,65% голосов, доказали жизнеспособность правого радикализма в Румынии. Этому способствовали два основных фактора. Во-первых, изменилась политическая ситуация в стране. После выборов 2008 года была создана широкая коалиция лево- и правоцентристов. Конвергенция основных политических сил предоставила ПВР возможность более действенно реализовывать элемент «Легитимность». Отказ ПНП от участия в выборах также способствовал более эффектив-

[359] Downs W.M. The 2008 Parliamentary Election in Romania // Electoral Studies. 2009. Vol. 28. No. 3. P. 512.

ной реализации этого элемента, так как ПВР оказалась единственным игроком в крайне правой партийно-политической нише. Во-вторых, во время предвыборной кампании ПВР значительно укрепила элемент «Организация», что было связано именно с «исчезновением» ПНП: Георге Бекали избирался по списку ПВР, в результате чего обе партии фактически объединили свои усилия для успешного продвижения Тудора и Бекали в евродепутаты под лозунгом «Два христианина и патриота освободят Румынию от воров!»[360]. Кроме того, незадолго до выборов в Европарламент Бекали был арестован на 15 дней по подозрению в незаконном лишении свободы трех человек, которые украли его автомобиль. Однако значительное число румынских граждан увидели в аресте Бекали, который объявил о своем желании участвовать в европейских выборах все еще находясь в тюрьме, акт политической расправы над оппозиционным деятелем, что, по мнению обозревателей, также положительно отразилось на электоральной поддержке ПВР[361].

---

[360] Todor A. Romania // The 2009 Elections to the European Parliament: Country Reports / Ed. by W. Gagatek. Florence: European University Institute, 2010. P. 151.

[361] Romanian judges bar populist MEP // BBC News. 2009. 9 June. http://news.bbc.co.uk/2/hi/europe/8092434.stm.

Глава 9
Крайне правые партии в странах Северной Европы

Дания, Норвегия и Швеция часто становятся объектами анализа, основанного на такой исследовательской стратегии, как сравнение наиболее подобных систем, в силу того, что эти скандинавские страны обладают рядом общих характеристик политического, экономического, социального и географического свойства (см. Таблицу 4). Чем больше схожих черт разделяют эти страны, тем более ясными становятся причины некоторых различий между ними. В настоящем исследовании анализ новых праворадикальных партий в скандинавских странах позволяет выяснить, почему в Дании и Норвегии партии данного типа достигают существенных электоральных успехов уже на протяжении многих лет, в то время как в Швеции избирательская поддержка правых радикалов стала заметной лишь в последнее время.

Политическая история скандинавских стран до 1980-х гг. характеризуется отсутствием мощных крайне правых партий и движений. Некоторое исключение составляет лишь Норвегия, где в 1933 году возникла фашистская партия «Национальный союз». Несмотря на то, что ее электоральная поддержка была незначительной (1,8% голосов на всеобщих выборах 1936 года), в условиях оккупации Норвегии нацистскими войсками именно ее лидеру Видкуну Квислингу Германия доверила возглавить марионеточное правительство[362]. Административный коллаборационизм правительства Квислинга не имел значимой общественной поддержки, и после окончания Второй мировой войны и казни Квислинга его имя стало нарицательным: слово «quisling» является синонимом предателя и коллаборациониста во многих европейских языках. В межвоенный период в Дании и Швеции существовали десятки фашистских партий и движений, однако они оставались маргинальными даже во время оккупации Дании нацистскими войсками и вынужденного ограниченного сотрудничества Швеции с Третьим Рейхом[363]. Подобное неприятие революционного уль-

[362] Подробнее см. Dahl H.F. Quisling: A Study in Treachery. Cambridge: Cambridge University Press, 1999.

[363] См. Dethlefsen H. Denmark and the German Occupation: Cooperation, Negotiation or Collaboration? // Scandinavian Journal of History. 1990. Vol. 15. Nos. 1-2. P. 193-206;

транационализма в скандинавских странах обусловлено особенностями их политической истории. К началу XX века, когда во многих европейских странах начали возникать прото-фашистские движения, в Дании, Норвегии и Швеции уже сложилась устойчивая политическая культура, основанная на приверженности парламентской демократии. Несмотря на то, что все три страны являются конституционными монархиями, переход к парламентской форме правления был осуществлен в Швеции еще в 1719 году, в Дании – в 1849 году, а в Норвегии – в 1870 году.

После Второй мировой войны крайне правые партии также не смогли занять свое место в политической жизни этих скандинавских государств. Как и во всех европейских странах, в Скандинавии возникали мелкие неофашистские группы, однако они функционировали на маргинальном субкультурном уровне и представляли собой скорее общественный, чем политический феномен. Важно отметить, что практическое отсутствие электорального успеха праворадикальных партий в скандинавских странах до 1980-х гг. не связано с конституционными нормами. Конституция Дании вообще не регулирует деятельность политических партий, а Конституция Норвегии указывает лишь на тип избирательной системы и способы распределения мандатов между партиями, прошедшими в парламент. Конституция Швеции определяет политическую партию как «любое объединение или группу избирателей, которые выступают на выборах под определенным наименованием», однако подчеркивает, что свобода образования партий может ограничиваться «в отношении объединений, деятельность которых... нацелена на дискриминацию групп населения по признаку расы, цвета кожи или этнического происхождения»[364]. Запрет на так называемый «язык ненависти» включен в уголовные кодексы всех трех скандинавских стран. Например, Уголовный кодекс Дании запрещает распространение информации, которая «угрожает, оскорбляет или ухудшает состояние группы людей на основании их этнического происхождения, расы, цвета кожи, национальной принадлежности, религиозных убеждений или сексуальной ориента-

Berggren L. Swedish Fascism: Why Bother? // Journal of Contemporary History. 2002. Vol. 37. No. 3. P. 395-417. О межвоенном фашизме в скандинавских странах также см. Lindström U. Fascism in Scandinavia: 1920-1940. Stockholm: Almqvist och Wiksell, 1985.

[364] Конституция Королевства Швеция. http://pravozashitnik.at.ua/news/2010-02-23-746.

ции»[365]. Тем не менее, в тех случаях, когда в скандинавских странах запрещались неофашистские партии, это делалось не из-за «языка ненависти», свойственного таким организациям, а по причине насильственных преступлений, совершенных членами данных партий.

Помимо неприятия радикального ультранационализма, политическую культуру трех скандинавских стран также отличает историческая приверженность социал-демократии. На протяжении нескольких десятков лет в этих странах наличествовала партийная система с одной доминантной партией: Датская социал-демократическая партия (ДСДП) была самой сильной партией с 1924 по 2001 гг., Социал-демократическая рабочая партия Швеции (СДРПШ) – с 1932 по 2006 гг., а Норвежская рабочая партия (НРП) остается наиболее влиятельной политической силой с 1927 года. Именно скандинавские социал-демократы смогли реализовать самую успешную в Европе модель государства благосостояния (скандинавская модель экономики), для которого характерна высокая доля социальных расходов, разумная интеграция интересов, отсутствие серьезных социальных конфликтов, минимальный уровень бедности и безработицы, но также высокие налоги и активная роль государства в регулировании экономических процессов[366].

Именно недостатки государства благосостояния стали причиной возникновения в 1972-1973 гг. двух фактически идентичных, с точки зрения программных положений, партий в Дании и Норвегии. Датский юрист, специалист по налоговым сборам Могенс Глиструп основал Партию прогресса (*дат.* Fremskridtspartiet, ДПП) в 1972 году, а в Норвегии бизнесмен Андерс Ланге образовал в 1973 году свою Партию прогресса (*норв.* Fremskrittspartiet, НПП)[367]. Обе партии выступали за радикальное снижение подоходного налога, критиковали бюрократию и требовали полной свободы предпринимательской деятельности. По мнению партийных лидеров, политическое пространство в их странах оказалось под контролем

365 Уголовный кодекс Дании // Legislation Online. http://www.legislationline.org/ru/documents/action/popup/id/14985.

366 См. Martens H., Schubert C.B. The Nordic Model. Brussels: European Policy Centre, 2005.

367 Первоначально НПП называлась «Партия Андерса Ланге за значительное снижение налогов, расходов и государственного вмешательства» (*норв.* Anders Langes Parti til sterk nedsettelse av skatter, avgifter og offentlige inngrep), однако уже в 1977 году она получила свое современное название.

организаций и политиков, отстраненных от реальных нужд обычных граждан, а доминирующие традиционные партии, являясь частью этой системы, были не способны представлять интересы общества[368]. Уровень политического спроса на протестную риторику был особенно высок в Дании, где на всеобщих выборах в парламент (Фолькетинг) 1973 года ДПП получила 15,9% голосов. Электоральный взлет ДПП оказался неожиданностью для наблюдателей: партия, образованная за год до выборов, смогла стать – хотя и на короткое время – второй политической силой в стране, где основные партии были созданы в конце XIX – начале XX вв. Электоральный успех НПП на всеобщих выборах в парламент (Стортинг) 1973 года был менее значительным, но также неожиданным – 5% голосов.

Учитывая схожую политическую культуру трех скандинавских стран, существовали обоснованные предположения, что в начале 1970-х гг. в Швеции должна появиться своя «Партия прогресса», но этого не произошло. Главной причиной отсутствия такой протестной партии была история участия в правительстве партий, находившихся в оппозиции к доминирующей СДРПШ. Несмотря на то, что в начале 1970-х гг. ДСДП и НРП были крупнейшими политическими силами, в 1960-х гг. в Дании и Норвегии уже был опыт коалиционных правительств, сформированных партиями, оппозиционными социал-демократам. Эти правительства оказались не в состоянии выполнить свои предвыборные обещания относительно снижения подоходного налога: налоги даже выросли во время правления несоциалистических правительств в Дании и Норвегии[369]. Следовательно, протест избирателей против политического истеблишмента относился как к социал-демократам, так и к оппозиционным партиям, а возникновение Партий прогресса было обусловлено социальной потребностью в некоей третьей политической силе, способной представить видение политического процесса, направленное на изменение статус-кво. В отличие от Дании и Норвегии, в Швеции отсутствовал опыт формирования правительства оппозиционными партиями. Общественное недовольство выражалось, главным образом, в критике именно СДРПШ, поэтому протестный шведский электорат сохранял высокую

[368] Svåsand L. Scandinavian Right-Wing Radicalism // The New Politics of the Right: Neo-Populist Parties and Movements in Established Democracies / Ed. by H.-G. Betz, S. Immerfall. New York: St. Martin's Press, 1998. P. 78.

[369] Там же. P. 89.

степень доверия к оппозиционным партиям[370]. В начале 1970-х гг., когда в Дании и Норвегии появились Партии прогресса, в Швеции фактически отсутствовал политический спрос на партии данного типа. Однако протестные партии в Швеции появились сразу же после того, как в стране появился опыт функционирования правительства, сформированного главным политическим оппонентом социал-демократов – Партией центра. Первой протестной шведской партией, возникшей на фоне недовольства политическим истеблишментом, была образованная в 1979 году Партия Сконе (*швед.* Skånepartiet, ШПС), а в 1985 году была основана шведская Партия прогресса (*швед.* Framstegspartiet, ШПП). Данные партии тоже выступали за сокращение подоходного налога и уменьшение роли государства в регулировании экономики, однако они отличались от ДПП и НПП начала 1970-х гг. наличием в их идеологии элементов национализма, что характеризовало партии как новые праворадикальные. Более того, возникновение ШПС и ШПП происходило на фоне роста националистических настроений внутри датской и норвежской Партий прогресса: к началу 1980-х гг. обе партии из «анти-налоговых» популистских превратились в новые праворадикальные партии[371].

В отличие от крайне правых партий в тех странах, где политико-культурная легитимность правого радикализма основывается на исторической традиции законного и зачастую успешного участия националистических организаций в политике, в Дании и Норвегии новый правый радикализм обрел легитимность благодаря тому, что обе Партии прогресса уже были законными участниками политического процесса до своего праворадикального поворота. Однако в Швеции крайне правые ШПС и ШПП были новыми партиями: они не могли пользоваться специфическими факторами политической культуры и не обладали донационалистическим опытом участия в политике. Именно это стало основной причиной того, что шведские крайне правые партии обладали незначительной электоральной поддержкой в течение 1980-х гг.

---

[370] Rydgren. From Tax Populism to Ethnic Nationalism. P. 29.

[371] О влиянии нового социального расслоения и изменения роли рабочего класса в Дании и Норвегии на поддержку ДПП и НПП см. Andersen J.G., Bjørklund T. Structural Changes and New Cleavages: The Progress Parties in Denmark and Norway // Acta Sociologica. 1990. Vol. 33. No. 3. P. 195-217.

Праворадикальный поворот ДПП, несмотря на относительную политическую легитимность, повлек за собой потерю электората, не принявшего националистическую риторику лидеров партии[372]. На всеобщих выборах 1981 года избирательская поддержка ДПП снизилась с 11% (1979 год) до 8,9%. Серьезный урон имиджу партии был нанесен также в 1983 году, когда председателя партии Могенса Глиструпа осудили на три года тюремного заключения за уклонение от налогов: на выборах в Фолькетинг 1983 года ДПП получила лишь 3,6% голосов. Партии удалось частично восстановить позиции по результатам выборов 1988 года (9%), но затем она вновь утратила доверие избирателей.

В свою очередь, праворадикальный поворот НПП оказался успешным с точки зрения электоральных результатов. Этому также способствовало укрепление организационных ресурсов партии: в период с 1982 по 1989 гг. количество членов партии увеличилось с 10 тысяч до 17 тысяч человек, а количество местных представительств увеличилось более чем в два раза[373]. На фоне перехода к националистической риторике, укрепления организации и идеологической конвергенции НРП и Консервативной партии (КПН) электоральная поддержка НПП возросла с 4,5% в 1981 году до 13% в 1989 году.

В 1991 году, за несколько месяцев до проведения всеобщих выборов в шведский парламент (Риксдаг), в стране была образована новая праворадикальная партия «Новая демократия» (*швед.* Ny Demokrati, ШНД) под руководством двух сопредседателей – Иана Вахтмейстера и Берта Карлссона. ШНД возникла в условиях потери общественного доверия к социал-демократам, которые находились у власти с 1982 года. Накануне выборов Швеция – по инициативе социал-демократического правительства – вступила в ЕС, и утрата нейтралитета вызвала острую реакцию со стороны общества: в период с 1990 по 1992 гг. процент противников членства Швеции в ЕС вырос с 17% до 62%[374]. Более того, в конце 1980-х гг. социал-демократы увеличили подоходный налог, что продемонстрировало кризис шведской модели государства благосостоя-

[372] Andersen J.G. Denmark: The Progress Party – Populist Neo-Liberalism and Welfare State Chauvinism // The Extreme Right in Europe and the USA / Ed. by P. Hainsworth. New York: St. Martin's Press, 1992. P. 198.

[373] Ignazi. Extreme Right Parties in Western Europe. P. 152.

[374] Rydgren. From Tax Populism to Ethnic Nationalism. P. 71.

ния. В результате симпатии шведских избирателей сместились вправо, и по результатам выборов 1991 года СДРПШ потеряла власть, а правительство было сформировано правоцентристской коалицией во главе с Умеренной коалиционной партией (УКП). Частичная утрата доверия социал-демократами отразилась на избирательской поддержке крайне правой ШНД, которая получила 6,7% голосов и 25 депутатских мест в Риксдаге. Своим электоральным успехом ШНД была обязана не только протестным настроениям граждан, но также профессионально проведенной избирательной кампании и эффективному использованию фактора резкого увеличения притока иммигрантов в страну в течение 1980-х гг.: накануне выборов 61% граждан считал, что Швеция принимает слишком много иммигрантов[375].

По результатам выборов в Риксдаг 1994 года стало очевидно, что шведским правым радикалам не удалось закрепить первоначальный электоральный успех: они набрали лишь 1,2% голосов и не смогли пройти в парламент. Существует две основные причины потери ШНД общественной поддержки. Во-первых, в отличие от датской и шведской Партий прогресса, которые находились в радикальной оппозиции ко всем партиям политического истеблишмента, шведские крайне правые выражали протест только против политики социал-демократов. С одной стороны, именно критика СДРПШ стала важным элементом электорального прорыва ШНД в 1991 году, но, с другой стороны, к 1994 году настроения в обществе изменились: правоцентристское правительство не смогло оправдать надежды шведских граждан и симпатии избирателей вновь сместились в сторону социал-демократов. Именно они стали победителями на выборах в Риксдаг, а правые радикалы, поддерживавшие утративших популярность правоцентристов, оказались в критической ситуации и, как результат, потеряли все депутатские места в Риксдаге[376]. Однако основной причиной провала ШНД на выборах стала организационная слабость партии. Уже в 1992 году в партии возник конфликт как между исполнительным комитетом и остальными членами партии, так и между различными группами внутри исполкома. Конфликт был вызван попытками партийных лидеров усилить контроль над местными пред-

[375] Там же. P. 42.
[376] Svåsand. Scandinavian Righ-Wing Radicalism. P. 90.

ставительствами, которые пытались сохранить относительную свободу стратегических решений. Завершающим этапом конфликта стал выход из ШНД одного из сопредседателей, что повлекло за собой раскол в партии. После 1994 года партия фактически перестала существовать.

Аналогичные организационные проблемы стали причиной раскола ДПП в 1995 году. Во время пребывания основателя партии Могенса Глиструпа в тюрьме, председателем ДПП стала Пиа Кьерсгор. Она придерживалась стратегии нормализации взаимоотношений с правоцентристскими партиями и смягчения националистической риторики, что повлекло за собой конфликт с Глиструпом после его освобождения. В 1990 году он был вынужден выйти из партии, однако уже в 1995 году лояльная Глиструпу парламентская фракция ДПП спровоцировала новый конфликт, в результате которого Кьерсгор сложила полномочия и основала новую партию – Датскую народную партию (*дат.* Dansk Folkeparti, ДНП), в которую вошла треть бывших членов ДПП[377]. В 1997 году по результатам выборов в Фолькетинг, когда ДНП получила 7,4%, а ДПП – 2,4% голосов, стало очевидно, что партия Кьерсгор фактически сменила ДПП в качестве основной новой праворадикальной партии Дании.

Норвежская Партия прогресса также не избежала внутрипартийного раскола. Он произошел после того, как в начале 1990-х гг. прервался электоральный подъем партии: на выборах в Стортинг 1993 года партия получила вдвое меньше голосов (6,3%), чем на предыдущих выборах (13%). Однако в отличие от ДПП и ШНД, выход ряда членов из НПП только укрепил внутреннюю организацию партии, что позволило ей провести эффективную избирательную кампанию перед всеобщими выборами 1997 года, по результатам которой (15,3% голосов) НПП стала второй по значимости политической силой в стране.

Из всех новых праворадикальных партий, функционировавших в Дании, Норвегии и Швеции с 1997 по 2010 гг., представляется обоснованным выделить только пять партий (см. Таблицу 20).

[377] Подробнее о причинах возникновения ДНП и политической ситуации в Дании в то время см.: Rydgren J. Explaining the Emergence of Radical Right-Wing Populist Parties: The Case of Denmark // West European Politics. 2004. Vol. 27. No. 3. P. 474-502.

Таблица 20

Новые праворадикальные партии скандинавских стран, функционировавшие в то или иное время в период с 1997 по 2010 гг.

Страна / Название партии	Год создания	Год окончания деятельности	Председатель
Дания			
Партия прогресса	1972	–	Нильс Хойланд
Датская народная партия	1995	–	Пиа Кьерсгор
Норвегия			
Партия прогресса	1973	–	Сив Йенсен
Швеция			
«Шведские демократы»	1988	–	Йимми Окессон
«Новая демократия»	1991	2000	Ульф Эрикссон

Помимо партий, указанных в Таблице 20, в скандинавских странах функционирует ряд иных новых праворадикальных партий, однако их участие в политическом процессе незначительно либо ограничено только местным уровнем. Среди уже упомянутых партий в Таблицу 20 включены «Шведские демократы» (*швед.* Sverigedemokraterna, ШД). Эта партия была создана еще в 1988 году, но до начала 2000-х гг. ее электоральная поддержка в общенациональном масштабе не превышала 0,37% (1998), а на местном уровне партия была представлена лишь пятью депутатами местных советов. Наибольшим препятствием для легитимации ШД в партийно-политическом пространстве Швеции было неофашистское прошлое организации. ШД являются наследниками Шведской партии, которая была образована путем слияния ШПП и неофашистской партии «Сохраним Швецию шведской» (*швед.* Bevara Sverige Svenskt). Более того, председателем партии в период с 1989 по 1995 гг. был Андерс Клярстрем, ранее состоявший в откровенно неонацистской Партии нордического рейха (*швед.* Nordiska rikspartiet). В 1995 году Андерса Клярстрема сменил Микаэл Янссон, который инициировал идеологическое реформирование партии, направленное на смягчение националистической риторики. Янссону удалось модернизировать ШД, сделав партию ограниченно приемлемой с точки зрения общественного мнения. В 2005 году председателем партии стал молодой и энергичный Йимми Окессон, который ускорил модернизацию и реформирование партии. Результатом реформ стал стабильный рост избирательской поддержки, которая, тем не менее, уступает электоральным успехам крупных крайне правых партий в Дании и Швеции (см. Таблицу 21).

Таблица 21

Электоральные показатели основных новых праворадикальных партий североевропейских стран в период с 1997 по 2010 гг.

Партия	**Электоральные показатели, %**											
	Тип выборов											
	Национальный парламент									Европарламент		
	1997	1998	2001	2002	2005	2006	2007	2009	2010	1999	2004	2009
ДПП	=[378]	2,40	0,60	=	–	=	–	=	=	0,70	–	–
ДНП	=	7,40	12	=	13,30	=	13,90	=	=	5,80	6,80	15,28
НПП	15,30	=	14,60	=	22,10	=	=	22,90	=	–	–	–
ШД	=	0,37	=	1,44	=	2,93	=	=	5,70	0,33	1,13	3,27
ШНД	=	–	=	–	=	–	=	=	–	–	–	–

Если румынская крайне правая ПВР является наиболее агрессивной из всех новых праворадикальных партий, анализируемых в данной работе, то НПП является наиболее умеренной из них. До середины 1980-х гг. праворадикальные идеи вообще отсутствовали в программных документах партии, однако впоследствии НПП стала характеризоваться критическими взглядами в отношении иммигрантов, особенно из стран Азии и Африки. При этом важно отметить, что враждебность к «Другому» не является основной темой для НПП. Центральное место в доктрине партии, как и в первые годы ее существования, занимают вопросы реализации минимально возможного уровня налогообложения, либерализации экономики, стимулировании свободной торговли с помощью снижения пошлин и сокращении государственной бюрократии и собственности. Тем

[378] Символ «=» обозначает отсутствие выборов в данном году.

не менее, для НПП характерны некоторые положения, традиционные для крайне правых партий: пересмотр системы назначения уголовного наказания в сторону ее ужесточения, критика женской эмансипации, недоверие к политическим элитам. Официально партия поддерживает демократические ценности и выступает против любой дискриминации по религиозному и национальному признаку. Тем не менее, ее лидеры считают, что приток иностранных беженцев и мигрантов в Норвегию может спровоцировать конфликты на этнической и религиозной почве, поэтому необходимо ввести жесткое регулирование миграционных процессов[379]. По мнению партийных идеологов, некоторые мигранты несут с собой традиции, чуждые норвежскому обществу, и основным условием их постоянного пребывания в стране является отказ от собственной культуры в пользу норвежской. В целях сохранения культурной гомогенности страны НПП также призывает к запрету на проведение обряда обрезания в соответствии с иудейским и мусульманским ритуалами. Отказ от мультикультурализма НПП объясняет тем, что чуждые культуры могут разрушить гармоничный демократический строй. Согласно идеологам партии, ценности НПП «соответствуют норвежской конституции, норвежским и западным традициям и культурному наследию, вдохновляемым христианскими и гуманистическими ценностями»[380].

Аналогичных позиций в отношении неевропейских мигрантов придерживается ДНП. Датские крайне правые также характеризуются стремлением к бо́льшей либерализации экономики и снижению подоходного налога, однако в отличие от НПП вопрос этнокультурной однородности Дании является для партии основным. Согласно партийному манифесту, люди, воспитанные вне западных культурных традиций, не могут способствовать устойчивому развитию страны и вносят дисбаланс в датское общество. ДНП находится в радикальной оппозиции к идеям мультикультурного и полиэтнического общества, которое, по мнению идеологов, содержит в себе риск разрушения стабильного существования, основанного на этнической однородности[381]. Наибольшее неприятие

[379] Hagelund A. A Matter of Decency? The Progress Party in Norwegian Immigration Politics // Journal of Ethnic and Migration Studies. 2003. Vol. 29. No. 1. P. 47-65.

[380] Изменение к лучшему: краткое представление Партии прогресса. Fremskrittspartiet. http://www.frp.no/admin/filestore/Russian.pdf.

[381] The Party Program of the Danish People's Party. Dansk Folkeparti. 2002.

у ДНП вызывает ислам и «враждебные, реакционные культуры» незападного мира, сущность которых противоречит ценностям христианской цивилизации, частью которого является Дания.

«Шведские демократы», несмотря на неофашистское прошлое организации, в значительной мере воспроизводят основные положения датских и норвежских крайне правых. ШД выступают за снижение налогов, упрощение системы налогообложения для малого и среднего бизнеса, сокращение бюрократии. Однако национализм играет в идеологических построениях шведских правых радикалов еще бóльшую роль, чем в доктрине ДНП. Более того, ШД – в отличие от ДНП и НПП – открыто позиционируют себя националистической партией. Идеологи ШД считают, что «наиболее важным условием существования безопасного, гармоничного и сплоченного общества является общая идентичность, которая, в свою очередь, требует высокой степени этнической и культурной однородности населения». Хотя ШД соглашаются с тем, что миграция людей является естественным процессом, они подчеркивают, что «заявленная цель создания плюралистического общества привела к серьезной угрозе для шведского народа и его однородного состава»[382]. Официально партия признает Всеобщую декларацию прав человека ООН и выступает против всех форм тоталитаризма и расизма, однако при этом призывает остановить развитие мультикультурного общества в Швеции, что противоречит духу вышеуказанной декларации. ШД прагматично относятся к ЕС, но критикуют его бюрократизацию, видя в ней попытку превращения союза независимых государств в единую сверхдержаву. Подобно другим крайне правым партиям шведские правые радикалы акцентируют внимание на восстановлении законности и порядка и настаивают на ужесточении пенитенциарной системы.

Идеологические вопросы имеют прямое отношение к внутренней организации ШД. В конце 1990-х гг. партийное руководство приняло решение о смягчении праворадикальной риторики, в связи с чем из манифеста были удалены положения о восстановлении смертной казни, запрете абортов и усыновления детей из неевропейских стран. Данные измене-

http://www.danskfolkeparti.dk/The_Party_Program_of_the_Danish_Peoples_Party.asp.

[382] Sverigedemokraternas principprogram. Sverigedemokraterna. 2005. http://sverigedemokraterna.se/files/2010/07/Sverigedemokraternas-principprogram-2005.pdf.

ния были необходимы для того, чтобы отстраниться от неофашистского прошлого партии и сделать ее более респектабельной в глазах избирателей. Однако практика самоцензуры вызвала разногласия в организации, в результате чего отдельные радикально настроенные националисты вышли из нее и сформировали в 2001 году крайне правую партию «Национал-демократы» (*швед.* Nationaldemokraterna). В результате этого ШД укрепила доктринальное единство, но утратила определенное количество членов партии, что в контексте небольшого размера организации было воспринято как негативное последствие идеологической трансформации. Размер партии действительно остается крайне небольшим: в 2001 году ШД насчитывали 900, в январе 2006 года – 1800, в 2008 – 2900, а в 2010 году – 4570 членов[383]. Несмотря на то, что размер партии демонстрирует стабильный рост – не в последнюю очередь благодаря увеличению электоральной поддержки и, соответственно, повышению общественного интереса к партии – на сегодняшний день его нельзя назвать достаточным для выстраивания стратегии эффективной политической борьбы. Дефицит финансирования и частые нарушения партийной дисциплины в регионах указывают на то, что ШД по-прежнему находятся в процессе партийного строительства[384]. Тем не менее, существуют свидетельства того, что партия укрепляет свою внутреннюю организацию: она рекрутирует профессиональных политиков, увеличивает представительство на местном уровне и стремится к централизации руководства в целях укрепления доктринального единства и повышения партийной дисциплины.

Количество членов партии вне всяких сомнений влияет на эффективность работы партии, особенно при проведении избирательных кампаний. Однако даже сравнительно небольшой размер организации может быть эффективным в случае централизации партийного управления, о чем свидетельствует пример ДНП. В 1998 году в ней состояло 3300 человек, но с того момента, как по результатам выборов в Фолькетинг 2001 года ДНП стала третьей политической силой в стране, ее численность увеличилась лишь незначительно и в 2005 году составила лишь 6,5 тысяч, в

---

383 Данные по численности ШД, ДНП и НПП предоставлены секретариатами партий.

384 Rydgren J. How Party Organization Matters: Understanding the Ups and Downs of Radical Right-Wing Populism in Sweden. Stockholm: Department of Sociology, Stockholm University, 2009. P. 29.

2008 – 10 тысяч, а в 2010 – 10,1 тысяч человек. Для сравнения, в Социалистической народной партии и Консервативной народной партии (КНП), которые в 2007 году занимали четвертое и пятое место в рейтинге политической популярности, состояло 16 и 18 тысяч человек соответственно. Важно отметить, что ДНП образовалась в результате раскола в ДПП и Пиа Кьерсгор, в значительной мере инициировавшая этот раскол, учла все организационные недостатки ДПП при образовании своей новой партии. Кьерсгор является харизматическим лидером и пользуется непререкаемым авторитетом со стороны руководства и партийных активистов. В отличие от многих других партий председатель ДНП является одновременно лидером фракции в парламенте, что позволяет Кьерсгор контролировать работу организации на всех значимых уровнях. В ДНП крайне централизованы многие важнейшие процессы: рекрутирование элиты, отбор и номинация кандидатов для участия в выборах, принятие стратегических решений. Особенное внимание уделяется соблюдению партийной дисциплины. Например, членам партии запрещается критиковать публично своих однопартийцев, а каждый кандидат в члены партии проходит процедуру проверки, чтобы максимально исключить вероятность принятия в ДНП лиц, которые могут дискредитировать организацию.

Для НПП характерны аналогичные требования в отношении партийной дисциплины: публичная критика партии со стороны членов и радикальные националистические высказывания могут стать причиной исключения из организации. Проблема поддержания партийной дисциплины в НПП стала актуальной вследствие увеличения электоральной поддержки и роста членской базы партии. После того, как в 1997 году НПП стала второй по популярности политической силой в стране, партийные лидеры инициировали процесс смягчения праворадикальной риторики, чтобы сделать партию приемлемым партнером правительственной коалиции. При этом к 2001 году численность норвежских правых радикалов возросла до 16,5 тысяч, в 2008 году – до 24 тысяч, а в 2010 году – до 26 тысяч человек. Увеличение размера партии потребовало от руководства ввести дополнительные рычаги контроля над деятельностью активистов, чтобы свести до минимума возможность дискредитации партии в глазах общественности и, таким образом, лишиться перспектив на вхождение в правительство[385]. Кроме того, обладая опытом серьезных внутренних противоречий, повлекших за собой раскол начала 1990-х гг., партийные лидеры были вынуждены начать процесс централизации управления, и в настоящее время НПП представляет собой иерархическую структуру, в которой все стратегические решения принимаются исключительно руководством партии.

Несмотря на все попытки идеологического реформирования НПП, остальные норвежские партии до сих пор отказывались рассматривать крайне правых в качестве потенциального партнера правительственной коалиции. НПП остается важнейшим участником политического процесса, однако все правительственные коалиции, существовавшие с 1997 по 2009 гг., формировались двумя оппозиционными друг другу блоками – лево- и правоцентристским.

Перед выборами в Стортинг 1997 года у власти находилась левоцентристская коалиция во главе с НРП. Период ее правления характеризовался поступательным развитием экономики, успешным контролем над инфляцией и низким уровнем безработицы. При этом левоцентристы подвергались критике за неспособность решить ряд проблем, которые по-прежнему оставались в центре общественных дискуссий: снижение подоходного налога, образование и здравоохранение. Однако на уровне политических дебатов, проходивших во время предвыборной кампании, левоцентристы объявили своими оппонентами не правоцентристов, а НПП[386]. Вследствие этого в центре общественного внимания оказались, в сущности, только две политические силы: левоцентристы и крайне правые. Таким образом, НПП – не в последнюю очередь благодаря НРП – удалось аккумулировать значительную долю всех протестных настроений, направленных как против правительства, так и против политического истеблишмента в целом. По результатам выборов КПН – прежний лидер правоцентристского блока – потерпела самое крупное поражение (14,3%) с 1915 года и правоцентристское правительство было сформировано без консерваторов. В 2000 году правительство ушло в отставку, уступив место левоцентристам, но работа НРП оказа-

[385] Heidar K. Predestined Parties? Organizational Change in Norwegian Political Parties // Party Politics. 2003. Vol. 9. No. 2. P. 225.

[386] Valen H. Norway: The Storting Election of September 15, 1997 // Electoral Studies. 1998. Vol. 17. No. 4. P. 558.

лась неудовлетворительной. На всеобщих выборах 2001 года НРП заручилась поддержкой лишь 24,3% избирателей, что стало худшим электоральным результатом социал-демократов с 1920-х гг. Падением популярности как лево-, так и правоцентристского правительств воспользовалась КПН, которая восстановила свои позиции, набрав 21,2% голосов. В то же время правым радикалам удалось сохранить свое статус-кво. После выборов было вновь сформировано правоцентристское правительство, которое находилось у власти до 2005 года. Его работа также была признана неудовлетворительной, а КПН вновь установила антирекорд, набрав на выборах в Стортинг 2005 года лишь 14,1% голосов. Победителями выборов были признаны НРП (32,7%) и НПП (22,1%).

Результаты парламентских выборов 2009 года еще раз подтвердили, что НПП является второй по значимости партией в Норвегии. Предвыборная кампания НПП характеризовалась сильным акцентом на проблеме исламизма. Сив Йенсен обрушилась с критикой на правительство, которое, по ее мнению, не замечает «крадущейся исламизации» Норвегии[387]. Она также заявила, что «радикальный ислам является мрачной и зловещей идеологией, и борьба с ней является важнейшей битвой нашего времени»[388]. Выборы 2009 года оказались самыми успешными за всю историю партии; она получила 22,9% голосов. Несмотря на то, что левоцентристская коалиция во главе с НРП получила голосов меньше, чем правоцентристская коалиция вместе с НПП, именно левоцентристы сформировали правительство, так как норвежские правоцентристы отказываются сотрудничать с НПП, остающейся, таким образом, в политической изоляции.

Как видно из анализа четырех норвежских всеобщих выборов, крайне правой НПП, которая ни разу не входила в состав правительства, удавалось сохранять абсолютную отстраненность от политических неудач левоцентристов и правоцентристов, сменявших друг друга у власти. Это позволило правым радикалам заручиться поддержкой всех тех граждан, которые были критически настроены по отношению к двум основным политическим силам Норвегии. Другой важнейшей причиной электорального

[387] Siv Jensen advarer mot snikislamisering // Dagbladet.no. 2009. http://www.dagbladet.no/2009/02/21/nyheter/politikk/innenriks/frp/siv_jensen/4966977/.

[388] Kampen mot radikal islam er vår tids viktigste // Dagbladet.no. 2009. http://www.dagbladet.no/2009/03/02/nyheter/innenriks/politikk/siv_jensen/islam/5100011.

подъема НПП стала трансформация норвежской экономики: на фоне роста цен на нефть[389] экономические акценты стали смещаться с производственного к финансовому сектору. Проигравшей стороной в контексте данной трансформации стали производственные рабочие, которые стали постепенно утрачивать симпатии к своему классовому представителю – НРП. Свыше 67% избирателей НПП в 2005 году составили представители пролетариата, причем около половины из них были именно производственными рабочими. Более того, на выборах в Стортинг правых радикалов поддержало 48% мужчин-рабочих, недовольных политическим статус-кво[390]. Еще одним важным фактором роста электоральной поддержки крайне правых стали националистические настроения в обществе. Несмотря на то, что проблема иммиграции не была основной темой политических дебатов в 1997, 2001 и 2005 гг., подавляющее большинство тех граждан, которые считали, что иммигранты представляют опасность для норвежского общества, голосовали именно за НПП[391].

В отличие от Норвегии, проблема иммиграции доминировала в течение всего оперативного периода на всеобщих выборах в Дании. В 1998 году ДНП впервые участвовала в выборах в Фолькетинг, и ей удалось привлечь на свою сторону тех избирателей, которые прежде голосовали за ДПП: если в 1994 году ДПП получила 6,4% голосов, то в 1998 году ее электоральная поддержка составила лишь 2,4%, а ДНП получила 7,4% голосов. В целом по результатам выборов 1998 года в стране сохранилось левоцентристское правительство во главе с ДСДП, а все основные партии сохранили статус-кво. Исключение составила лишь КНП, которая потеряла около 6%, но осталась третьей по популярности политической силой в Дании. Кардинальные изменения произошли в 2001 году, когда социал-демократы получили самую низкую избирательскую поддержку с 1920-х гг., что позволило победителю выборов – Датской либеральной партии Венстре (ДЛПВ) – сформировать правоцентристское правительство вместе с КНП при парламентской поддержке ДНП, которая заняла третье место. Существует две основные причины

[389] Норвегия входит в мировую «тройку» основных поставщиков нефти.
[390] Oesch D. Explaining Workers' Support for Right-Wing Populist Parties in Western Europe: Evidence from Austria, Belgium, France, Norway, and Switzerland // International Political Science Review. 2008. Vol. 29. No. 3. P. 366.
[391] Ignazi. Extreme Right Parties in Western Europe. P. 155.

изменения политической конфигурации в Дании в 2001 году, которые привели, в частности, к росту популярности крайне правых. Во-первых, находившимся у власти социал-демократам удалось значительно сократить безработицу, ликвидировать дефицит бюджета и повысить потребительский спрос. Однако вместо того, чтобы стать преимуществом во время предвыборной кампании, экономическая стабильность стала фактически недостатком для ДСДП: экономические вопросы утратили актуальность, а на первый план выдвинулись иные проблемы, по которым социал-демократы занимали неопределенную позицию. Одной из таких проблем были вопросы, связанные с иммиграцией и перспективами развития государства всеобщего благосостояния. ДЛПВ и ДНП, несмотря на свои либеральные экономические взгляды, выступили за сохранение системы социального обеспечения.

В то же время, жесткая позиция обеих партий в отношении иммигрантов привлекла еще большее количество избирателей, несмотря на то, что приток иммигрантов и беженцев в Данию был сравнительно небольшим и лишь незначительно увеличился – по сравнению с другими странами Западной и Южной Европы – в течение 1990-х гг. Во-вторых, выборы в Фолькетинг 2001 года состоялись через неделю после террористических атак на Всемирный торговый центр в Нью-Йорке, совершенных выходцами из мусульманских стран. Это оказало существенное влияние на электоральные предпочтения граждан – их симпатии склонились в сторону ДНП, которая наиболее критично относится к исламу и иммигрантам из мусульманского мира. Всеобщие выборы 2005 и 2007 года в целом характеризовались сохранением политического статус-кво, сложившегося в 2001 году: первой и третьей политическими силами оставались ДЛПВ и ДНП, правоцентристское правительство формировалось ДЛПВ и КНП при поддержке ДНП, а социал-демократы оставались в оппозиции. Тем не менее, учитывая распространенность антиисламских настроений в Дании, в особенности после скандала, вызванного публикацией карикатур на пророка Мухаммеда в датских газетах, электоральная поддержка ДНП в 2005 и 2007 гг. продемонстрировала небольшой, но стабильный рост.

Выборы в Европарламент 2009 года стали довольно успешными для крайне правых: ДНП получила 15,28% голосов – самый высокий электоральный результат за свою историю. Этому способствовали два фактора. Первым стало повышение уровня евроскептицизма в Дании, вызванное решением Мотока – постановлением Европейского суда, наложившим ограничения на датские иммиграционные правила, вследствие чего у многих граждан Дании возникли опасения относительно возможности снижения эффективности иммиграционного режима. Эти опасениями не преминула воспользоваться ДНП. Вторым фактором стало возникновение общенациональной дискуссии о восстановлении или укреплении датского пограничного контроля, который был фактически упразднен после присоединения Дании к Шенгенскому соглашению. ДНП ранее уже выступала с подобными предложениями, однако перед европейскими выборами 2009 года дискуссию о границе инициировала ДСДП, что – на фоне повышения криминальной активности, связанной с переделом рынка сбыта наркотиков – сделало эту дискуссию вновь актуальной и добавило популярности ДНП[392].

Кризис социальной демократии также характеризовал шведскую партийно-политическую систему в оперативный период. На выборах в Риксдаг 1998 года СДРПШ получила 36,4% голосов, что стало худшим электоральным результатом социал-демократов с 1928 года. Тем не менее, социал-демократы остались у власти, а левоцентристское правительство функционировало до 2006 года, когда СДРПШ, оставаясь самой популярной в стране, вновь установила анти-рекорд, набрав 35% голосов. Падение электоральной поддержки социал-демократов было обусловлено неспособностью решить проблему роста безработицы, и именно эта тема доминировала во время четырех выборов в Риксдаг с 1998 по 2010 гг.[393]. На последних выборах УКП, основная оппозиционная социал-демократам политическая сила, получила 26,2% голосов, что стало ее самым высоким электоральным показателем с 1928 года. Относительно высокие результаты союзников УКП по либерально-консервативному блоку позволили сформировать политическую коалицию «Альянс за Швецию», которая стала основой созданного правоцен-

392 Munkøe M. Denmark // The 2009 Elections to the European Parliament: Country Reports / Ed. by W. Gagatek. Florence: European University Institute, 2010. P. 72.

393 Widfeldt A. The Swedish Parliamentary Election of 2006 // Electoral Studies. 2007. Vol. 26. No. 4. P. 821; он же. The Swedish Parliamentary Election of 2010 // Electoral Studies. 2011. В печати.

тристского правительства. Таким образом, в отличие от Норвегии, где падение популярности социал-демократов происходило одновременно с сокращением общественной поддержки либерал-консерваторов, в Швеции основную альтернативу левоцентристам видели именно в правоцентристских партиях. Аналогичная ситуация характерна для Дании, однако там правоцентристский поворот происходит параллельно с ростом электоральной поддержки правых радикалов.

Хотя ШД остаются относительно слабой партией (они не обладают развитой организационной структурой и имеют серьезные проблемы с точки зрения политико-культурной легитимности), существуют свидетельства серьезных намерений лидеров ШД централизовать руководство и произвести идеологическую модернизацию партии, сделав ее более респектабельной в глазах общества[394]. Кроме того, после парламентских выборов 2006 года, когда ШД заручились поддержкой 2,93% избирателей, они, согласно шведскому законодательству, получили право на государственную финансовую поддержку.

Ограниченно успешными для ШД были выборы в Европарламент 2009 года. Хотя они не смогли провести в Европарламент своих представителей, их электоральные результаты составили 3,27% голосов. Этому способствовало продолжающееся падение популярности СДРПШ, а также конвергенция основных политических сил в Швеции, начавшаяся после выборов 2006 года[395]. Рост внимания к новым правым радикалам со стороны общественности и средств массовой информации, в конечном итоге, еще больше легитимировал ШД с точки зрения политической культуры. Вышеназванные процессы не могли не отразиться на росте поддержки крайне правых. Выборы в Риксдаг 2010 года стали историческими для партии: они получили 5,7% голосов, а 20 членов ШД стали депутатами парламента. Электоральная кампания ШД была откровенно скандальной. Рекламный ролик ШД, в котором изображалась толпа женщин в паранджах, преследующих женщину с ходильной рамой, был запрещен к показу на одном из коммерческих каналов, но затем был,

[394] Об идеологии ШД см. Hellström A., Nilsson T. «We Are the Good Guys»: Ideological Positioning of the Nationalist Party Sverigedemokraterna in Contemporary Swedish Politics // Ethnicities. 2010. Vol. 10. No. 1. P. 55-76.

[395] Joensson J. Sweden // The 2009 Elections to the European Parliament: Country Reports / Ed. by W. Gagatek. Florence: European University Institute, 2010. P. 171.

тем не менее, выпущен в эфир в модифицированной версии. Интересно отметить, что лидер ДНП Пия Кьерсгор лично поддержала ШД, появившись вместе с Йимми Окессоном на одной из предвыборных акций шведских крайне правых[396]. На фоне политических и социальных проблем Швеции, падении популярности социал-демократов и сложной ситуацией, связанной с иммиграционными процессами, существуют веские основания предполагать, что электоральная поддержка ШД продолжит свой рост в будущем.

[396] Widfeldt. The Swedish Parliamentary Election of 2010.

Глава 10
Украинская «аномалия»

Электоральные достижения украинских крайне правых партий со времени восстановления независимости страны в 1991 году всегда характеризовались некоторой аномальностью[397]. Как уже упоминалось, еще в 1967 году Эрвин Шойх и Ханс-Дитер Клингеманн сделали ставшее впоследствии известным заявление о том, что праворадикальные партии являются «нормальной патологией» западных индустриальных обществ[398]. После 1989-1991 гг., когда практически все бывшие социалистические европейские страны встали на путь капиталистического и – в большинстве своем – демократического развития, крайне правые партии стали «нормальной патологией» и для них. Географически и культурно Украина окружена странами, в которых праворадикальные партии являются значимыми субъектами политического процесса. Этот феномен характеризует такие славянские государства, как Польша и Словакия, преимущественно православные страны Болгария и Румыния (все четыре страны являются членами ЕС), а также страны, развивающиеся в настоящее время отдельно от остальной Европы – Сербия и Россия[399]. Со сравни-

---

[397] См. Umland A. Die andere Anomalie der Ukraine: ein Parlament ohne rechtsradikale Fraktionen // Ukraine-Analysen. 2008. No. 41. P. 7-10. В данной Главе частично используются материалы из следующих статей: Shekhovtsov A. The Creeping Resurgence of the Ukrainian Radical Right? The Case of the Freedom Party // Europe-Asia Studies. 2011. Vol. 63. No. 2. P. 203-228; Умланд А., Шеховцов А. Праворадикальная партийная политика в постсоветской Украине и загадка электоральной маргинальности украинских ультранационалистов в 1994–2009 гг. // Ab Imperio. 2010. № 2. С. 219-247.

[398] Scheuch, Klingemann. Theorie des Rechtsradikalismus in westlichen Industriegesellschaften. S. 11-29.

[399] Здесь также можно выделить Белоруссию – близкого, с исторической и этнокультурной точки зрения, соседа Украины. Однако в Белоруссии политическое пространство еще больше ограничено, чем в России, и уже несколько лет не позволяет развиваться не только радикальным партиям, но и политической оппозиции в целом. В подавляющем большинстве значимые оппозиционные силы Белоруссии преследуют либеральную, а не антилиберальную (как в случае с праворадикальными партиями) повестку дня. Об «эгалитарном национализме» режима Александра Лукашенко см. Leshchenko L. The National Ideology and the Basis of the Lukashenka Regime in Belarus // Europe-Asia Studies. 2008. Vol. 60. No. 8. P. 1419-1433. Близкая географически Молдова здесь не упоминается, так как она является на сегодняшний день «несостоявшимся государством» («failed state»). См.: Fund

тельной точки зрения, наличие значимых крайне правых партий в Украинской политике было бы логичным или, по крайней мере, «нормально-патологичным». Тем не менее, с 1991 года ни одна крайне правая украинская партия не смогла заручиться достаточной избирательской поддержкой для прохождения в парламент (Верховная Рада) в качестве партии, и в настоящее время Украина остается одним из наиболее ярких примеров провала праворадикальных партий на национальном уровне.

Первые украинские крайне правые организации возникли в начале XX века в качестве реакции на неспособность украинских националистов построить независимое государство. Украинский национализм, как общественно-политическое движение, начал развиваться в XIX веке, но первые националистические организации и группы были чрезвычайно слабыми. После окончания первой мировой войны украинский народ оказался «разорванным» между Советским Союзом, Польшей, Чехословакией и Румынией. Этот этнический «хаос» отражался и в политической сфере: более десяти правительств претендовали на руководство украинскими территориями.

После польско-украинской войны 1918-1919 гг. Западная Украина (Восточная Галиция, часть Волыни и более мелкие регионы) была аннексирована Польшей, а Восточная Украина стала Украинской Советской Социалистической Республикой (УССР). Советским властям удалось подавить украинский национализм – как умеренный, так и радикальный – но в Польше различные украинские националистические партии пытались нормализовать отношения с польским государством. Эти партии придерживались самых разных идеологических принципов – от национал-демократии до социализма и национал-коммунизма.

В течение 1920-х гг. наиболее радикальной националистической организацией в Западной Украине была основанная ветеранами войны с Польшей Украинская войсковая организация (УВО) под руководством Евгения Коновальца. Целью УВО было продолжение национально-освободительной борьбы посредством террористической деятельности и создание независимой Украины, однако политические цели организации не имели успеха.

for Peace: Молдова признана самой «нестабильной страной» в Европе // Press Обозрение. 2010. 25 февраля. http://press.try.md/item.php?id=110971.

Вместе с тем, в середине 1920-х гг., как в Западной Украине, так и за рубежом, стали возникать украинские общественно-политические клубы и группы, которые – в отличие от УВО – занимались не терроризмом, а разработкой самых различных праворадикальных доктрин. Самым главным крайне правым идеологом был Дмитрий Донцов. В «Основах нашей политики»[400], опубликованной в 1921 году, Донцов превозносил украинскую нацию, которую он считал частью «европейской цивилизации», и одновременно критиковал Россию, которая, по его мнению, угрожала европейским нациям. Донцов предвидел войну между Европой и Россией и заявлял, что Украина должна стать европейским аванпостом в этой борьбе.

В 1926 Донцов опубликовал самую важную свою работу – «Национализм»[401]. Несмотря на частые отсылки к работам Фридриха Ницше, Жоржа Сореля и Шарля Морраса, Донцову удалось создать оригинальную фашистскую доктрину, в рамках которой он поместил в украинский контекст европейскую революционную ультранационалистическую мысль.

Необходимость объединения политических функций и подрывной террористической деятельности против Польши, Румынии и Чехословакии, оккупировавших западно-украинские территории, стало причиной интеграции УВО в 1929 году с более мелкими праворадикальными группами в Организацию украинских националистов (ОУН), лидером которой стал Евгений Коновалец. Доктринально ОУН была обязана трудам Донцова (который, несмотря на это, никогда не состоял в организации), а также работам таких членов ОУН, как Николай Сциборский, Владимир Мартынец и Юлиян Вассиян.

В 1940 году из-за убийства Коновальца советским агентом (1938) и стратегических и поколенческих конфликтов в ОУН, организация разделилась на две враждующие фракции – одну возглавил Андрей Мельник, а другую, более радикальную – Степан Бандера (ОУН-Б). 30 июня 1941 года ОУН-Б провозгласила независимость Украины, а Ярослав Стецко был назначен премьер-министром. В декларации независимости возлагались большие надежды на нацистов и указывалось, что «обновленное Украинское Государство будет тесно сотрудничать с национал-социалистической Велико-Германией, которая под руководством Адоль-

[400] Донцов Д. Підстави нашоі політики. Відень: Видавництво Донцових, 1921.
[401] Донцов Д. Націоналізм. Львів: Нове життя, 1926.

фа Гитлера строит новый порядок в Европе и мире и помогает украинскому народу освободиться от московской оккупации»[402]. Однако нацисты не поддержали идею украинской независимости и арестовали Бандеру и Стецко. Они были отправлены в концлагерь Заксенхаузен, из которого вышли только в 1944 году.

В 1942 году Тарас Бульба-Боровец основал Украинскую повстанческую армию (УПА) – группу украинских партизан-националистов, захваченную ОУН-Б в 1943 году, которая сражалась с нацистскими и советскими войсками, а также участвовала в массовых убийствах поляков, евреев, русских и даже украинцев, отказывавшихся сотрудничать с УПА[403]. В 1943 году, когда Бандера и Стецко все еще находились в концлагере, ОУН провела собрание, на котором Главным командиром УПА был назначен Роман Шухевич. После освобождения из Заксенхаузена Бандера и Стецко попытались восстановить идеологическое влияние в УПА, результатом чего стал затяжной конфликт между ярыми сторонниками Бандеры и другими группами, которые в конечном итоге вышли из ОУН-Б и основали свою собственную ОУН в 1954-1956 гг. УПА продолжала борьбу с советскими правоохранительными органами до начала 1950-х гг., но была подавлена. Многие бойцы УПА и ОУН-Б были отправлены в Гулаг, а остальные члены этих организаций эмигрировали в Западную Европу, Канаду и США.

Несмотря на то, что в УССР начиная с 1960-х гг. возникали небольшие националистические группы вроде Национального фронта и Украинской хельсинской группы, они были национал-демократическими по своей ориентации и сосредоточивались на «культурных и лингвистических вопросах, правах человека и национальном угнетении»[404].

Однако в конце 1980-х гг. в Западной Украине начали возникать

[402] Акт відновлення Української Держави // 65-та річниця проголошення Акту відновлення Української Держави 30 червня 1941 року. Збірник матеріалів і документів / Гол. укл. О. Романишин. Київ: Українська Видавнича Спілка, 2006. С. 76.

[403] Подробнее см. Burds J. AGENTURA: Soviet Informants' Networks and the Ukrainian Rebel Underground in Galicia, 1944–1948 // East European Politics and Societies. 1997. Vol. 11. No. 1. P. 89-130; Rudling P.A. Theory and Practice: Historical Representation of the Wartime Activities of the OUN-UPA (Organization of Ukrainian Nationalists-Ukrainian Insurgent Army) // East European Jewish Affairs. 2006. Vol. 36. No. 2. P. 163-191.

[404] Kuzio T. Radical Nationalist Parties and Movements in Contemporary Ukraine before and after Independence: The Right and Its Politics, 1989–1994 // Nationalities Papers. 1997. Vol. 25. No. 2. P. 213.

праворадикальные группы, которые требовали освобождения Украины от советского господства. По иронии истории, Украина стала независимой не в результате деятельности ультранационалистов, а по причине мирного распада СССР. В период до 2004 года крайне правый фланг партийно-политического пространства представляли три основные организации: Всеукраинское политическое объединение «Государственная независимость Украины» (*укр.* Всеукраїнське об'єднання «Державна самостійність України», ГНУ), Конгресс украинских националистов (*укр.* Конгрес українських націоналістів, КУН) и Украинская национальная ассамблея (*укр.* Українська національна асамблея, УНА)[405].

ГНУ была основана в 1990 году антисоветскими диссидентами и ветеранами националистической борьбы и возглавлялась бывшим членом УХГ Иваном Кандыбой. ГНУ открыто пропагандировала идею установления национальной диктатуры и придерживалась фашистского наследия идеологов ОУН – Донцова, Сциборского и Бандеры. Только этнические украинцы могли быть членами организации, и только украинцы считались коренными жителями Украины (украинцы и татары в случае Крыма).

Так как ГНУ была образована еще до распада СССР, после провозглашения независимости 24 августа 1991 года организация оказалась в стратегическом кризисе, так как буквальное стремление к «государственной независимости Украины» потеряло всякий смысл. В 1993 году ГНУ была официально зарегистрирована как политическая партия, но в том же году она претерпела организационный кризис, так как Иван Кандыба вышел из партии и возглавил новообразовавшуюся партию Организация украинских националистов в Украине. В 1994 году председателем ГНУ стал Роман Коваль, и под его управлением партия стала еще более радикальной. По результатам всеобщих выборов 1994 и 1998 гг. ГНУ не удалось получить места в Раде. ГНУ отказалась участвовать в выборах 2002 года, а в 2003 году Верховный суд Украины аннулировал ее регистрацию, так как она не отвечала требованиям закона.

---

[405] Более подробный анализ деятельности крайне правых партий в 1990-х гг. см.: Kuzio T. Radical Nationalist Parties and Movements in Contemporary Ukraine; Solchanyk R. The Radical Right in Ukraine // The Radical Right in Central and Eastern Europe since 1989 / Ed. by S.P. Ramet. University Park: Pennsylvania State University Press, 1999. P. 279-296; Kubicek P. What Happened to the Nationalists in Ukraine? // Nationalism and Ethnic Politics. 1999. Vol. 5. No. 1. P. 29-45.

ГНУ была не единственной праворадикальной партией, в которую входили бывшие члены ОУН и УПА. В 1991 году Ярослава Стецко (вдова Ярослава Стецко), бывший член ОУН-Б и лидер Анти-большевицкого блока наций, возвратилась в Украину и на следующий год стала председателем КУН – партии, образованной на основе бывших эмиграционных кругов ОУН-Б. Хотя КУН номинально оставался лояльным революционной националистической доктрине Бандеры и Стецко, его идеология была менее радикальной, чем ГНУ. Роман Зварыч, родившийся в США в семье украинских эмигрантов и бывший членом диаспоры ОУН, стал заместителем председателя КУН и главным идеологом. Однако в то время Зварыча можно было назвать национал-демократом, чье мировоззрение было, по всей видимости, сформировано не отрывочными отношениями с эмиграционной ОУН, а западным демократическим дискурсом и работой в университетах Колумбии и Нью-Йорка. Зварыч пытался сделать КУН более демократической партией и отвести ее от идеологического фундамента ОУН-Б[406]. Таким образом, КУН соглашался с основами демократического парламентаризма и был готов сотрудничать с другими – необязательно националистическими или же праворадикальными – политическими силами.

В 1994 году пять членов КУН выиграли выборы в одномандатных округах, но Ярослава Стецко не могла участвовать во всеобщих выборах в Раду, так как ее статус Почетного гражданина Украины не позволял избираться в законодательные органы. Однако в 1997 году, после того, как она получила обычный паспорт, она получила место в Раде. Участие КУН во всеобщих выборах в 1998 году было двояким: с одной стороны, партия выдвинула своих кандидатов в одномандатных округах и получила три места в парламенте; с другой стороны, КУН образовал электоральный альянс Национальный фронт с двумя мене значительными националистическими партиями. Несмотря на то, что альянс получил 23,75% и 20,86% голосов в Ивано-Франковской и Тернопольской областях соответственно, он смог заручиться поддержкой только 2,71% голосов на национальном уровне. В 2002 году КУН присоединился к политическому блоку «Наша Украина» (НУ) под руководством Виктора Ющенко.

[406] В 1994 году Зварыча сместили с должности заместителя председателя КУН и он присоединился к национал-демократическому Народному Руху Украины (Рух).

Другой заметной праворадикальной партией была УНА, возникшая в 1990 году из союза небольших националистических групп и организаций. Ее доктринальными принципами стали работы Дмитрия Донцова. В следующем году УНА избрала своим председателем Юрия Шухевича (сына Романа Шухевича) и образовала полувоенное крыло партии – Украинскую национальную самооборону (УНСО). В 1992-1994 гг. члены УНА-УНСО участвовали в вооруженных конфликтах в Приднестровье, Грузии и России (Чеченская республика), где они сражались с молдавскими и абхазскими сепаратистами, а также российскими федеральными войсками. В 1994 году Шухевич вышел из партии в знак протеста против «пан-славизации» идеологии УНА и вернулся в партию лишь в 2005 году.

Хотя УНА преуспела в организации массовых беспорядков и столкновений с украинскими правоохранительными органами, она оказалась крайне слаба в электоральной сфере. На парламентских выборах 1994 года она выиграла одно место в одномандатном округе. На следующий год ее регистрация была аннулирована, но партия смогла перерегистрироваться в 1997 году. Парламентские выборы 1998 года оказались провальными для УНА: она не смогла выиграть ни одного места в одномандатных округах, а ее общенациональная поддержка составила лишь 0,39% голосов. На выборах 2002 года УНА получила еще меньше голосов (0,04%), но смогла выиграть одно место во львовском одномандатном округе.

Электоральный провал украинского правого радикализма до 2004 года является следствием неспособности крайне правых реализовать ни один из элементов объяснительной модели. Во-первых, в 1991 году, когда независимость Украины была восстановлена, многие цели ОУН были достигнуты, а праворадикальный проект национально-освободительной борьбы стал нерелевантным. Вследствие территориальных изменений в советский период, независимая Украина стала самым большим государством, полностью расположенным в Европе. Более того, украинский язык, который можно считать главной характеристикой украинской идентичности, стал единственным официальным государственным языком.

Во-вторых, значительная часть украинского общества крайне негативно относится к украинскому правому радикализму. В Украине существует этнокультурный раскол между украиноязычными украинцами, русскоязычными украинцами и русскими[407]. Этот раскол отражается в терминах географии и, что более важно, в терминах административного деления. Так, первая этнокультурная группа преимущественно проживает в западных и центральных областях, а вторая и третья – в восточных и южных областях. Традиционно и исторически первые две группы поддерживают глубокие культурные и семейные связи с Россией. Агрессивный украинский национализм крайне правых, демонизирующих Россию, неприемлем для этих групп, которые также негативно относятся к возвеличиванию ОУН и УПА, свойственному правым радикалам.

В-третьих, крайне правые партии не смогли модернизировать свои доктрины в соответствии с новыми условиями и фактически придерживались атавистических доктринальных принципов межвоенной ОУН и Дмитрия Донцова. В частности, крайне правые не могли ничего предложить украинским гражданам, проживающим в «русифицированных» восточных и южных областях. Единственной партией, попытавшейся реформировать идеологическое наследие межвоенного украинского национализма, была УНА. Партия создала причудливое сочетание украинского империализма и пан-славянского национализма, который теоретически мог быть успешным во всей Украине[408]. Однако милитаристский образ УНА и ее склонность к насилию отпугивал значительную часть населения.

В-четвертых, праворадикальные партии продемонстрировали нехватку единства. В течение 1980-х гг. существовало несколько партий и организаций, претендовавших на наследие ОУН, однако они не смогли преодолеть противоречия, относящиеся по времени еще к расколу ОУН. Даже ГНУ и КУН, основанные бывшими членами ОУН-Б, разговаривали на различных идеологических языках и расходились в стратегических вопросах. Перед выборами 1998 года крайне правым партиям удалось создать электоральные альянсы, однако они конкурировали между собой за поддержку одних и тех же групп населения и, таким образом, «рассеивали» праворадикальный электорат.

В-пятых, украинский политический спектр был крайне поляризован, и в нем фактически не было ниши для правых радикалов. Первое свиде-

[407] Wilson A. Ukrainian Nationalism in the 1990s: A Minority Faith. Cambridge: Cambridge University Press, 1997. P. 198.

[408] Kuzio T. Radical Nationalist Parties and Movements in Contemporary Ukraine. P. 231-233; Solchanyk R. The Radical Right in Ukraine. P. 292.

тельство идеологической поляризации появилось в 1994 году: парламентские выборы обнаружили разрыв партийно-политического пространства между двумя крайностями – евроцентричными национал-демократами и национал-коммунистами, стремившимися к установлению более тесных политических связей с Россией[409]. Более того, национал-демократические партии зачастую включали в себя ярых националистов, которые «оттягивали» голоса у праворадикальных партий.

В-шестых, в Украине ухудшающаяся социо-экономическая ситуация коррелировала со «спадом гражданской и политической активности, включая мобилизацию по националистическим вопросам»[410]. Кроме того, украинские производственные рабочие, чей экономический статус понижался вместе с распадом промышленного сектора в ходе 1990-х гг., возлагали свои надежды не на крайне правых, а на коммунистические и социалистические партии. Таким образом, Украина не стала свидетелем «пролетаризации» электоральной базы праворадикальных партий, которая характерна для многих стран Европы.

В настоящее время основной, если не единственной действующей новой праворадикальной партией в Украине является Всеукраинское объединение «Свобода» (*укр.* Всеукраїнське об'єднання «Свобода»). Ее корни лежат в неофашистской Социал-национальной партии Украины (*укр.* Соціал-Національна партія України , СНПУ), созданной во Львове в 1991 году несколькими националистическими группами, из которых следует выделить «Стражу руха» под руководством Ярослава Андрушкова и Юрия Криворучко, Студенческое братство Львова под руководством Олега Тягныбока и Молодежную организацию «Наследие» под руководством Андрея Парубия.

В соответствии с политической программой СНПУ, партия стремилась к «захвату власти в Украине с целью построения нового государства и нового общества»[411]. Шесть пунктов партийной программы относились к России, которая считалась источником всех бед Украины. Партийные

---

[409] Whitmore W. State Building in the Ukraine: The Ukrainian Parliament, 1990-2003. London: RoutledgeCurzon, 2004. P. 37-38.

[410] Kubicek P. What Happened to the Nationalists in Ukraine?. P. 42.

[411] Програма Соціал-Національної Партії України // Ватра. 2008. http://www.vatra.org.ua/sotsial-natsionalizm/prohrama-sotsial-natsionalnoyi-partiyi-ukrayiny.html.

идеологи также заявляли, что социал-национализм партии основывается на работе Ярослава Стецко «Две революции» (написанной под псевдонимом «З. Карбович»), в которой указывалось, что украинская революция должна объединить две революции – национальную и социальную[412].

В 1994 году СНПУ участвовала во всеобщих и региональных выборах: в Раду никто из партии избран не был, однако СНПУ получила четыре места во львовском областном совете.

Во второй половине 1990-х гг. СНПУ активно рекрутировала наци-скинхедов и футбольных хулиганов, которые составили основу ассоциированной с СНПУ организации Товарищество содействия вооруженным силам и военно-морскому флоту Украины «Патриот Украины», которую возглавил Андрей Парубий. Несмотря на то, что «Патриот Украины» возник в 1996 году, он стал полноценной организацией лишь в 1999 году.

Перед всеобщими выборами 1998 года СНПУ сформировала электоральный альянс «Меньше слов» с ГНУ, однако выборы оказались провальными для альянса: он набрал лишь 0,16% голосов и занял 29-ое место из 30. Даже во львовской области, в которой у СНПУ было четыре места в областном совете, альянс получил только 0,65% голосов. Вместе с тем, Олег Тягныбок выиграл парламентское место в одном из львовских одномандатных округов. В Раде Тягныбок вошел в национал-демократическую фракцию Руха и стал членом Бюджетной комиссии Верховной Рады. Благодаря депутатскому мандату и официальной должности Тягныбок завоевал авторитет среди однопартийцев и возглавил местную киевскую организацию.

В 2000 году СНПУ установила связи с Евронатом – ассоциацией европейских крайне правых партий, а Жан-Мари Ле Пен принимал участие в съезде СНПУ в 2000 году[413].

В начале 2000-х гг., несмотря на электоральный успех Тягныбока и развитие международных связей, партия переживала серьезный организационный кризис. В 2002 году партия решила участвовать в выборах только по одномандатным округам, и Тягныбок вновь был избран депутатом Рады. При этом он участвовал в выборах не как член СНПУ, а как

[412] Карбович З. Дві революції (З приводу геройської смерти ген. Тараса Чупринки) // Сурма. 1951. 27 квітня. С. 6-8.

[413] Історія ВО «Свобода» // Всеукраїнське об'єднання «Свобода». 2009. http://www.svoboda.org.ua/pro_partiyu/istoriya/.

независимый кандидат, номинированный электоральным объедением НУ Виктора Ющенко, который стал вовлекать правых радикалов в своей политический проект. Как следствие, после выборов Тягныбок вошел в состав фракции НУ.

В 2003 году СНПУ инициировала процесс реорганизации и «респектабилизации». С одной стороны, важность этого процесса была обусловлена стремительной демократизацией отдельных политических элит, проходившей параллельно с ростом электоральной популярности Ющенко. С другой стороны, лидеры СНПУ были уверены, что их партия сможет достичь политического успеха, приняв в качестве модели европейские новые праворадикальные партии вроде НФ и АПС.

В феврале 2004 года на съезде СНПУ был принят ряд важных решений. Во-первых, Олег Тягныбок становится председателем партии. Благодаря своей харизме и выходу из СНПУ других «отцов-основателей» партии, Тягныбоку удалось консолидировать власть в своих руках и установить жесткий контроль деятельности организации. Во-вторых, партия была переименована во Всеукраинское объединение «Свобода», что, скорее всего, было вызвано желанием добиться той же популярности, которую имеет Австрийская партия свободы. В-третьих, съезд расформировал «Патриот Украины», так как милитаризм организации и откровенный расизм ее руководства угрожал новому «респектабельному» имиджу партии[414]. В-четвертых, на съезде было принято решение смягчить праворадикальную риторику. Однако это касалось лишь публичного дискурса, доступного сторонним наблюдателям (экзотерический уровень): партийные лидеры не отказались от идеологического фундамента партии (эзотерический уровень).

Спустя пять месяцев после съезда партии стало очевидно, что сам Тягныбок несет угрозу «респектабельному» имиджу «Свободы». Выступая с эмоциональной речью на могиле одного из командиров УПА на горе Яворына, Тягныбок говорил о том, что бойцы УПА воевали с «москалями, немцами, жидами и прочей нечестью» и призывал своих соратников бо-

[414] Харьковское отделение «Патриота Украины» отказалось расформировываться и в 2005 году зарегистрировалось в качестве региональной общественной организации. Однако с 2005 года «Патриот Украины» не имеет видимых отношений со «Свободой».

роться с «москальско-жидовской мафией», господствующей в Украине[415].

Так как Тягныбок участвовал в предвыборной кампании кандидата в президенты Виктора Ющенко, его речь нанесла определенный урон демократическому образу последнего. Ющенко потребовал от Тягныбока извинений и пригрозил исключить из фракции. Лидер «Свободы» принес извинения, но из фракции НУ все равно был исключен, после чего отозвал свои извинения. Летом 2004 года прокуратура Ивано-Франковской области открыла уголовное дело против Тягныбока по подозрению в разжигании межэтнической розни, однако в марте 2005 года он был оправдан. Несмотря на исключение из фракции НУ, Тягныбок продолжал участвовать в избирательной кампании Ющенко, а затем и в «Оранжевой революции».

Будучи депутатом Верховной Рады в 2002-2006 гг., Тягныбок был автором 36 проектов резолюций, но Рада одобрила только четыре из них. В большинстве своих проектов резолюций председатель «Свободы» протестовал против введения второго государственного языка (русского), предлагал признать ОУН и УПА воюющей стороной во Второй мировой войне, призывал к люстрации бывших коммунистических деятелей, офицеров служб безопасности и тайных агентов, а также требовал запрета коммунистической идеологии. Ни один из этих проектов резолюций не был одобрен Радой.

Весной 2005 года Тягныбок вновь оказался вовлечен в антисемитскую деятельность, когда подписал так называемое «Письмо ста», которое призывало президента Ющенко, председателя Верховной Рады и главу Верховного суда «остановить преступную деятельность организованного еврейства», которое якобы пыталось подорвать суверенитет Украины[416]. В том же году «Свобода» обратилась к проблеме иммиграции. Отчасти этот идеологический поворот был спровоцирован бунтами во Франции, и «Свобода» опубликовала декларацию о «расовых и этнических беспорядках» и осудила «самоубийственную иммиграционную политику» Франции, а также призвала укрепить контроль южных и восточных границ Украины и прекратить «преступную деятельность этни-

---

[415] Повний текст виступу Олега Тягнибока на горі Яворина // Всеукраїнське об'єднання «Свобода». 2004. http://www.svoboda.org.ua/dokumenty/vystupy/002108/.

[416] Republic of Ukraine 2005 // The Stephen Roth Institute for the Study of Contemporary Antisemitism and Racism. 2005. http://www.tau.ac.il/Anti-Semitism/asw2005/ukraine.htm.

ческих мафиозных группировок»[417]. Внимание к проблемам иммиграции было очевидной попыткой следовать «моде» западноевропейских праворадикальных партий. В конце 2005 года львовская местная организация «Свободы» созвала пресс-конференцию отдельных функционеров НФ. Последние заявили о том, что «Свобода» является единственной украинской партией, чей идеологический фундамент соответствует идеям «Европы наций»[418].

В 2006 году «Свобода» впервые продемонстрировала свои обновленные организационные и идеологические силы на общенациональных и областных выборах, а также выборах в городские советы. Своей политической программой партия объявила «Программу защиты украинцев», которая включала в себя семь пунктов: «Геноцид украинцев в XX веке. Преодоление последствий и восстановление справедливости», «ОУН-УПА. Признание и благодарность», «Язык. Защита и распространение», «Информационное пространство. Освобождение от оккупации и государственная безопасность», «Миграция. Право на Родину», «Энергетика. Независимость и безопасность», «Народовластие. Свободный выбор и равные условия», «Общество. Социальная и национальная справедливость»[419].

Помимо «Свободы» в общенациональных выборах 2006 года участвовали только две крайне правые партии: КУН и УНА. Однако члены КУН избирались по списку НУ и лишь УНА была прямым соперником партии Тягныбока. На парламентских выборах «Свобода» получила лишь 0,36% голосов и заняла 18-ое место из 45 партий и блоков. Однако областные выборы и выборы в городские советы оказались более успешными для «Свободы», которая получила 9 мест во львовском городском совете, а также 4 и 10 мест в тернопольском и львовском областных советах соответственно.

Ко времени внеочередных парламентских выборов 2007 года в крайне правой партийно-политической нише Украины произошло два важных изменения. Во-первых, УНА приняла решение игнорировать вы-

---

[417] Тягнибок О. Заява з приводу расово-етнічних заворушень у Франції // Всеукраїнське об'єднання «Свобода». 2005. http://www.svoboda.org.ua/dokumenty/zayavy/002329/.

[418] Наші побратими – Національний Фронт Франції Жана-Марі Ле Пена // Всеукраїнське об'єднання «Свобода». 2006. http://www.svoboda.org.ua/diyalnist/novyny/002375/.

[419] Програма захисту українців (програма ВО «Свобода» на парламентських виборах 2007 року) // Всеукраїнське об'єднання «Свобода». 2007. http://www.svoboda.org.ua/pro_partiyu/prohrama/pzu/.

боры, официальной причиной чего был назван протест против политической коррупции, хотя, по всей видимости, отказ от участия в выборах был продиктован неспособность партии собрать необходимые финансовые средства для предвыборной кампании. Во-вторых, в конце 2006 года Генеральная прокуратура открыла уголовное дело против Алексея Ивченко – председателя КУН и бывшего главы государственной акционерной компании Нафтогаз Украины – по подозрению в растрате средств и злоупотреблении служебным положением. Вследствие этого, НУ исключила Ивченко из своего электорального списка весной 2007 года, а за месяц до выборов КУН вышла из электорального блока с НУ и вообще отказалась от участия в выборах. Таким образом, «Свобода» смогла воспользоваться привилегированным положением единственной крайне правой партии, принимающей участие в выборах. Несмотря на то, что партия удвоила свои электоральные результаты по сравнению с предыдущими выборами, она получила только 0,76% голосов и заняла 8-ое место из 20-ти партий и блоков.

Слабые результаты, тем не менее, были с энтузиазмом приняты в «Свободе». В феврале 2008 года состоялся съезд партии, на котором было принято решение участвовать в выборах на всех уровнях по всей Украине[420]. Такая стратегия была естественной, так как это была единственная возможность для внепарламентской партии оставаться в поле зрения общественности и средств массовой информации за пределами Западной Украины.

Первым шансом опробовать новую стратегию в Центральной Украине были выборы в городской совет Киева и выборы мэра Киева, состоявшиеся в мае 2008 года. Электоральная кампания «Свободы» проходила под лозунгом «Стольному граду – украинскую власть!». «Свобода» также распространяла буклет с партийным проектом новой Конституции Украины, написанной под руководством Александра Шевченко, профессора Киевского национального университета им. Тараса Шевченко. Интересно отметить, что основная тема электоральной кампании «Свободы» в значительно «русифицированном» Киеве характеризовалась не столько этно-националистической, сколько популистской и антикоррупционной риторикой. Не вызывал сомнения тот факт, что у Тягны-

[420] Історія ВО «Свобода».

бока не было шансов выиграть выборы мэра Киева (его электоральный результат составил 1,37%), однако от личной электоральной кампании своего председателя партия в значительной степени выиграла: если на парламентских выборах 2007 года «Свобода» получила 1,25% голосов в Киеве, то в 2008 году на выборах в городской совет она получила уже 2,08% голосов.

Однако год спустя «Свобода» достигла намного большего политического успеха, хотя лишь на областном уровне. На досрочных выборах в Тернопольской области, прошедших 15 марта 2009 года, «Свобода» заручилась поддержкой 34,69% пришедших на избирательные участки, в то время как электоральный успех ближайшего конкурента крайне правых – пропрезидентского «Единого центра» – составил лишь 14,2% голосов. В результате правые радикалы получили в тернопольском областном совете 50 из 120 мест, а президиум совета возглавил член партии «Свобода» Алексей Кайда. Однако подобный успех крайне правых был обусловлен не столько их популярностью в тернопольской области, сколько тем, что, во-первых, уровень участия избирателей на этих выборах был низким, а, во-вторых, ряд значимых украинских политиков непрезидентского «оранжевого» лагеря, например, Юлия Тимошенко, Арсений Яценюк и Анатолий Гриценко, не принимали активного участия в предвыборной кампании.

Во время визита Тягныбока в Страсбург в марте 2009 года с победой «Свободы» на выборах в тернопольской области его поздравили Жан-Мари Ле Пен и Бруно Голлниш. В Страсбурге у Тягныбока была также возможность встретиться с евродепутатами из таких крайне правых партий, как АПС, НСА, НС, СДТП и «Фламандский интерес»[421].

В январе 2010 года, когда состоялись выборы президента Украины, Тягныбок не смог повторить успех своей партии, заручившись поддержкой лишь 4,89% избирателей в тернопольской области. На такие результаты повлияли два главных фактора. Во-первых, учитывая очевидные различия между избирательскими стратегиями на президентских и парламентских выборах местного и национального значения, следует предположить, что многие прежние избиратели «Свободы» предпочли поддержать переизбрание Виктора Ющенко, у которого – несмотря на глу-

[421] Всеукраїнське об'єднання «Свобода». 2009. Квітень. С. 2.

бокое падение рейтинга популярности – было больше шансов выиграть выборы, чем у Тягныбока. Кроме того, крайне положительное отношение Ющенко к ОУН-УПА и его критические взгляды на мультикультурализм в Украине фактически не отличаются от взглядов Тягныбока. Во-вторых, избирательная кампания Тягныбока была, по мнению украинского политолога Анатолия Романюка, «неинтересной и вялой»[422], по всей видимости, из-за недостатка финансовых средств. При этом необходимо отметить, что результат Тягныбока (1,43%) почти в два раза превысил результаты «Свободы» на парламентских выборах 2007 года.

После того, как в феврале 2010 года президентом Украины стал Виктор Янукович, политическое пространство страны и политические настроения граждан стали претерпевать изменения. Частичный возврат как правительства премьер-министра Николая Азарова, так и президента Януковича к авторитарным методам управления не нашел широкой поддержки в Западной и Центральной Украине. В то же время рейтинг популярности основной оппозиционной силы – Блока Юлии Тимошенко (БЮТ) также начал снижаться, так как Юлия Тимошенко, лидер БЮТ и политической партии «Отчизна», стала утрачивать популярность среди избирателей, не в последнюю очередь из-за неспособности артикулировать конструктивную критику новой власти. Так, с марта по октябрь 2010 года персональный рейтинг безоговорочной поддержки Тимошенко снизился с 13,9% до 10,1%, Януковича – с 36,6% до 21,5%, а правительства Азарова – с 25,3% до 14%[423]. Немаловажную роль в падении рейтингов Януковича и Азарова сыграло подписание в апреле 2010 года соглашения с Россией о продлении пребывания в Севастополе Черноморского флота Российской Федерации в обмен на снижение цен на российский газ. В Западной и Центральной Украине эти соглашения были, по большей части, восприняты как сдача национальных интересов, а в Украине в целом большинство граждан (52,7%) считало, что руководство страны сознательно вводило в

---

[422] Стадник Г. Активна і мінлива Львівщина // Deutsche Welle. 2010. 18 січня. http://www.dw-world.de/dw/article/0,,5142470,00.html.

[423] Чи підтримуєте Ви діяльність Юлії Тимошенко? (динаміка, 2001-2011) // Центр Разумкова. 2011. http://www.uceps.org/ukr/poll.php?poll_id=88; Чи підтримуєте Ви діяльність Віктора Януковича? (динаміка, 2002-2011) // Центр Разумкова. 2011. http://www.uceps.org/ukr/poll.php?poll_id=90; Чи підтримуєте Ви діяльність Уряду України? (динаміка, 2000-2011) // Центр Разумкова. 2011. http://www.uceps.org/ukr/poll.php?poll_id=75.

заблуждение граждан страны, когда заявляло, что подписание соглашений позволит не повышать цену на газ для населения[424].

Именно на фоне снижения доверия граждан как к действующей власти, так и к основной политической силе оппозиции проходили выборы в местные органы власти в октябре 2010 года, на которых «Свобода» заручилась значительной поддержкой населения. По результатам выборов по партийным спискам и в одномандатных округах «Свобода» получила 4 места в Черновицком областном совете, по 5 мест – в Киевском, Ровненском и Хмельницком, 6 мест – в Волынском, 17 мест – в Ивано-Франковском и 41 место – во Львовском.

Не будет преувеличением сказать, что «Свобода» стала довольно успешной региональной партией. Однако вопрос об общеукраинской поддержке правых радикалов, которая бы позволила ей стать партией национального масштаба, остается открытым. «Свобода» обладает ограниченными способностями агрегировать общественные требования, так как с момента своего создания в 1991 году партия фактически полностью игнорировала социо-экономические вопросы. Тем не менее, это свойственно многим западным крайне правым партиям[425]. По утверждению Каса Мудде, «популистские праворадикальные партии используют свою экономическую программу, чтобы реализовать на практике центральные идеологические позиции (нативизм, авторитаризм и популизм)»[426]. Это в полной мере соответствует «Свободе». Экономический пункт своей политической программы 2003 года «свобода» использовала для продвижения антироссийской, антикоммунистической и протекционистской повестки дня, а в предвыборной программе 2007 года экономические пункты вообще отсутствовали[427].

В то же время, «Свобода» эффективно озвучивает протестные настроения граждан и их озабоченность в отношении политической коррупции. Лидеры партии рассматривают свой праворадикальный проект в качестве альтернативы «кризису парламентаризма и захвату власти оли-

---

[424] Чи вводило керівництво країни громадян в оману, заявляючи, що підписання Харківських угод (знижка на газ — подовження перебування ЧФРФ), дозволить не підвищувати ціни на газ для населення? // Центр Разумкова. 2010. http://www.uceps.org/ukr/poll.php?poll_id=581.

[425] Betz. The Growing Threat of the Radical Right. P. 76-77.

[426] Mudde. Populist Radical Right Parties in Europe. P. 120.

[427] Голос України – газета Верховної Ради України. 2007. 20 серпня. С. 5.

гархическими кланами, которые вместе с парламентской республикой полностью отобрали у народа какую-либо возможность влиять на процессы в стране»[428]. Согласно идеологам «Свободы», одним из инструментов борьбы с политической коррупцией могла бы быть реализация политики люстрации, которая бы позволила очистить украинскую систему и административный аппарат от «коммунистов-кэгебистов-кучмистов». Другим инструментом могла бы стать проверка на детекторе лжи работников правительства и кандидатов на выборные должности. Кроме того, по мнению крайне правых, этнический состав чиновников на всех уровнях должен соответствовать этническому составу данного региона. «Свобода» также призывает вновь ввести советскую практику регистрации этнического происхождения граждан в паспортах и свидетельствах о рождении[429].

Другим вопросом, ответ на который важен для понимания общеукраинских перспектив «Свободы», является политическое окружение партии. Насколько «Свобода» способна реализовать элемент «Легитимность» предложенной объяснительной модели? Другими словами, насколько «Свобода» легитимна с точки зрения политической культуры и партийно-политической системы Украины?

Как указывалось ранее, в межвоенный период в Украине существовала сильная фашистская субкультура, которую представляла ОУН. Таким образом, можно сказать, что «Свобода» является частью существующей националистической традиции и, следовательно, легитимным политическим актором. Однако здесь невозможно игнорировать тот факт, что деятельность ОУН была в значительной степени ограничена Западной Украиной, поэтому политико-культурная терпимость к проектам «Свободы» выше в Западной Украине, чем в других регионах страны. По утверждению Андреаса Умланда, одним из факторов, снижающих вероятность успеха украинских правых радикалов на национальном уровне, является «деление страны на западную часть, с одной стороны, и на восточную и южную части, с другой, т.е. на два исторически сложившихся крупных региона, в которых украинская нация и ее инте-

[428] Петруня А. Андрей Ильенко: «Нацизм – это антипод либеральной цивилизации» // Столичные новости. 2008. №28-29. http://cn.com.ua/N515/politics/exclusive1/index.html.
[429] Голос України – газета Верховної Ради України. 2007. 20 серпня. С. 5.

ресы определяются различным образом»[430].

Что касается партийно-политической системы, то можно сказать, что по сравнению с «до-оранжевым» периодом, который характеризовался поляризацией партийной политики, в настоящее время она является довольно благоприятной для «Свободы». Во-первых, партия Тягныбока является фактически единственной функционирующей партией на крайне правом фланге партийной системы. Во-вторых, потеря доверия граждан как к власти, так и к идеологически умеренным оппозиционным силам, повышает популярность «Свободы» как партии, противостоящей политическому истеблишменту как таковому.

Однако наибольшей проблемой «Свободы» является ее ограниченная способность эффективно реализовывать элемент «Организация». Здесь следует выделить два фактора: (1) практическое лидерство и партийное управление на региональном уровне и (2) финансирование партии. «Свобода» утверждает, что она представлена во всех областях Украины, однако только в Западной Украине и киевской области у нее есть лидеры, которые сочетают в себе управленческие способности и авторитет. Слабость региональных представительств за пределами указанных регионов снижает шансы партии на мобилизацию избирателей на общенациональном уровне. Финансирование является другой насущной проблемой «Свободы». Согласно Тягныбоку, в 2006 году партия учредила «экономический совет», в который входят представители малого и среднего бизнеса. Большинство из них являются членами «Свободы» и предоставляют значительную финансовую помощь организации[431]. Это позволяет партии быть финансово независимой, но очевидно недостаточно для того, чтобы удовлетворить все нужды партии, стремящейся к общеукраинскому статусу. Вместе с тем, следует отметить, что успешное участие в местных выборах в 2009-2010 гг. и широкое представительство крайне правых в областных советах позволяет «Свободе» значительно увеличить свою финансовую поддержку в будущем.

В европейском контексте «Свободу», которая в настоящее время остается в значительной меререгиональной партией, можно сравнить с итальянской ЛСНП. Обе партии сохраняют свои «опорные пункты» в Па-

---

[430] Умланд А. Крайне слабые // Корреспондент. 2008. №23. С. 34.

[431] Свободный радикал // Корреспондент. 2009. №14. С. 14.

дании и западной Украине, но из-за своей эксклюзивистской националистической риторики они получают холодный прием в южной Италии и южно-восточной Украине соответственно. Однако в отличие от «Свободы», ЛСНП является организационно сильной партией, что компенсирует электоральную уязвимость, проистекающую из регионального статуса партии[432]. С другой стороны, существуют очевидные свидетельства того, что партия Тягныбока развивается, а ее электоральные показатели демонстрируют стабильный рост из года в год. Согласно опросу общественного мнения, проведенного в октябре 2010 года, за «Свободу» готовы проголосовать 3,4% украинских граждан[433], что гарантировало бы ей прохождение в Раду и, таким образом, положить конец украинской «аномалии», сделав политическую ситуацию в стране еще более напряженной.

[432] Bull A.C., Gilbert M. The Lega Nord and the Northern Question in Italian Politics. Houndmills & New York: Palgrave, 2001.

[433] Якби найближчим часом знову відбувалися вибори до Верховної Ради України, за яку партію чи виборчий блок Ви проголосували б? (динаміка, 2010-2011) // Центр Разумкова. 2011. http://www.uceps.org/ukr/poll.php?poll_id=115.

Заключение

Проведенный сравнительный анализ новых праворадикальных партий в странах Западной, Южной, Восточной и Северной Европы позволяет рассмотреть обоснованность ранее выдвинутых гипотез и сделать выводы в отношении справедливости предложенной объяснительной модели.

Первая серия гипотез была основана на том, что избирательскую поддержку современных крайне правых партий невозможно объяснить отдельными факторами политического спроса или предложения. Для эффективного изучения причин электоральной поддержки новых праворадикальных партий требуется интегральный подход, который нашел свое воплощение в объяснительной модели.

Как показало исследование крайне правых партий, функционирующих в четырех регионах Европы, реализация элементов «Агрегация + Артикуляция», «Легитимность» и «Организация» является обязательным условием получения новыми праворадикальными партиями релевантной электоральной поддержки. Крайне правые партии артикулируют и агрегируют существующие в обществе протестные настроения, негативную реакцию на этнокультурную поляризацию и страх перед общественной изоляцией, утратой экономической безопасности и потерей социального положения. Такие партии, как НФ, АПС, АБА, ЛС, НА, ГНПП, ЛПС, ПВР, ДНП и НПП, являются легитимными участниками политического процесса. Наличие развитой партийной инфраструктуры, позволяющей проводить эффективные избирательные кампании и сохранять доктринальное и организационное единство, также оказывает положительное влияние на результативность участия указанных партий в электоральном процессе. Таким образом, гипотезы 1.1, 1.2 и 1.3 следует считать подтвержденными.

Вторая серия гипотез была основана на предположении, что применение объяснительной модели дает ответ на вопрос о неодинаковом уровне поддержки крайне правых партий как в рамках одного государства, так и в различных европейских странах.

Исследование показало, что различия в способах и характере реализации крайне правыми партиями элементов объяснительной модели обусловливают неодинаковый уровень их электорального успеха в том или ином государстве. Кроме того, те же различия объясняют неодинаковый уровень поддержки новых праворадикальных партий в различных европейских странах. Следовательно, гипотезы 2.1 и 2.2 также следует признать подтвержденными.

Третья серия гипотез была представлена альтернативными (или конкурирующими) гипотезами, основанными на распространенных, но, с нашей точки зрения, ложных теоретических подходах к изучению современных крайне правых партий.

Гипотеза 3.1, согласно которой любая крайне правая партия, независимо от степени идеологического радикализма, способна получить поддержку избирателей в объеме, необходимом для участия партии в работе национальных органов законодательной власти, не была подтверждена. Неофашистские и открыто расистские партии функционируют на маргинальном субкультурном уровне и либо вообще не участвуют в выборах, либо получают минимальное количество голосов. Учитывая в целом либеральное законодательство в отношении политических партий в европейских странах, которое позволяет неофашистским партиям выставлять своих кандидатов на всеобщих выборах, неприемлемость неофашизма определяется не столько конституционными нормами, сколько демократической политической культурой.

Гипотеза 3.2, основанная на положении, что электоральный успех новых праворадикальных партий зависит от наличия харизматического лидера, также не подтверждается. Как было показано, харизматический лидер оказывает положительное, но не решающее влияние на электоральные результаты крайне правых партий. В контексте руководства партией гораздо большее значение имеют управленческие способности лидеров, их умение стратегически мыслить и поддерживать эффективную работу организации при помощи административного аппарата.

Гипотеза 3.3, в соответствии с которой неодинаковый уровень поддержки новых праворадикальных партий в европейских странах является следствием различного уровня интенсивности миграционных процессов или степени этнической поляризации, не нашла подтверждения. Вне всяких сомнений, рост ксенофобских настроений в обществе может при определенных обстоятельствах быть следствием притока мигрантов или наличия в той или иной стране значительного количества представителей «некоренного» населения. Тем не менее, только лишь присутствие в той или иной стране иностранных рабочих, беженцев или этнических меньшинств является недостаточным фактором для того, чтобы мобилизовать граждан на электоральную поддержку новых праворадикальных партий.

Таким образом, в ходе исследования нашли подтверждение все гипотезы, основанные на предложенной объяснительной модели. В то же время все альтернативные гипотезы были признаны ошибочными. Следовательно, можно сделать заключение о справедливости представленной интерпретации причин электоральной поддержки новых праворадикальных партий. Общее заключение можно представить в форме шести выводов.

1. В настоящее время крайне правые партии существуют во всех европейских демократиях и являются постоянными участниками политического процесса. С точки зрения идеологии, среди современных крайне правых партий можно выделить три основных типа: неофашистские, правоэкстремистские и новые праворадикальные партии. Партии первых двух типов функционируют на периферии политической жизни и зачастую подвергаются юридическому и силовому давлению со стороны государства, что чаще всего лишает их возможности участвовать в избирательных процессах. В то же время новым праворадикальным партиям удалось модернизировать свою идеологию и адаптироваться к современной политической обстановке, которая характеризуется устойчивой приверженностью либерально-демократическим формам общественно-политического устройства. Идеологические основы новых праворадикальных партий представляют собой гибрид антидемократических и демократических концепций. С одной стороны, эти партии выступают за сохранение, реализацию и воспроизводство этнически или этнокультурно однородного типа общества, что противоречит демократическим идеям мультикультурализма и всеобщего равенства, но, с другой стороны, они выражают лояльность ключевым элементам либеральной демократии – принципу конституционализма и институту свободных выборов. Пользуясь тем, что либеральная демократия неспособна полностью разрешить все проблемы, возникающие в условиях стремительной глобализации и постиндустриализации, новые праворадикальные партии используют политические, экономические и социальные противоречия,

свойственные современным европейским государствам, в целях нарушения общественного консенсуса в отношении демократических принципов. Тем самым партии данного типа дестабилизируют политическую систему, усиливают поляризацию общества и радикализируют партийную систему, т.к. рост их популярности зачастую провоцирует умеренные партии на заимствование праворадикальной риторики для увеличения собственной популярности.

2. В работе были установлены факторы политического спроса на новые праворадикальные партии, т.е. те факторы, которые относятся к потребности или заинтересованности общества в существовании и участии крайне правых партий в политическом процессе. К таким факторам были отнесены: 1) враждебность к «Другому», 2) общественная аномия, 3) новое общественное расслоение, 4) экономический кризис, 5) недовольство политическим статус-кво и 6) трансформация ценностной системы. Миграционные процессы, интенсивность которых возросла в 1980-х гг., способствовали исходному электоральному прорыву новых праворадикальных партий, однако в настоящее время данные процессы, равно как и этническая поляризация общества, не могут служить единственным объяснением успеха партий данного типа. Глубокое влияние на политический спрос на крайне правые партии оказывают субъективные опасения граждан, связанные с возможностью утраты социального положения и экономической безопасности, а также страхом перед общественной изоляцией. Другим важнейшим фактором политического спроса на новые праворадикальные партии является недовольство граждан традиционными политическими партиями, работой властных институтов и правительства, также политической системой в целом. В свою очередь, фактор трансформации системы ценностей предполагает, что граждане имеют тенденцию голосовать за крайне правые партии в условиях снижения актуальности постматериалистических ценностей.

3. Были выявлены специфические свойства политической системы, которые содействуют или, наоборот, затрудняют функционирование крайне правых партий как субъектов политического процесса в европейских странах. К этим свойствам относятся: 1) особенности партийной системы, 2) институциональные возможности и 3) особенности политической культуры. Было установлено, что наличие политической ниши в

рамках партийной системы умеренного плюрализма является обязательным условием возникновения новых праворадикальных партий, однако только наличие подобной ниши не может обусловливать электоральную поддержку партий данного типа. В отношении фактора институциональных возможностей, представляется справедливым сделать несколько выводов. Во-первых, применение мажоритарной избирательной системы и использование высокого электорального порога в рамках пропорциональной системы могут оказывать негативное влияние на возникновение новых партий. Во-вторых, низкий электоральный порог сам по себе не способствует электоральному успеху партий на этапе их возникновения и выхода на политический рынок. В-третьих, ни мажоритарная избирательная система, ни пропорциональная система с низким электоральным порогом не оказывают значительного влияния на уровень поддержки крайне правых партий после их возникновения и подъема. В то же время, электоральная поддержка новых праворадикальных партий в значительной мере зависит от наличия в той или иной европейской стране политической культуры, способствующей возникновению, подъему и дальнейшей поддержке крайне правых партий со стороны избирателей. К факторам, оказывающим позитивное влияние на политико-культурную легитимацию правого радикализма в современных европейских странах, относятся: административный коллаборационизм с нацистской Германией до и/или во время Второй мировой войны, наличие предшествующих националистических организаций, наличие авторитетной религиозно-националистической культуры и антикоммунистический исторический ревизионизм. Вместе с тем, традиции антифашизма и толерантности, а также «культура раскаяния» затрудняют политико-культурную легитимацию новых праворадикальных партий.

4. В исследовании были определены внутренние ресурсы современных крайне правых партий, которые создают благоприятные условия для их успешного участия в конкурентной борьбе за обладание политической властью. К таким ресурсам относятся: 1) партийная идеология, 2) внутренняя организация партии и 3) наличие харизматического лидера. Было установлено, что умеренные праворадикальные партии имеют преимущество перед неофашистскими и правоэкстремистскими партиями, которые, отвергая демократический строй, парламентаризм и поли-

тический плюрализм, не способны получить релевантную поддержку в современных европейских странах. Также было определено, что наличие развитой инфраструктуры не является обязательным условием начального электорального подъема новых праворадикальных партий. Вместе с тем, для дальнейшего успешного функционирования крайне правым партиям приходится реализовывать меры, направленные на укрепление и развитие партийной инфраструктуры. В этих целях новые праворадикальные партии особым образом выстраивают свою организацию. Обычно партии данного типа представляют собой небольшие объединения, которые, тем не менее, являются партиями сильной структуры, характеризующимися жесткой соподчиненностью, большой иерархичностью и централизацией руководства. Новым праворадикальным партиям также свойственна строгая дисциплина и вертикальные связи, механизм работы которых является эффективным средством для поддержания единства и сплоченности партии. Автор также пришел к выводу, что присутствие в руководстве новых праворадикальных партий харизматического лидера оказывает положительное влияние на их электоральные показатели, однако наличие харизматического лидера не является обязательным условием избирательской поддержки.

5. На основе анализа факторов политического спроса, структуры политических возможностей и внутренних ресурсов крайне правых партий была разработана теоретическая модель, позволяющая объяснить причины электоральной поддержки новых праворадикальных партий в современных европейских странах. Объяснительная модель представлена в качестве комбинации трех элементов, получивших названия «Артикуляция + Агрегация», «Легитимность» и «Организация».

Элемент «Артикуляция + Агрегация» подразумевает, что электоральная поддержка новых праворадикальных партий в современных европейских государствах обусловлена специфическим сочетанием нескольких причин. Центральным источником электорального успеха партий данного типа являются факторы политического спроса на праворадикальную политику, формирующиеся под воздействием снижения актуальности постматериалистических ценностей: протестные настроения граждан, их реакция на миграционные процессы и/или этнокультурную поляризацию, страх перед общественной изоляцией, потерей социального положения и утратой экономической безопасности. Важно отметить, что только само наличие данных факторов не приводит к электоральному успеху крайне правых партий: ключевым условием является способность этих партий артикулировать и оформлять указанные факторы политического спроса в блоки четких предложений по политическому курсу. Для того чтобы быть электорально успешными, крайне правые партии должны донести до общества идею того, что политические требования граждан могут быть реализованы только в обществе, не подверженном этническому или этнокультурному разделению. Новые праворадикальные партии подвергают специфической интерпретации проблемы, свойственные различным сферам жизни европейских государств. Этнически и этнокультурно однородное сообщество представляется правыми радикалами альтернативой интеграционным институтам, прежде всего, классовой идентификации и традиционным религиозным организациям, которые постепенно утрачивают актуальность под воздействием секуляризации, глобализации и постиндустриализации.

Элемент «Легитимность» указывает на то, что важнейшим условием электоральной поддержки крайне правых партий является их легитимность. Она, в свою очередь, зависит от четырех основных критериев. Во-первых, деятельность партии не должна противоречить конституционным нормам и/или специальным законам о политических партиях. Во-вторых, легитимность крайне правых партий зависит от уникальной политической культуры того или иного европейского государства, которая – в силу определенных исторических событий и установившихся политических традиций – легитимирует или делегитимирует партийный правый радикализм. В-третьих, легитимность новых праворадикальных партий зависит от уровня их электоральной поддержки и количества членов партии: чем выше электоральная поддержка новых праворадикальных партий и чем бóльшее количество граждан они привлекают к партийной работе, тем выше их политическая легитимность. В-четвертых, легитимность крайне правых партий зависит от наличия политической ниши в рамках идеологического поля партийной системы того или иного государства. Чем выше степень идеологической конвергенции традиционных партий (например, социал-демократических, консервативных и либеральных) и чем более умеренные позиции занимают новые праворадикальные партии, тем они легитимнее.

Элемент «Организация» подразумевает, что организационная эффективность крайне правых партий является обязательным условием их продолжительной деятельности и развития. В отличие от социал-демократических, либеральных и консервативных партий, новые праворадикальные партии зачастую находятся на начальных этапах институализации. Вследствие этого, перед ними стоят три главные проблемы, решение которых оказывает существенное влияние на их электоральный успех: наличие достаточного количества рядовых членов партии для выполнения задач по мобилизации электората во время выборного процесса, представленность партии в регионах для максимизации электоральной поддержки, поддержание единства партии и предотвращение расколов. Для решения этих проблем новые праворадикальные партии реализуют такие принципы, как сильная структура, вертикальные связи, централизация и эффективное руководство.

6. Было установлено, что, несмотря на географические, исторические, политические, экономические и общественно-культурные различия таких стран, как Франция, Австрия, Италия, Греция, Польша и Румыния, в них существуют новые праворадикальные партии, которые пользуются поддержкой со стороны электората. Эта поддержка обусловлена тем, что данные партии реализуют все элементы предложенной объяснительной модели. Такие партии, как «Национальный фронт», Австрийская партия свободы, «Альянс за будущее Австрии», Лига Севера, Национальный альянс, «Народный православный призыв», Лига польских семей и партия «Великая Румыния» являются или являлись легитимными участниками политического процесса. Кроме того, их относительный электоральный успех обусловлен наличием развитой партийной инфраструктуры, позволяющей сохранять доктринальное и организационное единство, а также квалифицированно проводить избирательные кампании. Особенно важным является то, что электоральная поддержка указанных партий зависит от использования факторов политического спроса на правый радикализм.

С другой стороны, анализ новых праворадикальных партий, функционирующих в таких североевропейских странах, как Дания, Норвегия и Швеция, показал, что, несмотря на наличие схожих исторических, политических, экономических и иных условий, действительно успешными крайне правыми партиями можно в настоящий момент назвать только Датскую народную партию и норвежскую Партию прогресса, в то время как в Швеции электоральная поддержка праворадикальной партии «Шведские демократы» стала релевантной только в последние годы. Такое несоответствие обусловлено тем, что шведские крайне правые долгое время были не в состоянии реализовать элементы предложенной объяснительной модели. Партия «Новая демократия» испытывала серьезные трудности с поддержанием организационного единства и, в конечном итоге, прекратила существование, в то время как партия «Шведские демократы» долгое время не обладала развитой организационной структурой и, будучи наследниками неофашистских партий, имела серьезные проблемы с точки зрения политико-культурной легитимности.

Библиография

На русском и украинском языках

Акт відновлення Української Держави // 65-та річниця проголошення Акту відновлення Української Держави 30 червня 1941 року. Збірник матеріалів і документів / Гол. укл. О. Романишин. Київ: Українська Видавнича Спілка, 2006. С. 75-76.

Арендт Х. Истоки тоталитаризма. М.: ЦентрКом, 1996.

Балибар Э., Валлерстайн И. Раса, нация, класс. Двусмысленные идентичности. М.: Издательство «Логос», 2004.

Биткова Т.Г. Что такое румынский популизм? // Национализм и популизм в Восточной Европе / Отв. ред. Ю.И. Игрицкий. М.: ИНИОН РАН, 2007. С. 84-97.

Бурдье П. Социология политики. М.: Socio-Logos, 1993.

Вебер М. Типы господства. Харизматическое господство. http://www.humanities.edu.ru/db/msg/5768.

Всеобщая декларация прав человека. http://www.un.org/ru/documents/decl_conv/declarations/declhr.shtml.

Всеукраїнське об'єднання «Свобода». 2009. Квітень.

Галкин А.А. О фашизме – его сущности, корнях, признаках и формах проявления // Политические исследования. 1995. № 2. С. 6-16.

Галкин А.А. Размышления о политике и политической науке. М.: Оверлей, 2004.

Голос України – газета Верховної Ради України. 2007. 20 серпня.

Голосов Г.В. Сравнительная политология. СПб.: ЕУСПб, 2001. С. 251.

Грамши А. Избранные произведения. М.: Политиздат, 1980.

Гриффин Р. От слизевиков к ризоме: введение в теорию группускулярной правой // Верхи и низы русского национализма / Сост. А.М. Верховский. М.: Информационно-аналитический центр «Сова», 2007. С. 223-254. http://www.shekhovtsov.org/translations/Roger_Griffin-From_Slime_Mould_to_Rhizome.pdf.

Гриффин Р. Сегодняшнее состояние и будущие направления сравнительных исследований исторического фашизма и неофашизма // Форум новейшей восточноевропейской истории и культуры. 2011. №2. С.

257-277. http://www1.ku-eichstaett.de/ZIMOS/forum/docs/forumruss14/a13Griffin.pdf.

Декларация Организации Объединенных Наций о правах коренных народов (A/RES/61/295) // Организация Объединенных Наций. 2008. http://www.un.org/ru/documents/decl_conv/declarations/indigenous_rights.shtml.

Доган М., Пеласси Д. Сравнительная политическая социология. М.: Социально-политический журнал, 1994.

Донцов Д. Націоналізм. Львів: Нове життя, 1926.

Донцов Д. Підстави нашоі політики. Відень: Видавництво Донцових, 1921.

Дюверже М. Политические партии. М.: Академический Проект, 2000.

Дюркгейм Э. Самоубийство: Социологический этюд. М.: Мысль, 1994.

Ефремов А.Е. Коричневая угроза. М.: Политиздат, 1970.

Изменение к лучшему: краткое представление Партии прогресса. Fremskrittspartiet. http://www.frp.no/admin/filestore/Russian.pdf.

Історія ВО «Свобода» // Всеукраїнське об'єднання «Свобода». 2009. http://www.svoboda.org.ua/pro_partiyu/istoriya/.

Кабешев Р.В. «Новые правые» на марше: Франция... далее везде? Н. Новгород: Издательство ИСИ ННГУ, 1999.

Карбович З. Дві революції (З приводу геройської смерти ген. Тараса Чупринки) // Сурма. 1951. 27 квітня. С. 6-8.

Кожевникова Г., Шеховцов А. и др. Радикальный русский национализм. Структуры, идеи, лица / Сост.: А. Верховский, Г. Кожевникова. М.: Информационно-аналитический центр «СОВА», 2009.

Кондратьева Т.С., Новоженова И.С. Иммигранты в Европе: Модели интеграции // Иммигранты в Европе. Проблемы социальной и культурной адаптации / Гл. ред. Т.Г. Пархалина. М.: ИНИОН РАН, 2006. С. 17-20.

Конституция Греции. http://www.pravo.vuzlib.net/book_z2021_page_10.html.

Конституция Италии. http://www.pravo.vuzlib.net/book_z2021_page_8.html.

Конституция Королевства Швеция. http://pravozashitnik.at.ua/news/2010-02-23-746.

Конституция Польской Республики. http://zakony.com.ua/files/docs1/00002392.doc.

Конституция Румынии. http://ekvator.ucoz.ru/00002/ROM/Page-1.html.

Конституция Франции. http://www.pravo.vuzlib.net/book_z2021_page_6.html.

Коровицына Н. В. Восточноевропейский путь развития в лицах: «простой» человек и человек «образованный» // Социологические исследования. 2003. № 10. С. 120-128.

Лейпхарт А. Демократия в многосоставных обществах: сравнительное исследование. М.: Аспект Пресс, 1997. С. 39.

Ленель-Лавастин А. Забытый фашизм: Ионеско, Элиаде, Чоран. М.: Прогресс-Традиция, 2007ю

Ломейко В.Б. Есть ли шансы у нового Адольфа? М.: Издательство «Международные отношения», 1968.

Лопухов Б.Р. Неофашизм: опасность для мира. М.: Молодая гвардия, 1985.

Майлз Р., Браун М. Расизм. М.: РОССПЕН, 2004.

Мангейм Дж.Б., Рич Р.К. Политология. Методы исследования. М.: Издательство «Весь Мир», 1997.

Мертон Р.К. Социальная структура и аномия // Социология преступности. М.: Прогресс, 1966. С. 299-313.

Милль Дж.С. Система логики силлогистической и индуктивной. Изложение принципов доказательства в связи с методами научного исследования. М.: Книжное дело, 1900.

Минкенберг М. Новый правый радикализм в сопоставлении: Партии, движения и среды // Правый радикализм в современной Европе / Ред.-сост. С.В. Погорельская. М.: ИНИОН РАН, 2004. С. 16-32.

Наші побратими – Національний Фронт Франції Жана-Марі Ле Пена // Всеукраїнське об'єднання «Свобода». 2006. http://www.svoboda.org.ua/diyalnist/novyny/002375/.

Новоженова И.С. Национальный фронт во Франции // Правый радикализм в современной Европе / Ред.-сост. С.В. Погорельская. М.: ИНИОН РАН, 2004. С. 99-124.

Петруня А. Андрей Ильенко: «Нацизм – это антипод либеральной цивилизации» // Столичные новости. 2008. №28-29. http://cn.com.ua/N515/politics/exclusive1/index.html.

Повний текст виступу Олега Тягнибока на горі Яворина // Всеукраїнське об'єднання «Свобода». 2004. http://www.svoboda.org.ua/dokumenty/vys tupy/002108/.

Погорельская С.В. Введение. Методологические проблемы исследования правого радикализма // Правый радикализм в современной Европе / Ред.-сост. С.В. Погорельская. М.: ИНИОН РАН, 2004. С. 6-15.

Поппер К. Логика и рост научного знания. М.: Прогресс, 1983.

Програма захисту українців (програма ВО «Свобода» на парламентських виборах 2007 року) // Всеукраїнське об'єднання «Свобода». 2007. http://www.svoboda.org.ua/pro_partiyu/prohrama/pzu/.

Програма Соціал-Національної Партії України // Ватра. 2008. http://www.vatra.org.ua/sotsial-natsionalizm/prohrama-sotsial-natsionalnoyi-partiyi-ukrayiny.html.

Райзигл М., Водак Р. «Раса», расизм и дискурс: междисциплинарный, исторический и методологический обзор // Расизм: современные западные подходы / Сост. А. Верховский, А. Осипов. М.: Центр «Сова», 2010. С. 127-175.

Рейджин Ч., Берг-Шлоссер Д., де Мер Ж. Политическая методология: качественные методы // Политическая наука: новые направления / Науч. ред. рус. изд. Е.Б. Шестопал. М.: Вече, 1997.

Рейтинг стран по индексу институциональных основ демократии. М.: Политический атлас современности, 2006. http://worldpolities.org/index.php?option=com_content&task=view&id=18&Itemid=312.

Рейтинг стран по качеству жизни. М.: Политический атлас современности, 2006. http://worldpolities.org/index.php?option=com_content&task=view&id=17&Itemid=311.

Ровдо В. Сравнительная политология. Ч.1. Вильнюс: ЕГУ, 2007.

Романюк А., Шведа Ю. Партії та електоральна політика. Львів: ЦПД – «Астролябія», 2005.

Сартори Дж. Искажение концептов в сравнительной политологии (II) // Политические исследования. 2003. № 4. С. 152-160.

Свободный радикал // Корреспондент. 2009. №14. С. 14-15.

Сморгунов Л.В. Сравнительная политология: Теория и методология измерения демократии. СПб.: Издатель-ство С.-Петербургского университета, 1999.

Стадник Г. Активна і мінлива Львівщина // Deutsche Welle. 2010. 18 січня. http://www.dw-world.de/dw/article/0,,5142470,00.html.

Тамаш Г.М. О постфашизме // Конституционное право: восточноевропейское обозрение. 2000. № 3(32). С. 6-14.

Теннис Ф. Общность и общество: Основные понятия чистой социологии. М.: Фонд Университет, 2002.

Тягнибок О. Заява з приводу расово-етнічних заворушень у Франції // Всеукраїнське об'єднання «Свобода». 2005. http://www.svoboda.org.ua/dokumenty/zayavy/002329/.

Уголовный кодекс Дании // Legislation Online. http://www.legislationline.org/ru/documents/action/popup/id/14985.

Умланд А. Сравнительный анализ новых крайне правых групп на Западе (По поводу книги М. Минкенберга) // Политические исследования. 2001. № 3. С. 174-179.

Умланд А. Формирование фашистского «нео-евразийского» интеллектуального движения в России: путь Александра Дугина от маргинального экстремиста до идеолога постсоветской академической и политической элиты, 1989-2001 гг. // Ab Imperio. 2003. № 3. С. 289-304.

Умланд А. Крайне слабые // Корреспондент. 2008. №23. С. 34.

Умланд А., Шеховцов А. Праворадикальная партийная политика в постсоветской Украине и загадка электоральной маргинальности украинских ультранационалистов в 1994–2009 гг. // Ab Imperio. 2010. № 2. С. 219-247.

Fund for Peace: Молдова признана самой «нестабильной страной» в Европе // Press Обозрение. 2010. 25 февраля. http://press.try.md/item.php?id=110971.

Функе Х., Ренсманн Л. Новый правый популизм в Европе: Сравнительный анализ политических партий и движений // Правый радикализм в современной Европе / Ред.-сост. С.В. Погорельская. М.: ИНИОН РАН. С. 74-98.

Чи вводило керівництво країни громадян в оману, заявляючи, що підписання Харківських угод (знижка на газ — подовження перебування ЧФРФ), дозволить не підвищувати ціни на газ для населення? // Центр Разумкова. 2010. http://www.uceps.org/ukr/poll.php?poll_id=581.

Чи підтримуєте Ви діяльність Віктора Януковича? (динаміка, 2002-2011) // Центр Разумкова. 2011. http://www.uceps.org/ukr/poll.php?poll_id=90.

Чи підтримуєте Ви діяльність Уряду України? (динаміка, 2000-2011) // Центр Разумкова. 2011. http://www.uceps.org/ukr/poll.php?poll_id=75.

Чи підтримуєте Ви діяльність Юлії Тимошенко? (динаміка, 2001-2011) // Центр Разумкова. 2011. http://www.uceps.org/ukr/poll.php?poll_id=88.

Шнирельман В.А. Этничность, цивилизационный подход, «право на самобытность» и «Новый расизм» // Социальное согласие против правого экстремизма / Отв. ред. Л.Я. Дадиани, Г.М. Денисовский. М.: Изд-во Института социологии РАН, 2005. Вып. 3-4. С. 216-244.

Якби найближчим часом знову відбувалися вибори до Верховної Ради України, за яку партію чи виборчий блок Ви проголосували б? (динаміка, 2010-2011) // Центр Разумкова. 2011. http://www.uceps.org/ukr/poll.php?poll_id=115.

На иностранных языках

Abedi A. Anti-Political-Establishment Parties: A Comparative Analysis. London: Routledge, 2004.

Adamson W.L. Hegemony and Revolution: A Study of Antonio Gramsci's Political and Cultural Theory. Berkeley: University of California Press, 1980.

Almond G.A., Powell G.B. Comparative Politics Today: A World View. Glenview: Scott, Foresman/Little, Brown College Division, 1988.

Almond G.A., Verba S. The Civic Culture: Political Attitudes and Democracy in Five Nations. Newbury Park: Sage Publications, 1989.

Andersen J.G. Denmark: The Progress Party – Populist Neo-Liberalism and Welfare State Chauvinism // The Extreme Right in Europe and the USA / Ed. by P. Hainsworth. New York: St. Martin's Press, 1992. P. 193-205.

Andersen J.G., Bjørklund T. Structural Changes and New Cleavages: The Progress Parties in Denmark and Norway // Acta Sociologica. 1990. Vol. 33. No. 3. P. 195-217.

Andeweg R.B. Lijphart versus Lijphart: Lijphart versus Lijphart: The Cons of Consensus Democracy in Homogeneous Societies // Acta Politica. 2001. Vol. 36. No. 2. P. 117-128.

Andreescu G. Right-Wing Extremism in Romania. Cluj: Centrul de resurse pentru diversitate etnoculturală, 2003.

Archbishop Against Ultra Right Support Allegations // Macedonian Press Agency. 2002. 15 October. http://www.hri.org/news/greek/mpab/2002/02-10-15.mpab.html#12.

Art D. The Organizational Origins of the Contemporary Radical Right: The Case of Belgium // Comparative Politics. 2008. Vol. 40. No. 4. P. 421-440.

Art D. The Politics of the Nazi Past in Germany and Austria. New York: Cambridge University Press, 2006.

Aufgaben, Befugnisse, Grenzen / Hrsg. H. Fromm. Köln: Bundesamt für Verfassungsschutz, Presse- und Öffentlich-keitsarbeit, 2002.

Backes U., Moreau P., B'rith B. Die extreme Rechte in Deutschland: Geschichte, gegenwärtige Gefahren, Ursachen, Gegenmassnahmen. München: Akademischer Verlag München, 1993.

Barker P.W. Religious Nationalism in Modern Europe: If God Be for Us. London: Routledge, 2009. P. 113.

Bar-On T. Where Have All the Fascists Gone? Aldershot: Ashgate, 2007.

Beetham D. The Legitimation of Power. Atlantic Highlands: Humanities Press International, 1991.

Berggren L. Swedish Fascism: Why Bother? // Journal of Contemporary History. 2002. Vol. 37. No. 3. P. 395-417.

Betz H.-G. Radical Right-Wing Populism in Western Europe. New York: St. Martin's Press, 1994.

Betz H.-G. Introduction // The New Politics of the Right: Neo-Populist Parties and Movements in Established Democracies / Ed. by H.-G. Betz, S. Immerfall. New York: St. Martin's Press, 1998. P. 1-10.

Betz H.-G. Against Rome: The Lega Nord // The New Politics of the Right: Neo-Populist Parties and Movements in Established Democracies / Ed. by H.-G. Betz, S. Immerfall. New York: St. Martin's Press, 1998. P. 45-57.

Betz H.-G. The Growing Threat of the Radical Right // Right-Wing Extremism in the Twenty-First Century / Ed. by P.H. Merkl, L. Weinberg. London: Frank Cass Publishers, 2003. P. 74-93.

Boia L. History and Myth in Romanian Consciousness. Budapest: Central European University Press, 2001. P. 73-77.

Bressanelli E., Calderaro A., Piccio D., Stamati F. Italy // The 2009 Elections to the European Parliament: Country Reports / Ed. by W. Gagatek. Florence: European University Institute, 2010. C. 113-118.

Bull A.C. The Lega Nord and the Northern Question in Italian Politics. Houndmills: Palgrave, 2001.

Bull A.C., Gilbert M. The Lega Nord and the Northern Question in Italian Politics. Houndmills & New York: Palgrave, 2001.

Bull M.J., Newell J.L. The General Election in Italy, April 2008 // Electoral Studies. 2009. Vol. 28. No. 2. P. 337-342.

Burds J. AGENTURA: Soviet Informants' Networks and the Ukrainian Rebel Underground in Galicia, 1944–1948 // East European Politics and Societies. 1997. Vol. 11. No. 1. P. 89-130.

Carter E.L. The Extreme Right in Western Europe: Success or Failure? Manchester: Manchester University Press, 2005.

Chepel d'Appollonia A. L'extrême-droite en France: De Maurras à Le Pen. Bruxelles: Editions Complexe, 1998.

Copsey N. Anti-Fascism in Britain. Houndmills/New York: Palgrave, 2000.

Copsey N. Contemporary British Fascism: The British National Party and the Quest for Legitimacy. Houndmills: Palgrave Macmillan, 2004.

Dahl H.F. Quisling: A Study in Treachery. Cambridge: Cambridge University Press, 1999.

Davies P. The National Front in France: Ideology, Discourse and Power. London: Routledge, 1999.

Davies P. The Extreme Right in France, 1789 to the Present: From de Maistre to Le Pen. London: Routledge, 2002.

De Angelis R.A. A Rising Tide for Jean-Marie, Jörg, and Pauline? Xenophobic Populism in Comparative Perspective // Australian Journal of Politics and History. 2003. Vol. 49. No. 1. P. 75-92.

De Lange S.L., Guerra S. The League of Polish Families between East and West, Past and Present // Communist and Post-Communist Studies. 2009. Vol. 42. No. 4. P. 527-549.

DeClair E.G. Politics on the Fringe: The People, Policies, and Organization of the French National Front. Durham: Duke University Press, 1999.

Dethlefsen H. Denmark and the German Occupation: Cooperation, Negotiation or Collaboration? // Scandinavian Journal of History. 1990. Vol. 15. Nos. 1-2. P. 193-206.

Dézé A. Between Adaptation, Differentiation and Distinction: Extreme Right-Wing Parties within Democratic Political Systems // Western Democracies and the New Extreme Right Challenge / Ed. by R. Eatwell, C. Mudde. London: Routledge, 2004. P. 19-40.

Downs W.M. The 2008 Parliamentary Election in Romania // Electoral Studies. 2009. Vol. 28. No. 3. P. 510-513.

Eatwell R. Towards a New Model of Generic Fascism // Journal of Theoretical Politics. 1992. Vol. 4. No. 2. P. 161-194.

Eatwell R. Fascism: A History. New York: Allen Lane the Penguin Press, 1996.

Eatwell R. Ten Theories of the Extreme Right // Right-Wing Extremism in the Twenty-First Century / Ed. by P.H. Merkl, L. Weinberg. London: Frank Cass Publishers, 2003. P. 47-73.

Eatwell R. The New Extreme Right Challenge // Western Democracies and the New Extreme Right Challenge / Ed. by R. Eatwell, C. Mudde. London: Routledge, 2004. P. 1-16.

Eurobarometer 61. Brussels: European Opinion Research Group, 2004.

Evans G., Need A. Explaining Ethnic Polarization over Attitudes towards Minority Rights in Eastern Europe: A Multilevel Analysis // Social Science Research. 2002. Vol. 31. No. 4. P. 653-680.

Fennema M., Tillie J. Social Isolation: Theoretical Concept and Empirical Measurement // In Search of Structure: Essays in Social Science and Methodology / Ed. by M. Fennema, C. van der Eijk, H. Schijf. Amsterdam: Het Spin-huis, 1998. P. 229-241.

Ferraresi F. Threats to Democracy: The Radical Right in Italy after the War. Princeton: Princeton University Press, 1996.

Flood C. National Populism // Political Ideologies in Contemporary France / Ed. by C. Flood, L. Bell. London/New York: Pinter, 1997. P. 103-139.

Fountain A.M. Roman Dmowski, Party, Tactics, Ideology, 1895-1907. Boulder: East European Monographs, 1980.

Frendreis J.P. Explanation of Variation and Detection of Covariation: The Purpose and Logic of Comparative Analysis // Comparative Political Studies. 1983. Vol. 16. No. 2. P. 255-272.

Gentile E. The Italian Road to Totalitarianism. London: Frank Cass, 2004.

Gibson R.K. The Growth of Anti-Immigrant Parties in Western Europe. Lewiston: The Edwin Mellen Press, 2002.

Givens T.E. Voting Radical Right in Western Europe. New York: Cambridge University Press, 2005.

Global Corruption Report 2007: Corruption in Judicial Systems / Ed. by D. Rodriguez, L. Ehrichs. Cambridge: Cambridge University Press, 2007.

Golder M. Explaining Variation in the Success of Extreme Right Parties in Western Europe // Comparative Political Studies. 2003. Vol. 36. No. 4. P. 432-466.

Goodwin M.J. Backlash in the 'Hood: Determinants of Support for the British National Party (BNP) at the Local Level // Journal of Contemporary European Studies. 2008. Vol. 16. No. 3. P. 347-361.

Γραμματεία Πολιτικού Σχεδιασμού. Αθήνα: 2007. http://www.laosekloges.gr/pdf/PROGRAM_LAOS.pdf.

Griffin R. The Nature of Fascism. London: Routledge, 1991.

Griffin R. Interregnum or Endgame? The Radical Right in the «Post-Fascist» Era // Journal of Political Ideologies. 2000. Vol. 5. No. 2. P. 163-178.

Griffin R. Modernism and Fascism: The Sense of a Beginning under Mussolini and Hitler. Basingstoke: Palgrave Macmillan, 2007.

Grunberg G., Schweisguth E. French Political Space: Two, Three or Four Blocs? // French Politics. 2003. Vol. 1. No. 3. P. 335-341.

Gwiazda A. The Parliamentary Election in Poland, October 2007 // Electoral Studies. 2008. Vol. 27. No. 4. P. 760-764.

Hagelund A. A Matter of Decency? The Progress Party in Norwegian Immigration Politics // Journal of Ethnic and Migration Studies. 2003. Vol. 29. No. 1. P. 47-65.

Heidar K. Predestined Parties? Organizational Change in Norwegian Political Parties // Party Politics. 2003. Vol. 9. No. 2. P. 219-239.

Heinisch R. Success in Opposition – Failure in Government: Explaining the Performance of Right-Wing Populist Parties in Public Office // Journal West European Politics. 2003. Vol. 26. No. 3. P. 91-130.

Hellström A., Nilsson T. «We Are the Good Guys»: Ideological Positioning of the Nationalist Party Sverigedemokraterna in Contemporary Swedish Politics // Ethnicities. 2010. Vol. 10. No. 1. P. 55-76.

Husbands C.T. The Dynamics of Racial Exclusion and Expulsion: Racist Politics in Western Europe // European Journal of Political Research. 1988. Vol. 16. No. 6. P. 701-720.

Ignazi P. Il polo escluso: Profilo del Movimento sociale italiano. Bologna: Il Mulino, 1989.

Ignazi P. Extreme Right Parties in Western Europe. Oxford: Oxford University Press, 2003.

Ignazi P. The Development of the Extreme Right at the End of the Century // Right-Wing Extremism in the Twenty-First Century / Ed. by P.H. Merkl, L. Weinberg. London: Frank Cass Publishers, 2003. P. 143-158.

Immerfall S. The Neo-Populist Agenda // The New Politics of the Right: Neo-Populist Parties and Movements in Established Democracies / Ed. by H.-G. Betz, S. Immerfall. New York: St. Martin's Press, 1998. P. 249-261.

Inglehart R. The Silent Revolution: Changing Values and Political Styles among Western Publics. Princeton: Princeton University Press, 1977.

Inglehart R. Modernization and Postmodernization: Cultural, Economic, and Political Change in 43 Societies. Princeton: Princeton University Press, 1997.

Jackman R.W., Volpert K. Conditions Favouring Parties of the Extreme Right in Western Europe // British Journal of Political Science. 1996. Vol. 26. No. 4. P. 501-521.

Joensson J. Sweden // The 2009 Elections to the European Parliament: Country Reports / Ed. by W. Gagatek. Florence: European University Institute, 2010. P. 171-176.

Juergensmeyer M. The New Cold War? Religious Nationalism Confronts the Secular State. Berkeley: University of California Press, 1993.

Kampen mot radikal islam er vår tids viktigste // Dagbladet.no. 2009. http://www.dagbladet.no/2009/03/02/nyheter/innenriks/politikk/siv_jensen/islam/5100011/.

Kassimeris G. The 2004 Greek Election: Pasok's Monopoly Ends // West European Politics. 2004. Vol. 27. No. 5. P. 943-953.

Katz R.S., Mair P. Changing Models of Party Organization and Party Democracy: The Emergence of the Cartel Party // Party Politics. 1995. Vol.1. No. 1. P. 5-28.

Kirchheimer O. The Transformation of the Western European Party Systems // Political Parties and Political Development / Ed. by J.L. Polombara, M. Weiner. Princeton: Princeton University Press, 1966. P. 177-200.

Kitschelt H. Growth and Persistence of the Radical Right in Postindustrial Democracies: Advances and Challenges in Comparative Research // West European Politics. 2007. Vol. 30. No. 5. P. 1176-1206.

Kitschelt H. with McGann A.J. The Radical Right in Western Europe: A Comparative Analysis. Ann Arbor: University of Michigan Press, 1995.

Kovras I. The Parliamentary Election in Greece, October 2009 // Electoral Studies. 2010. Vol. 29. No. 2. P. 293-296.

Kubicek P. What Happened to the Nationalists in Ukraine? // Nationalism and Ethnic Politics. 1999. Vol. 5. No. 1. P. 29-45.

Kuhn T., Wolkenstein F., Perlot F., Meyer S. Austria // The 2009 Elections to the European Parliament: Country Reports / Ed. by W. Gagatek. Florence: European University Institute, 2010. P. 41-46.

Kunicki M. The Red and the Brown: Bolesław Piasecki, the Polish Communists, and the Anti-Zionist Campaign in Poland, 1967-68 // East European Politics & Societies. 2005. Vol. 19. No. 2. P. 185-225.

Kuzio T. Radical Nationalist Parties and Movements in Contemporary Ukraine before and after Independence: The Right and Its Politics, 1989–1994 // Nationalities Papers. 1997. Vol. 25. No. 2. P. 211-242.

Landman T. Issues and Methods in Comparative Politics: An Introduction. London: Routledge, 2008.

Langanke H. Die extreme Rechte in der Bundesrepublik: Ideen, Ideologien, Interpretationen. Berlin: Argument, 1996.

Lauridsen J.T. Nazism and the Radical Right in Austria, 1918-1934. Copenhagen: Museum Tusculanum, 2007.

Leshchenko L. The National Ideology and the Basis of the Lukashenka Regime in Belarus // Europe-Asia Studies. 2008. Vol. 60. No. 8. P. 1419-1433.

Lijphart A. Comparative Politics and the Comparative Method // The American Political Science Review. 1971. Vol. 65. No. 3. P. 682-693.

Lijphart A. Patterns of Democracy: Government Forms and Performance in Thirty-Six Countries. New Haven: Yale University Press, 1999.

Lindström U. Fascism in Scandinavia: 1920-1940. Stockholm: Almqvist och Wiksell, 1985.

Lubbers M., Gijsberts M., Scheepers P. Extreme Right-Wing Voting in Western Europe // European Journal of Political Research. 2002. Vol. 41. No. 3. P. 345-378.

Mair P. Party System Change: Approaches and Interpretations. Oxford: Clarendon Press, 1997.

Martens H., Schubert C.B. The Nordic Model. Brussels: European Policy Centre, 2005.

Mayer N. Ces Français qui votent Le Pen. Paris: Flammarion, 2002.

Mayer N., Moreau P. Electoral Support for the German Republikaner and the French National Front (1989-1994) // European Consortium for Political Research. Bordeaux: 1995.

Merkl P.H. Stronger than Ever // Right-Wing Extremism in the Twenty-First Century / Ed. by P.H. Merkl, L. Wein-berg]. London: Frank Cass Publishers, 2003. P. 21-43.

Millard F. Elections in Poland 2001: Electoral Manipulation and Party Upheaval // Communist and Post-Communist Studies. 2003. Vol. 36. No. 1. P. 69-86.

Minkenberg M. Die neue radikale Rechte im Vergleich: USA, Frankreich, Deutschland. Opladen: Westdeutscher Ver-lag, 1998.

Minkenberg M. The Radical Right in Postsocialist Central and Eastern Europe: Comparative Observations and Interpretations // East European Politics and Societies. 2002. Vol. 16. No. 2. P. 335-362.

Morgan P. Italian Fascism, 1915-1945. Houndmills/New York: Palgrave Macmillan, 2004.

Mudde C. The Ideology of the Extreme Right. Manchester/New York: Manchester University Press, 2000.

Mudde C. Populist Radical Right Parties in Europe. Cambridge: Cambridge University Press, 2007.

Munkøe M. Denmark // The 2009 Elections to the European Parliament: Country Reports / Ed. by W. Gagatek. Florence: European University Institute, 2010. P. 71-75.

Nagy-Talavera N.M. The Green Shirts and the Others: A History of Fascism in Hungary and Rumania. Stanford: Hoover Institution Press, 1970.

Neubacher B. NPD, DVU-Liste D, Die Republikaner: ein Vergleich ihrer Ziele, Organisationen und Wirkungsfelder. Köln: PapyRossa-Verl., 1996.

Norris P. Radical Right: Voters and Parties in the Electoral Market. New York: Cambridge University Press, 2005.

Oesch D. Explaining Workers' Support for Right-Wing Populist Parties in Western Europe: Evidence from Austria, Belgium, France, Norway, and Switzerland // International Political Science Review. 2008. Vol. 29. No. 3. P. 349-373.

Ornea Z. The Romanian Extreme-Right: The Nineteen Thirties. Boulder: East European Monographs, 1999.

Ost D. The Radical Right in Poland: Rationality of the Irrational // The Radical Right in Central and Eastern Europe since 1989 / Ed. by S.P. Ramet. University Park: Pennsylvania State University Press, 1999. P. 85-107.

Panebianco A. Political Parties: Organization and Power. Cambridge: Cambridge University Press, 1988.

Pankowski R. The Populist Radical Right in Poland: The Patriots. London: Routledge, 2010.

Pappas P. «United Like A Fist!» // Greekworks. 2002. 18 December. http://www.greekworks.com/content/index.php/weblog/print/united_like_a_fist.

Parsons T. Essays in Sociological Theory. Glencoe: Free Press, 1954.

Pedahzur A., Brichta A. The Institutionalization of Extreme Right-wing Charismatic Parties: A Paradox? // Party Politics. 2002. Vol. 8. No. 1. P. 31-49.

Pelizzo R. The Cartel Party and the Rise of the New Extreme Right // Comparative European Politics. 2007. Vol. 5. No. 2. P. 226-242.

Perrineau P. Front National: L'echo politique de l'anomie urbaine // La France en Politique / Éd. par B. Manin. Paris: Esprit-Fayard-Le Seuil, 1988. P. 22-38.

Perrineau P. Le symptome Le Pen: Radiographie des électeurs du Front national. Paris: Fayard, 1997.

Polish Public Opinion, March 2008 / Ed. by M. Grabowska, B. Roguska. Warzawa: CBOS, 2008.

Polish Public Opinion, September 2005 / Ed. by K. Zagórski, B. Roguska. Warzawa: CBOS, 2005.

Pollard J. The Fascist Experience in Italy. London/New York: Routledge, 1998.

Przeworski A. Methods of Cross-National Research, 1970-83: An Overview // Comparative Policy Research: Learning from Experience / Ed. by M. Dierkes, N.H. Weiler, A.B. Antal. Aldershot: Gower, 1987. P. 31-49.

Przeworski A., Teune H. The Logic of Comparative Social Inquiry. New York: A Division of John Wiley and Sons, 1970.

Ragin C.C. The Comparative Method: Moving beyond Qualitative and Quantitative Strategies. Berkeley: University of California Press, 1987.

Rensmann L. The New Politics of Prejudice: Comparative Perspectives on Extreme Right Parties in European Democracies // German Politics and Society. 2003. Vol. 21. No. 4. P. 93-123.

Republic of Ukraine 2005 // The Stephen Roth Institute for the Study of Contemporary Antisemitism and Racism. 2005. http://www.tau.ac.il/Anti-Semitism/asw2005/ukraine.htm.

Romanian judges bar populist MEP // BBC News. 2009. 9 June. http://news.bbc.co.uk/2/hi/europe/8092434.stm.

Roper S.D. Romania: The Unfinished Revolution. Amsterdam: Harwood Academic Publishers, 2000.

Rudling P.A. Theory and Practice: Historical Representation of the Wartime Activities of the OUN-UPA (Organization of Ukrainian Nationalists-Ukrainian Insurgent Army) // East European Jewish Affairs. 2006. Vol. 36. No. 2. P. 163-191.

Rutherford J. Is This the End of Social Democracy? // The Guardian. 2008. 20 June. http://www.guardian.co.uk/commentisfree/2008/jun/20/thefarright.equality.

Rydgren J. The Populist Challenge: Political Protest and Ethno-Nationalist Mobilization in France. New York: Berghahn Books, 2004.

Rydgren J. Explaining the Emergence of Radical Right-Wing Populist Parties: The Case of Denmark // West European Politics. 2004. Vol. 27. No. 3. P. 474-502.

Rydgren J. From Tax Populism to Ethnic Nationalism: Radical Right-Wing Populism in Sweden. New York: Berghahn, 2006.

Rydgren J. France: The Front National, Ethnonationalism and Populism // Twenty-First Century Populism. The Spectre of Western European Democracy / Ed. by D. Albertazzi, D. McDonnell. Houndmills: Palgrave Macmillan, 2008. P. 166-180.

Rydgren J. How Party Organization Matters: Understanding the Ups and Downs of Radical Right-Wing Populism in Sweden. Stockholm: Department of Sociology, Stockholm University, 2009.

Sartori G. The Influence of Electoral Systems: Faulty Laws or Faulty Method? // Electoral Laws and Their Political Consequences / Ed. by B. Grofman, A. Lijphart. New York: Agathon Press, 1986. P. 43-68.

Sartori G. Parties and Party Systems: A Framework for Analysis. Colchester: ECPR Press, 2005.

Sauger N. The French Legislative and Presidential Elections of 2007 // West European Politics. 2007. Vol. 30. No. 5. P. 1166-1175.

Scheuch E.K., Klingemann H.-D. Theorie des Rechtsradikalismus in westlichen Industriegesellschaften // Hamburger Jahrbuch für Wirtschafts- und Sozialpolitik. 1967. No. 12. P. 11-29.

Semyonov M., Raijman R., Gorodzeisky A. Foreigners' Impact on European Societies: Public Views and Perceptions in a Cross-National Comparative Perspective // International Journal of Comparative Sociology. 2008. Vol. 49. No. 1. P. 5-29.

Shafir M. Rotten Apples, Bitter Pears: An Updated Motivational Typology of Romania's Radical Right's Anti-Semitic Postures in Post-Communism // Journal for the Study of Religions and Ideologies. 2008. Vol. 7. No. 21. P. 149-187.

Shekhovtsov A. The Palingenetic Thrust of Russian Neo-Eurasianism: Ideas of Rebirth in Aleksandr Dugin's Worldview // Totalitarian Movements and Political Religions. 2008. Vol. 9. No. 4. P. 491-506.

Shekhovtsov A. Aleksandr Dugin's Neo-Eurasianism: The New Right à la Russe // Religion Compass. 2009. Vol. 3. No. 4. P. 697-716.

Shekhovtsov A. The Creeping Resurgence of the Ukrainian Radical Right? The Case of the Freedom Party // Europe-Asia Studies. 2011. Vol. 63. No. 2. P. 203-228.

Shields J. The Far Right Vote in France: From Consolidation to Collapse? // French Politics, Culture & Society. 2010. Vol. 28. No. 1. P. 25-45.

Siv Jensen advarer mot snikislamisering // Dagbladet.no. 2009. http://www.dagbladet.no/2009/02/21/nyheter/politikk/innenriks/frp/siv_jensen/4966977/.

Smelser N. The Methodology of Comparative Analysis // Comparative Research Methods / Ed. by D. Warwick, S. Osherson. Englewood Cliffs: Prentice-Hall, 1973. P. 45-52.

Snowden F.M. The Fascist Revolution in Tuscany, 1919-1922. Cambridge/New York: Cambridge University Press, 1989.

Solchanyk R. The Radical Right in Ukraine // The Radical Right in Central and Eastern Europe since 1989 / Ed. by S.P. Ramet. University Park: Pennsylvania State University Press, 1999. P. 279-296.

Special Eurobarometer 138. Attitudes towards Minority Groups in the European Union: A Special Analysis of the Eurobarometer 2000 Survey on Behalf of the European Monitoring Centre on Racism and Xenophobia / Ed. by E. Thalhammer et al. Vienna: SORA, 2001.

Stöss R. Die extreme Rechte in der Bundesrepublik: Entwicklung, Ursachen, Gegenmassnahmen. Opladen: Westdeutscher Verlag, 1989.

Svåsand L. Scandinavian Right-Wing Radicalism // The New Politics of the Right: Neo-Populist Parties and Movements in Established Democracies / Ed. by H.-G. Betz, S. Immerfall. New York: St. Martin's Press, 1998. P. 77-93.

Sverigedemokraternas principprogram. Sverigedemokraterna. 2005. http://sverigedemokraterna.se/files/2010/07/Sverigedemokraternas-princip program-2005.pdf.

Sykes A. The Radical Right in Britain: Social Imperialism to the BNP. New York: Palgrave Macmillan, 2005.

Taggart P. New Populist Parties in Western Europe // West European Politics. 1995. Vol. 18. No. 1. P. 34-51.

Taggart P. The New Populism and the New Politics: New Protest Parties in Sweden in a Comparative Perspective. New York: St. Martin's Press, 1996.

Teperoglou E., Skrinis S. Who Treated the 2004 European Election in Greece as a Second-Order Election? // European Elections after Eastern Enlargement: Preliminary Results from the European Election Study 2004 / Ed. by M. Marsh, S. Mikhaylov, H. Schmitt. Mannheim: Connex, 2007. P. 393-424.

The Far Right in Western and Eastern Europe / Ed. by L. Cheles, R. Ferguson, M. Vaughan. London: Longman, 1995.

The Party Program of the Danish People's Party. Dansk Folkeparti. 2002. http://www.danskfolkeparti.dk/The_Party_Program_of_the_Danish_Peopl es_Party.asp.

The Politics of the Extreme Right: From the Margins to the Mainstream / Ed. by P. Hainsworth. London: Pinter, 2000.

The Radical Right in Central and Eastern Europe since 1989 / Ed. by S.P. Ramet. Pennsylvania: Pennsylvania State University Press, 1999.

Todor A. Romania // The 2009 Elections to the European Parliament: Country Reports / Ed. by W. Gagatek. Florence: European University Institute, 2010. P. 149-153.

Topic: Greece's Archbishop Congratulates and Praises Extreme Right Leader Who Repeats that «Jewish-Zionists Dominate US Media»! // Greek Helsinki Monitor. 2004. 27 June. http://www.greekhelsinki.gr/bhr/english/orga nizations/ghm/ghm_27_06_04.doc.

Trends in International Migration: Annual Report. 2004 Edition. Paris: OECD, 2005.

United Nations. Combating racism, racial discrimination, xenophobia and related intolerance and comprehensive implementation of and follow-up to the Durban Declaration and Programme of Action, A/59/330. 2004.

Umland A. Die andere Anomalie der Ukraine: ein Parlament ohne rechtsradikale Fraktionen // Ukraine-Analysen. 2008. No. 41. P. 7-10.

Valen H. Norway: The Storting Election of September 15, 1997 // Electoral Studies. 1998. Vol. 17. No. 4. P. 555-560.

Van der Brug W., Fennema M., Tillie J. Why Some Anti-Immigrant Parties Fail and Others Succeed: A Two-Step Model of Aggregate Electoral Support // Comparative Political Studies. 2005. Vol. 38. No. 5. P. 537-573.

Van der Brug W., Mughan A. Charisma, Leader Effects and Support for Right-Wing Populist Parties // Party Politics. 2007. Vol. 13. No. 1. P. 29-51.

Vasilopoulou S. Greece // The 2009 Elections to the European Parliament: Country Reports / Ed. by W. Gagatek. Florence: European University Institute, 2010. C. 95-99.

Vatikiotis P.J. Popular Autocracy in Greece 1936-41: A Political Biography of General Ioannis Metaxas. London: Frank Cass, 1998.

Veen H.J., Lepszy N., Mnich P. The Republikaner Party in Germany: Right-Wing Menace or Protest Catchall? Westport: Praeger, 1993.

Volovici L. Nationalist Ideology and Antisemitism: The Case of Romanian Intellectuals in the 1930s. Oxford: Vidal Sassoon International Center for the Study of Antisemitism, 1991.

Wandrszuka A. Österreichs politische Struktur. Die Entwicklung der Parteien und politischen Bewegung // Geschichte der Republik Österreich / Hrsg. H. Benedikt. Vienna: Verlag für Geschichte und Politik, 1954. S. 289-485.

Whitmore W. State Building in the Ukraine: The Ukrainian Parliament, 1990-2003. London: RoutledgeCurzon, 2004.

Whyte G.R. The Dreyfus Affair: A Chronological History. Houndmills: Palgrave Macmillan, 2005.

Widfeldt A. The Swedish Parliamentary Election of 2006 // Electoral Studies. 2007. Vol. 26. No. 4. P. 820-823.

Widfeldt A. The Swedish Parliamentary Election of 2010 // Electoral Studies. 2011. В печати.

Williams M.H. The Impact of Radical Right-Wing Parties in West European Democracies. New York: Palgrave Macmillan, 2006.

Wilson A. Ukrainian Nationalism in the 1990s: A Minority Faith. Cambridge: Cambridge University Press, 1997.

World Development Report 2007: Development and the Next Generation / Ed. by B. Ross-Larson. Washington: The International Bank for Reconstruction and Development, 2006.

Zimmermann E. Right-Wing Extremism and Xenophobia in Germany: Escalation, Exaggeration, or What? // Right-Wing Extremism in the Twenty-First Century / Ed. by P.H. Merkl, L. Weinberg. London: Frank Cass Publishers, 2003. P. 220-250.

***ibidem*-Verlag**
Melchiorstr. 15
D-70439 Stuttgart
info@ibidem-verlag.de

www.ibidem-verlag.de
www.ibidem.eu
www.edition-noema.de
www.autorenbetreuung.de

www.ingramcontent.com/pod-product-compliance
Lightning Source LLC
Chambersburg PA
CBHW050419280326
41932CB00013BA/1917
* 9 7 8 3 8 3 8 2 0 1 8 0 1 *